KB058376

하루 3분, 꺼내 먹는 자본주의

KI신서 10805

하루 3분, 꺼내 먹는 자본주의

1판 1쇄 인쇄 2023년 3월 9일
1판 1쇄 발행 2023년 3월 17일

지은이 채수앙
펴낸이 김영곤
펴낸곳 ㈜북이십일 21세기북스

인생명강팀장 윤서진 **인생명강팀** 최은아 강혜지 황보주향 심세미
디자인 말리북
출판마케팅영업본부장 민안기
마케팅2팀 나은경 정유진 박보미 백다희
출판영업팀 최명열 김다운
제작팀 이영민 권경민

출판등록 2000년 5월 6일 제1406-2003-061호
주소 (10881) 경기도 파주시 회동길 201(문발동)
대표전화 031-955-2100 팩스 031-955-2151 이메일 book21@book21.co.kr

(주)북이십일 경계를 허무는 콘텐츠 리더

21세기북스 채널에서 도서 정보와 다양한 영상자료, 이벤트를 만나세요!
페이스북 facebook.com/jiinpill21 **포스트** post. naver.com/21c_editors
인스타그램 instagram.com/jiinpill21 **홈페이지** www.book21.com
유튜브 youtube.com/book21pub

서울대 **가**지 않아도 들을 수 있는 **명강**의! 〈서가명강〉
서가명강에서는 〈서가명강〉과 〈인생명강〉을 함께 만날 수 있습니다.
유튜브, 네이버, 팟캐스트에서 '서가명강'을 검색해보세요!

©채수앙, 2023

ISBN 978-89-509-0581-1 13320

하루 3분
꺼내 먹는
자본주의

더나은삶TV(채수앙)지음

21세기북스

프롤로그

경제를 공부하는 것은 세상이 돌아가는 원리를 공부하는 것입니다. 하지만 시중에 출간된 경제를 다룬 책들 상당수는 이데올로기적인 정책 제안을 하거나, 재테크 강사들의 홍보성 지식 자랑, 맞지도 않는 경제예측 및 미래 예언서에 그치는 경우가 대다수입니다. 이들이 경제서를 쓴 이유는 간단합니다. 자신의 경제이론을 홍보해 정계 진출의 교두보로 삼거나 강사와 강연 활동, 재테크 컨설팅을 통한 수익 창출을 하기 위함입니다. 책을 쓴 목적 자체가 따로 있다 보니 현실의 경제가 돌아가는 원리를 있는 그대로 바라보지 못해 늘 아쉬웠습니다.

이 책은 자본주의사회를 살아가는 우리들에게 훌륭한 안내서가 되도록 최대한 쉽고 직관적으로 썼습니다. 흔히 접하는 주제이지만 언론이나 교과서에서 다루지 않는 본질적인 내용을 다뤘습니다. 자본주의의 본질과 그 자체를 정치적 입장이나 편견 없이 설명하고자 했습니다. 또 사익을 배제하여 현상을 있는 그대로 설명하고, 다들 아는 내용이 아니라 쉽게 드러나지 않는 부분들을 최대한 이해하기 쉽도록 서술했습니다.

책은 총 6파트로 나눠지며 각 파트의 소주제는 3분~5분 안에 읽을 만한 분량으로 최대한 압축했습니다. 자본주의를 살아가는 데 꼭 필요한 교양 지식을 빠른 시간에 파악할 수 있도록 담았습니다.

Part 1. '자본주의의 시작을 이해하는 3분'에서는 자본주의가 무엇인지를 살펴보고 인류가 자본주의를 발전시켜온 경제사를 다뤘습니다.

Part 2. '자본주의와 화폐를 이해하는 3분'에서는 돈과 화폐의 역사를 통해 선뜻 이해하기 어려운 돈의 본질에 대해 설명했습니다.

Part 3. '자본주의 경제구조를 이해하는 3분'에서는 경제가 돌아가는 원리 즉, 경제 사이클과 정부 정책이 작동하는 방식을 이해하도록 했습니다.

Part 4. '자본주의의 투자 전략을 이해하는 3분'에서는 여러 금융상품들의 본질과 투자전략, 가치평가 방법 등을 살펴보고 금융과 투자에 대한 직관적 이해를 돕도록 했습니다.

Part 5. '자본주의의 성공 마인드를 이해하는 3분'에서는 자본주의의 정신이라고 할 수 있는 자기 계발 철학의 역사적 흐름과 성공 철학에 대해 정리했습니다.

Part 6. '자본주의에서 부의 축적 원리를 이해하는 3분'에서는 자본주의하에서 절대 변하지 않는, 부가 축적되는 원리를 심도 있게 다뤄보았습니다.

자본주의 국가는 대부분 경제활동의 자유로움을 보장합니다. 자유는 곧 책임을 의미합니다. 오늘 나의 결정이 미래의 나를 만들게 되며 이를 온전히 받아들여야 함을 의미합니다. 하지만 현재 내가 내린 결정이 어떤 결과를 가져올지는 아무도 알 수 없습니다. 그래서 우리는 막연한 불안감에서 오는 스트레스를 늘 달고 살고 있습니다. 이러한 불안감 속에서 많은 사람들이 경제 공부를 하며 그 안에서 답을 찾기 위해 노력합니다. 하지만 잡힐 듯 잡히지 않는 난해한 현실을 이해하는 데는 역부족입니다.

자본주의에 필요한 경제 분야의 여러 지식들을 책 한 권에 압축해서 담으려다 보니 그 세부 내용이 부실할지도 모른다는 생각이 듭니다. 그럼에도 나른 어떤 책들보나 넓은 분야의 시식들을 빠르고 쉽게 선달해 생각의 지평을 넓힐 수 있으리라 생각합니다. 당연한 상식으로 누구나 알 만한 내용의 뻔한 이야기가 아닌 흥미롭지만 깊이 있고 유익한 이야기들을 담도록 했습니다. 전체적인 내용의 흐름과 맥락이 논리적으로 이어져 자연스럽게 이해를 통해 머리에 각인되는 것을 목표로 썼습니다. 책을 읽고 나면 자본 시장의 큰 흐름을 읽을 수 있을 것이며, 미래에 어떤 뉴스들이 흘러나올지 나름의 예측도 할 수 있게 될 것입니다. 무엇보다 험악한 자본주의 세계에서 당하지 않고 살아남는 원리를 자연스럽게 체득할 수 있을 것입니다.

차례

PART 2   자본주의와 화폐를 이해하는 3분

PART 3   자본주의 경제구조를 이해하는 3분

PART 4   자본주의의 투자 전략을 이해하는 3분

PART 5 자본주의의 성공 마인드를 이해하는 3분

PART 6　자본주의에서 부의 축적 원리를 이해하는 3분

| PART 1 |

자본주의의
시작을 이해하는 3분

01 자본주의란 말은 어디서 시작되었을까?

자본주의란 무엇일까요? 우리는 자본주의사회에서 살고 있지만 자본주의가 무엇인지 명확하게 말할 수 있는 사람은 많지 않습니다. 우리나라는 남북이 갈라져 자본주의와 공산주의라는 경제 이념으로 전쟁까지 벌인 역사가 있기 때문인지 우리나라 사람이라면 누구나 자본주의에 대해 말할 수 있을 정도의 지식을 가지고 있습니다. 우리는 늘 자본주의를 공산주의와 비교하며 설명합니다. 많은 사람들은 자본주의 세상에 대해 부자가 되기 위한 노력을 하다 보니 경제가 발전되고 사회 활력이 넘치게 되지만, 갈수록 벌어지는 빈부 격차가 문제라 말합니다. 공산주의는 모두 동일한 대가를 받으니 누구도 열심히 일하지 않게 되어 결국 다 같이 가난해지는 세상으로 이해하죠. 자본주의가 무엇이냐 묻는다면 이렇게 공산주의와 자본주의의 차이점을 이야기하면서 분석하겠지만 사실 명확하게 자본주의를 정의 내리기는 조금 어렵습니다.

우선 자본주의라는 단어를 뜯어보겠습니다. 자본주의의 영어 단어인 캐피털리즘capitalism은 캐피털capital과 이즘ism이 결합한 단어입니다. 먼저 '-주의'를 뜻하는 -ism은 접미사로, 앞에 붙은 대상의 가치를 사상으로 내세우는 의미이니, 중요한 것은 자본capital이라는 단어일 것입니다. 자본이라는 말은 여러 의미로 사용되곤 합니다만 일반적으로 '장사나 사업을 할 때 기본이 되는 돈' 또는 '상품을 만드는 데 필요한 생산수단이나 노동력을 통틀어 이르는 말' 정도로 정의합니다. 우리나라 말로는 '밑천'이라는 말이 그 의미를 잘 전달해줍니다. 이런 **자본의 개념은 상공업, 즉 장사와 제조업을 할 때 부각됩니다.** 장사는 물건을 사 와서 물건을 되파는 사업입니다. 장사 밑천, 즉 자본이 없다면 물건을 사 올 수 없으니 애초에 사업 자체를 시작할 수 없습니다. 제조업 역시 물건을 직접 만들기 위해서는 밑천이 필요합니다.

자본은 장사를 성공할 때마다 커집니다. 신발 장사꾼이 100만 원 밑천으로 장사를 시작해 50만 원의 이익을 얻는다면, 다음 장사에서는 150만 원어치 신발을 매입할 수 있고 75만 원을 벌 수 있습니다. 그다음 장사에서는 225만 원어치 신발을 매입할 수 있으니 다 팔리기만 한다면 벌어들이는 이익은 더욱 커질 수 있습니다. 이렇게 자본은 축적이 가능하고 또 다시 밑천이 되면서 부를 더욱 쌓을 수 있게 해줍니다. 반면 농업은 이와 다릅니다. 농업에서는 자본의 축적이 어렵습니다. 쌀농사에 성공했더라도 1년 뒤에 그 생산물은 썩어버리게 됩니다. 농작물들은 인간의 소화기관을 거쳐 배설되거나, 미생물의 먹이가 되어 썩어 없어지게 됩니다. 물론 흉년에 쌀을 빌려준 다음, 쌀을 갚지 못할 경우 땅을 대신 가져가면서 부자가 되는 지주들도 있겠지만, 구조적으로 농업은 부를 축적하기 어려운 방법입니다. 해가 지나도 땅의 생산성은 그대로이고 농작물과 같은 생산물은 우리가 모두 먹어 치우기 때문이죠.

그래서 **자본주의는 농업시대에는 별다른 발전을 거두지 못하다가 상업이 발달하면서 본격적으로 태동하기 시작합니다.** 상업이 본격적으로 발달하기 시작하자 도시에는 사람들이 몰려들었고, 자연스럽게 자본주의가 싹텄습니다. 일부 장사꾼들이 부를 축적해 부자가 되기도 하고 장사에 실패해 망해버리기도 하는 모습들이 나타났습니다. 농업시대와는 다르게 새로운 부자들이 탄생하며 세상이 변해가고 있었습니다. 물론 당시 사람들은 자본주의라는 단어를 몰랐습니다. 자본주의라는 말 자체는 그로부터 시간이 훌쩍 흘러 산업혁명 시기에 등장했죠. 이때는 공장이 들어서고 제조업이 활발하게 전개되면서 경제적·사회적 변화가 급격하게 일어나던 시기였습니다. 도시에 공장과 기계가 들어서고 노동자들을 고용했으며, 사람들은 농촌을 떠나 도시로 이동해 공장에서 일했습니다. 처음에는 농촌 일보다는 쉽고 더 많이 벌 수 있어 다들 공장노동자가 되길 원했지만, 시간이 흐르자 도시에 공장노동자들이 넘쳐나면서 노동자들의 처우는 나날이 열악해졌습니다. 한번 도시에 올라온 이상 다시 되돌아갈 수 없던 도시의 노동자들은 기계적인 단순 반복 노동을 할 수밖에 없었습니다. 그렇게 인류 역사상 과거에 없던 전혀 새로운 사회가 펼쳐집니다.

오늘날 지식인들이 4차 산업혁명이니 인공지능이니 하면서 미래를 예측하고 지적 허영을 떠드는 것처럼 당시의 지식인들 역시 마찬가지였습니다. 급변하는 사회를 바라보며 당대 지식인들은 새로운 변화의 배경과 앞으로의 미래를 분석했습니다. 그런 분위기에서 등장한 사람이 바로 마르크스와 같은 사회주의자들이었죠. 그들은 인류가 어떻게 발전해오면서 자본주의 체제에 도달하게 되었는지를 분석하고, 또 현재 나타나는 문제점과 해결 방식을 제안하는 식으로 책을 썼습니다. 그런 과정에서 '자본주의'라는 용어가 처음 등장하게 됩니다. 결국 자본주의라는 단어는 자본주의와 대결을 펼치던 사회주의자들로부터 탄생한 셈입니다.

02 자본주의의 핵심 원리는 바로 사유재산권!

사회주의자들이 자본주의란 단어를 처음 쓰기 시작했다고 해도 '자본주의'라는 용어는 다양한 의미에서 사용되기 때문에 그 의미를 정확히 규정하기 어렵습니다. 다만 많은 학자들의 견해를 종합해보면 **자본주의를 사유재산제도를 강력하게 인정하는 사회체제로 정의합니다. 사유재산제도를 강력하게 인정한다는 의미는 왕이든 정부든 그 누구도 개인의 재산권에 침범할 수 없다는 의미입니다.** 과거에는 왕이나 정부가 개인의 재산을 쉽게 빼앗곤 했습니다. 왕의 명령으로 재산을 몰수당하기도 했고 세금으로 개인의 재산을 가져오기도 했습니다. 하지만 자본주의 체제에서는 개인의 사유재산권을 인정하기 때문에 누구도 개인이 이룩한 재산에 손을 댈 수 없는 것이며, 이것은 세금 징수도 마찬가지입니다. 자본주의 체제의 민주주의 사회에서는 국민이 선출한 국회의원을 통해 만들어진 법률에 따라 세금 징수가 이뤄집니다. 즉, 국민 스스로가 만든 법률에 의해서만 정부가 개인 재산의 일부를 가져갈 수 있다는 것입니다.

그렇다면 한 사회에서 사유재산권이 인정되면 어떤 일이 발생할까요? 사유재산제도가 자본주의의 핵심 원리라고 한다면, 사유재산제도로 인해 벌어지는 일들은 자본주의 체제의 특성이라고 이해할 수 있습니다. 사유재산제도는 소유를 향한 강한 집착을 만들어내고 사회를 더 발전적으로 이끌어냅니다. 노동자는 한 푼이라도 더 벌기 위해 노력하고, 상인들은 물건을 하나라도 더 팔기 위해 다양한 마케팅전략을 수립합니다. 공장에서는 어떻게 하면 더 효율적으로 물건을 생산할 수 있을지 고민하겠죠. 학생들은 더 좋은 직장에 가기 위해 밤늦게까지 공부해 좋은 학벌을 취득하고자 하며, 각종 자격증을 따기 위해 노력합니다. 만약 누군가 내 재산을 쉽게 빼앗을 수 있는 세상이라면, 또는 내가 모은 재산을 내 마음대로 사용할 수 없는 세상이라면, 그 누구도 재산을 축적하려는 행동을 하지 않을 것입니다. 그만큼 **자본주의에서의 사유재산제도는 우리 인간에게 열심히 살게 하는 강력한 동기부여를 해줍니다.**

물론 자본주의에는 단점도 있습니다. 강자는 더욱 강해지지만, 약자는 착취를 당하고 궁핍해집니다. 또 재산은 다시 분배되지 않고 점점 집중되며 부는 세습됩니다. 부유한 집에서 태어난 사람은 좋은 교육을 받아 좋은 직업을 가지고 부를 축적하지만, 반대의 경우에는 가난한 삶을 영위해야 합니다. 그래서 등장한 이념이 사회주의입니다. 사회주의는 생산수단의 사적 소유를 반대하여, 사유재산제도를 제한합니다. 생산수단을 모두가 함께 공유하는 사회를 꿈꿉니다. 그러다 보니 사회주의 세상에서는 개인의 자유로운 경제활동이 제한됩니다. 앞서 설명했듯 자본주의의 본질은 사유재산제도입니다. 사유재산제도를 제한하는 사회주의는 자본주의와 대척점에 있는 개념이 되는 것이죠.

그렇다면 21세기의 대한민국에 살고 있는 우리는 자본주의 시대를 살아간다고 생각하면 될까요? 꼭 그렇지는 않습니다. 대전제 자체는 자본주의가 맞습니다. 사유재산이 잘 보호되기 때문입니다. 하지만 여러 규제와 제도를 통해 시민들의 사유재산제도가 제한되는 부분도 있습니다. 그린벨트 지역의 땅은 자기 땅임에도 불구하고 개발이 불가합니다. 환경보호와 자연보전을 위해 개인의 사유재산권을 제한합니다. 평생 모은 재산을 자식에게 물려줄 때는 고율의 상속세를 내야 합니다. 부의 대물림을 막기 위해 사유재산권을 제한한 사례입니다. **이렇게 우리는 자본주의 세상에 살고 있음에도 개인의 사유재산권이 제한되는 순간들을 늘 마주합니다. 또 이런 이슈들은 항상 논쟁의 대상이 됩니다.** 이런 논쟁이 더욱 발전하게 되면 결국 '자본주의가 선인가 악인가'의 문제로 귀결됩니다. 이런 주제는 매우 흥미롭고, 논쟁에 끝이 없기에 무척이나 재미있습니다. 그래서 인터넷 커뮤니티와 댓글창에는 늘 이런 주제와 관련한 글이 가득하며, 대중의 관심을 먹고 사는 언론 역시 관련 주제로 떡밥을 던지곤 하죠. 하지만 이런 논쟁은 우리 개인의 삶에 별다른 도움이 되지 않습니다. 중요한 것은 우리가 살고 있는 자본주의 세상이 어떻게 움직이는지 정확히 그리고 논리적으로 이해하는 것입니다. 무엇이 옳고 그름을 따지는 것이 아니라 세상을 있는 그대로 바라보고 그 인과관계를 논리적으로 추론해보는 것이죠. 그러면 자연스레 세상의 거대한 흐름을 읽을 수 있고 자본주의에서 필연적으로 발생하는 일들을 나름대로 예측할 수 있게 되며, 세상이 시끄럽더라도 흔들림 없이 멋진 삶을 슬기롭게 전개해나갈 수 있지 않을까 생각해봅니다.

중세 유럽이 가난했던 이유

자본주의가 무엇인지 알아보았으니 이제는 자본주의가 우리 인류 역사에 어떤 과정을 거치면서 등장하게 되었는지를 살펴보도록 하겠습니다. 우리 인류는 400만 년 전 아프리카에서 처음 등장하여 전 세계로 퍼져나갔으며, 농업혁명, 상업혁명, 산업혁명과 같은 몇 가지 중요한 혁명을 거치면서 발전해왔습니다. 이렇게 인류의 역사는 서양사 관점에서 보면 구석기와 신석기라고 부르는 역사 이전 시대를 지나, 본격적인 역사시대인 고대, 중세, 근대, 현대에까지 흘러옵니다. 자본주의는 중세를 지나면서 서서히 싹트기 시작했고 근대에 이르러 본격적으로 등장했습니다.

서양사에서 중세는 5세기경부터 14세기까지의 기간을 말하는데, 이는 서로마제국이 멸망하고 15세기 르네상스 시대까지 아우르는 1,000년에 달하는 기간입니다. 중세 유럽은 봉건제 사회이면서 로마가톨릭교회의 종교적 지배를 받는 사회였습니다. 교황은 최상위층의 권력자로 모든 유럽을 지배하고 있었지만 실제 유럽 전역은 각 지방 세력이 쪼개져 각축하던 시대였습니다. 왕은 지방의 제후들에게 토지를 나눠주는 대신 충성을 얻어내는 관계였습니다. 그리고 지방의 제후들은 기사들에게 토지를 나눠주면서 군사적 충성을 약속받습니다. 이렇게 토지와 충성을 맞바꾸는 계약을 봉건제라 합니다. 봉건제가 중세 유럽의 정치 사회 제도였다면, 장원제는 중세 유럽을 상징하는 경제적인 제도였습니다. 토지를 받은 제후를 영주라 부르고 영주가 지배하는 땅은 장원이라 합니다. 그리고 장원에서 영주를 위해 농사를 짓는 농민들이 바로 농노였죠. 농노의 삶은 고단했습니다. 늘 농사일을 해야 했고 영주에게 세금을 내야 했습니다. 사실상 토지에 예속된 삶으로 겨우 생계만 유지할 뿐이었습니다. 중세 시대의 유럽은 종교로 인해 사회 분위기가 경직되어 있었던 데다 **철저히 계급으로 나뉘어져 있었고, 농노 대부분은 자유로운 경제활동이 불가능했기에 부를 축적하지 못했습니다.** 그렇게 중세 유럽은 오랜 기간 정체되어 있던 암흑기였습니다.

유럽은 암흑기였지만 유라시아 대륙의 중앙 지역은 번성하고 있었습니다. 상인 출신이었던 마호메트는 이슬람교를 창시했고, 이슬람교를 믿는 아랍인들은 북아프리카, 중동 지역, 이베리아반도에 이르는 거대한 제국을 만들어냈습니다. 이후 몽골 지역의 칭기즈칸은 유라시아 대륙을 재패하며 유럽, 중동, 중국 지역을 아우르는 거대한 몽골제국을 세웠습니다. **암흑기에 빠져 있던 유럽과 달리 중동 지역의 아랍인들과 중앙아시아 지역의 몽골인들의 전성기가 펼쳐질 수 있었던 것은 그들이 한곳에 정착해서 살지 않는 유목민이었기 때문입니다.** 그들이 살던 지역은 정착해 농사를 짓기 어려운 환경이었기에 유목민들은 떠돌이 생활을 했고 자연스럽게 상인들의 활약이 두드러졌습니다. 이들은 초원길을 통해 중국에 이르렀으며, 바닷길을 통해 인도와 동남아 지역을 거쳐 중국과 교역했습니다. 교역과 교류가 활발해지면 기술이 발달하고 부가 축적됩니다. 이슬람 지역에서는 상업 경제가 확장되면서 자연스럽게 경제활동에 필요한 몇 가지 기술들이 발달하게 됩니다. 아라비아 숫자, 십진법이라는 계산법, 그리고 장부 작성을 위한 회계원리인 복식부기가 등장합니다. 이슬람 지역에서 탄생한 상업 기술들은 추후 이탈리아 상인들에게 전파되며 지금에 이르기까지 쓰이고 있습니다.

중세 시대의 유럽은 토지를 기반으로 하는 경직된 농업 사회였기 때문에 자본이 축적될 기회가 없었습니다. 자본주의가 발달하기 위해서는 상업이 융성해야 하는데, 유럽은 그럴 환경이 되질 못했죠. 반면 이 시기에는 중동 지역과 중앙아시아 지역의 유목민들이 교역과 교류를 자유롭게 하면서 부를 축적하고 있었습니다.

04 유럽을 변화시킨 결정적 사건

중세 유럽이 서서히 변화하기 시작하게 된 것은 십자군원정부터입니다. 기독교 세력의 유럽은 중동 지역의 이슬람 세력과 전쟁을 벌였습니다. 유럽의 십자군들은 대규모 군대를 꾸려 중동 지역으로 원정을 떠났죠. 가는 길에 자리 잡고 있던 제노바, 베네치아 같은 이탈리아 도시국가들은 이들에게 선박 운송 서비스를 제공하며 성장했습니다. 이 지역 이탈리아 상인들은 유럽 대륙과 이슬람 지역을 왔다 갔다 하면서 무역을 시작하게 됩니다. 이슬람의 새로운 기술과 향신료와 같은 재화들이 유럽에 유입되는 계기가 됩니다. 2007년 아이폰이 세상에 등장하자 전 세계가 모바일 혁명을 경험했듯이 동방과의 교류는 유럽인들을 크게 변화시켰습니다. 바로 **농업에만 편중되어 있던 유럽 경제에 상업 활동이 활발히 전개되면서 서서히 자본주의가 탄생할 조짐을 보이기 시작한 것입니다.**

가장 눈에 띄던 곳은 남유럽입니다. 이곳에는 지중해 무역의 중심지였던 이탈리아가 있었습니다. 동방과 유럽을 이어주는 무역 거점이었죠. 이탈리아 상인들은 지중해 무역을 통해 동방으로부터 후추, 견직물, 면직물을 가져왔습니다. 대표적인 도시로는 베네치아, 제노바, 밀라노 등이 있었습니다. 한편, 북유럽에는 독일과 네덜란드의 항구도시들을 중심으로 한자동맹이 있었습니다. 북유럽의 상인들은 북해와 발트해를 통해 생선, 포도주, 모직물, 목재 등을 거래했습니다. 가장 인기 있었던 교역품은 플랑드르(지금의 벨기에 지역)의 모직물과 베네치아 상인이 가져온 인도의 향신료였습니다. 이들 교역품은 어딘가에서 거래되어야 했고, 프랑스 북부의 샹파뉴 지역의 샹파뉴 백작은 유럽 최대 규모의 시장인 샹파뉴 시장을 조성했습니다. 이 지역은 유럽의 중심부에 위치했으며, 육상과 하천이 지나는 주요 통상로였습니다. 그렇게 남부 유럽과 북부 유럽을 연결하는 하나의 시장이 탄생한 것입니다. 샹파뉴 백작은 세수입을 올리려는 의도로 시장을 활성화했습니다. 매년 두 달씩 시장을 열다가 교역량이 늘어나면 인근에 새로운 시장을 만드는 방식으로 지역 상권을 발달시켰습니다. 질서 유지를 위해 경찰을 두고, 다양한 화폐를 환전할 수 있는 환전소를 두었습니다.

먼 지역을 이동해 물건을 사고파는 것은 무척이나 위험한 사업이었습니다. 그리고 부를 어느 정도 축적한 상인들은 장기간 배를 타며 고생하기 싫어했죠. 상인들은 무역 과정에서의 번거로운 일들을 간소화하기 위해 다양한 아이디어를 냈습니다. 먼저 개인으로 움직이는 것보다 여러 상인들이 연합해 사업을 하는 것이 유리하다고 판단하여 동업 체제가 활성화됩니다(회사 제도). 또 각 무역 거점에 지점을 설치하여 대리인과 창고를 둡니다(주인 대리인 관계). 매번 물건을 사고팔고 결제하는 것이 귀찮으니 일단 장부에 기록(회계 기록)하고 최종 잔액을 한꺼번에 결제하는 방식도 도입됩니다(장부결제). 환어음이라는 결제 수단도 등장합니다. 환어음이란 발행인이 직접 대금을 지급하지 않고 제3자인 지급인을 통해 대금을 지급하도록 위탁하는 증서입니다. 간단히 말해 물건을 사면서 물품 대금을 직접 주는 대신에 어음이라는 증서를 주면서 '이 어음을 들고 6개월 뒤에 메디치 씨에게 가면 메디치 씨가 나 대신 돈을 지급해줄 거야'라고 하는 제도를 말합니다. 이렇게 신용거래가 싹트기 시작했고, 수수료를 받으면서 메디치 씨의 역할을 하던 자들이 생기기도 합니다. 그리고 메디치 씨와 같은 자들은 조만간 은행으로 발전합니다. 어음 결제를 해주던 은행은 무역 상인에게 선박을 담보로 돈을 빌려주기도 합니다. 반대로 불의의 사고가 발생하면 보험금을 지급하는 해상보험도 등장하게 되었죠. 무역 상인은 더 적은 자본으로 사업을 할 수 있게 되었고, 원거리 무역의 리스크를 은행과 공유함으로써 사업에 대한 부담을 덜 수 있게 됩니다.

05 르네상스가 이탈리아에서 발생한 이유

무역을 통해 부를 축적하고 그러한 부를 새롭게 다루기 시작한 이탈리아 도시국가들은 무역은 물론 금융 분야에서도 두각을 나타내기 시작합니다. 무역 분야에서는 베네치아가 단연 으뜸이었고, 피렌체는 금융 분야에 특화되었습니다. 피렌체에서 가장 성공한 은행은 바로 메디치 은행입니다. 교황청을 상대로 환전상을 하던 조반니 메디치는 피렌체에 은행을 세웠고, 그의 아들 코시모 메디치는 로마, 베네치아, 제노바, 런던 등 유럽 주요 도시에 은행 지점을 세우며 국제적인 은행으로 발전시킵니다. 무역의 발달이 금융의 발달로 이어졌다는 전개는 납득이 갑니다만, 생각해보면 중세 사회는 강력한 기독교 사회였고 탐욕은 곧 죄악이었습니다. 다시 말해 돈놀이를 통해 부를 축적하는 것이 죄악인 사회였습니다. 그런데 어떻게 은행이 만들어지고 성행할 수 있었을까요? 그것도 로마 교황청이 있던 이탈리아반도에서 말이죠.

그 비밀은 앞서 살펴봤던 환어음에 있습니다. 환어음은 겉으로 볼 때는 지급결제의 형태를 보입니다. 즉, 피렌체 상인과 영국 상인이 거래한다고 할때, 두 상인이 거래에 대한 결제를 직접 하는 것이 아니라 두 상인 사이에 은행을 껴서 결제하는 시스템입니다. 은행은 결제의 편의를 제공해주고 환전 업무까지 곁들이면서 수수료를 받아 갑니다. 그런데 이 수수료에는 이자의 개념도 포함되어 있었습니다. 피렌체 상인이 물건을 배에 선적하면서 은행에 가면 은행은 먼저 수출대금을 지급해주었고, 영국 상인은 두 달 뒤 물건을 받게 되면 은행에 수입대금을 입금합니다. 이 거래에서 은행은 영국 상인에게 돈을 전달받기 전에 피렌체 상인에게 돈을 지급했습니다. 이 거래를 연결해주면서 은행은 수수료를 챙겼습니다. 하지만 이러한 거래는 사실상 두 달간 돈을 빌려준 것과 다름없으며, 수수료는 돈을 일정 기간 빌려줄 때 받게 되는 이자와 사실상 동일한 성질이라는 것입니다. 겉으로 볼 때는 무역을 편리하게 해주는 대금결제 수단이지만 말입니다. 교황은 이러한 비즈니스가 돈을 빌려주고 이자를 받는 게 아니라고 판단합니다. 물론 실질이 이자와 같다는 것을 모른 채 허락해준 것은 아니었습니다. 이렇게 환어음은 은행들이 합법적으로 돈놀이를 할 수 있게 만들어주었던 것입니다.

이탈리아의 은행들은 새로운 금융을 발전시켰고 그러면서 큰돈을 벌게 됩니다. 그중 가장 큰 성공을 거두었던 메디치 가문은 이탈리아 르네상스를 꽃피웠죠. 메디치 가문은 예술가에 대한 후원을 아끼지 않았고 브루넬레스키, 레오나르도 다빈치, 미켈란젤로와 같은 르네상스의 거장들이 탄생할 수 있었습니다. 또 철학자, 시인, 건축가, 과학자 등 유럽 각지의 거장들을 피렌체로 끌어모으면서 피렌체의 전성기를 이끌었습니다. 경제가 부흥하면 문화가 꽃을 피우는 것은 현대에도 그대로 적용됩니다. 전기전자제품 수출로 1980~1990년대 경제 전성기를 보내던 일본의 대중 문화는 세계적으로 꽃을 피웠으며, 최근 반도체, 자동차, 2차전지로 경제의 꽃을 피우는 대한민국의 음악, 영화, 드라마가 세계적으로 주목받는 것도 500년 전 피렌체에서 르네상스가 탄생하고 있던 일과 다름없는 셈이죠.

이탈리아 도시들은 아시아와 유럽을 잇는 무역 관문 역할을 하고 새로운 금융시스템을 개발하여 은행을 만들었습니다. 무역과 금융의 만남은 경직된 중세 유럽에 새바람을 가져왔으며 이탈리아 도시국가들은 부를 축적합니다. 세상이 달라지기 시작합니다. 결국 돈을 벌기 위해서는 배를 타고 해외로 나가 새로운 물품들을 확보해 유럽 시장에서 장사를 해야 한다는 생각이 퍼지기 시작합니다. 그렇게 야심 있는 자들은 성공을 위해 바다로 나갑니다. 배를 더 잘 만들고, 전문 선원들을 양성하고, 새로운 항로를 개척하기 위해 노력합니다. 그렇게 해양도시들이 급부상하며 경제가 활발해지기 시작하죠.

베네치아의 무역 루트는 영원하지 않았습니다. 지정학적 문제가 새로운 변화를 불러왔습니다. 인도와 중국 특산품들은 중동 지역을 거쳐 베네치아로 들어왔는데, 중동 지역에 오스만제국이 들어서면서 베네치아의 무역로를 위협한 것이었습니다(지정학적 위기). 때마침, 포르투갈의 바스쿠 다가마는 희망봉을 돌아 인도에 이르는 항로를 열어 새로운 무역로를 개척합니다(신기술 등장). 베네치아의 무역 패권은 시들해졌으며, 그렇게 경제 패권은 서서히 이베리아반도로 이동하기 시작합니다.

06 신대륙 발견의 두 가지 의미

세계사의 중심지는 바닷길이 열리면서 변화해왔습니다. 고대에는 로마 제국이 세상을 평정하던 지중해가 세상의 중심이었습니다. 중세에는 이슬람 상인들이 아라비아반도, 페르시아, 인도, 동남아시아, 중국을 오가며 무역하던 인도양이 중심이었죠. 이후 근대에는 신대륙이 발견되면서 스페인, 포르투갈, 영국, 네덜란드 등 대서양 무역의 핵심 국가들이 전성기를 맞습니다. 그리고 20세기 이후 현대에 들어서는 미국과 중국과의 교역이 이뤄지는 태평양이 급부상했고, 우리나라 역시 그 안에서 활약하고 있습니다.

중세의 끝 무렵 이탈리아 도시국가들은 동방의 특산품들을 인도양을 거쳐 지중해로 들여와 유럽에 보급하면서 전성기를 구가하지만 이내 **바다의 중심은 대서양으로 넘어가기 시작합니다.** 앞서 살펴봤듯 지중해 무역 루트에 오스만제국이 들어서면서 바닷길이 막혀버린 탓이었죠. 덕분에 **대서양과 마주한 스페인, 포르투갈, 영국, 네덜란드와 같은 해양 국가들이 급부상합니다.** 이들 중 포르투갈과 스페인이 제일 앞서 나갔습니다. 포르투갈은 아프리카 대륙을 따라 빙 돌아서 인도로 가는 새로운 항로를 개척하면서 주도권을 잡습니다. 스페인은 더 좋은 항로를 개척하기 위해 탐험가 콜럼버스를 후원했고 그 결과 대서양을 가로질러 아메리카 대륙을 발견하게 됩니다.

아메리카 대륙의 발견은 세계 경제사적 관점에서 두 가지 큰 변화를 가져왔습니다. **첫 번째 변화는 플랜테이션**plantation **농장(대형 농장)이었으며, 두 번째 변화는 대규모 은광산의 발견입니다.** 플랜테이션 농장은 자본 및 기술을 가진 선진국 자본가가 식민지 원주민이나 저렴한 이주 노동자들의 노동력을 이용해서 소비를 위한 작물이 아닌 상품 가치가 큰 작물들을 재배하는 기업적 농업경영을 말합니다. 아메리카 대륙에는 구대륙과는 다른 새로운 작물들이 존재했고, 유럽인들은 이러한 작물들을 유럽에 팔아 돈을 벌 생각을 했죠. 향신료, 담배, 설탕과 같은 작물들은 해당 기후에서만 재배가 가능했고 유럽에 되팔아 돈을 벌 수 있는 환금성 작물이었습니다. 처음 유럽인들은 아메리카의 원주민을 플랜테이션 농장에서 일하게 했으나 전염병의 확산으로 원주민의 수가 급격히 줄어들게 되었습니다. 그래서 유럽인은 아프리카인들을 새로운 노동력으로 주목했습니다. 유럽인들은 아프리카 지역에서 아프리카인들을 매입하거나 납치해 노예로 삼았습니다. 이른바 삼각 무역 체제입니다. 유럽의 상인들은 아프리카에 가서 돈을 주고 노예들을 샀고, 돈 주고 산 노예를 배에 싣고 아메리카로 갔습니다. 노예들은 아메리카 농장주들에게 팔렸고, 노예를 판 돈으로 설탕, 커피, 담배와 같은 작물들을 매입해 다시 배를 채웠습니다. 그리고 배에 가득 채워진 신대륙 작물들을 유럽인들에게 팔며 이득을 남기는 방식이었습니다.

신대륙이라는 새로운 세계가 열리자 큰돈을 벌 수 있는 세상이 펼쳐졌습니다. 플랜테이션 농장은 말 그대로 돈을 벌기 위한 공장식 농장이었습니다. 최대한 값싼 노동력을 구해서 일을 시키고 생산된 상품들을 소비자들에게 판매하는 식이었습니다. 현대 자본주의사회에서 이익을 추구하는 기업의 형태가 본격적으로 등장한 것입니다. 저렴한 노동력을 활용해 상품을 생산하고 이를 자국 소비지에서 판매하는 행위는 21세기에도 그대로 펼쳐집니다. 미국과 유럽의 선진국 기업들이 중국이나 동남아시아의 저렴한 노동력을 활용해 값싼 제품을 만들어 다시 선진국 시장에 판매하는 전략은 수백 년 전 유럽인들이 신대륙을 오가던 비즈니스와 다르지 않습니다.

07 기득권을 파괴한 인플레이션

신대륙 발견으로 인한 두 번째 변화는 대규모 은광산의 발견입니다. 인류는 오랫동안 금과 은을 화폐로 사용했습니다. 귀금속은 귀했고 쓸모가 많았기에 다들 귀금속의 가치를 인정했으며, 자연스레 화폐의 역할을 했습니다. 그리고 이탈리아 도시국가들이 동방무역을 하던 시설까지는 당시 금융 패권을 가지고 있던 피렌체의 금화 플로린이 지급결제 수단이자 기축통화의 역할을 했습니다. 하지만 피렌체가 쇠퇴하고 스페인이 새로운 패권국가로 떠오르면서 새로운 통화가 국제무역 거래의 핵심이자 기축통화로 떠오릅니다. 바로 스페인 은화였습니다. 중세 시대에는 금과 은의 양이 제한적인 만큼 늘 돈이 부족했습니다. 그런데 **신대륙이 발견되자 엄청난 규모의 은이 매장된 은광산이 개발되면서 막대한 은이 쏟아져 나왔습니다. 그렇게 신대륙의 은은 스페인을 거쳐 유럽 대륙에 퍼져나가기 시작합니다.** 스페인은 지금으로 치면 달러 윤전기를 손에 넣은 셈이었습니다. 막대한 부를 통해 세계적 패권국가가 되었죠. 스페인은 대량의 은으로 사치를 부리고 전쟁을 일삼았습니다. 사치와 전쟁은 사실상 돈을 뿌리는 행위였고 자연스레 세계 각지에 은이 뿌려지게 됩니다. 은이라는 화폐가 갑자기 많아지기 시작하자 물건값이 오르기 시작합니다. 신대륙에서 쏟아지는 은으로 인해 인플레이션이 발생한 것이었습니다. **물가상승이라는 개념이 없던 중세 유럽에 처음으로 가격이 오르는 현상이 나타났습니다.**

물가상승(인플레이션)은 자본주의로의 발전을 앞당깁니다. 인플레이션이 발생하면 어떤 변화가 일어날까요? 인플레이션은 돈이 많이 풀려 물건값이 오르는 현상입니다. 화폐가 늘어난 만큼 모든 물건값이 동일한 비율로 상승한다면 사회 경제적으로 큰 변화가 일어나진 않습니다. 그저 물건에 부착된 가격표만 변하는 셈이니 말이죠. 하지만 **인플레이션은 심각한 사회 경제적 변화를 초래합니다. 그 이유는 물가가 오른다고 해서 모든 재화나 서비스가 동시에 동일한 비율만큼 오르지 않기 때문입니다.** 식량이나 공산품의 가격은 물가에 예민하게 반응합니다. 하지만 인건비나 임대료는 물가에 예민하게 반응하지 않는 경우가 많습니다. 이러한 특성 때문에 사회구조가 변합니다. 기득권이 무너지고 새로운 시대에 잘 대처한 자들은 새로운 기득권이 될 수 있습니다. 먼저 토지를 기반으로 소작농으로부터 수입을 거둔 지주계급에게는 큰 위기입니다. 지주들은 소작농들에게 땅을 빌려주고 매년 일정 부분의 지대(임대료)를 받았습니다. 하지만 지대는 인플레이션의 영향을 덜 받습니다. 오랜 기간 지주와 소작인 사이에서 거래되던 전통적인 가격이 존재하기 때문에 쉽게 변하지 않습니다. 결과적으로 지주들의 실질적인 소득이 감소합니다. 세상 모든 게 다 오르는데 본인의 수입인 지대만 오르지 않았으니 말입니다. 반대로 일부 소작농들에게는 지대를 주고도 남는 돈이 생기게 되면서 부를 따로 모을 수 있는 길이 열리기도 합니다. 물가가 올라 판매가격은 올랐지만 지대는 그대로니 말이었죠. 물론 머리가 잘 돌아가는 지주들은 소작을 주는 게 아니라 농업노동자들을 고용해 직접 농사를 해 수입을 크게 늘리기도 합니다. 지대(임대료)가 잘 오르지 않는 것처럼 농업노동자들에게 주는 월급(인건비)도 잘 오르지 않으니 이 점을 활용해 부를 더욱 축적하는 식이었습니다. 그렇게 **인플레이션은 사회의 변화였고 여기서 기회**

를 잡은 자들은 부(자본)를 축적할 수 있게 되었습니다.

인플레이션으로 세상이 변화했고, 그러한 변화의 흐름을 읽고 큰돈을 번 신흥 부자들이 탄생하는 반면, 반대로 힘을 잃게 된 기존 기득권 세력도 있었습니다. 신흥 부자들은 부르주아계급이라는 '신新 계급'을 창조했으며, 이들 계급은 시간이 흘러 시민혁명의 주도 세력이 됩니다. 뒤에 설명하겠지만 시민혁명은 그들이 만들어낸 부를 온전히 보존하기 위한 정치적 혁명이었습니다.

신대륙 발견이 스페인에겐 엄청난 행운이었지만, 스페인은 그 행운을 얼마 누리지도 못한 채 패권을 잃게 되고 맙니다. 돈 버는 방법이나 기술이 아니라 광산에서 샘솟는 돈 그 자체를 쉽게 얻었기 때문이었을까요? 스페인은 축적한 부를 잘 활용하지도 못했습니다. 기축통화인 '은'을 전 세계에 공급하며 세계경제가 깨어나는 계기를 만들어준 스페인은 역설적으로 사치와 전쟁으로 경제가 몰락하고 맙니다. 그러면서 스페인을 누르고 세계 패권을 이어받은 국가가 바로 네덜란드입니다.

08 스페인이 망하고 네덜란드가 뜬 이유

1600년대 세계에서 가장 부유한 국가는 단연 네덜란드였습니다. 네덜란드는 지금도 그렇지만 그 당시에도 작은 국가였습니다. 별다른 천연자원도 없었고, 인구도 많지 않은 나라였죠. 그럼에도 1600년대 네덜란드는 강력한 육군과 해군을 가지고 있었고, 사실상 당시 바다를 지배하던 강대국이였습니다. 또 막대한 군사력을 유지할 수 있을 정도로 세계에서 가장 부자 국가이기도 했습니다.

독립한 지 얼마 되지 않았던 유럽의 작은 나라가 전 세계에서 가장 부유한 국가가 될 수 있었던 이유는 네덜란드에서 자본주의가 제대로 작동하고 있었기 때문입니다. 당시 네덜란드의 상황과 배경에 대해 하나씩 살펴보도록 하겠습니다.

1581년 독립을 선언하기 전까지, 네덜란드는 스페인에 종속된 지역이었습니다. 당시 유럽은 합스부르크 가문이 지배하고 있었습니다. 합스부르크 가문은 유럽 지역의 주요 왕과 귀족들과 혼맥으로 하나의 거대한 제국을 만들었습니다. 16세기에 합스부르크 가문의 수장은 스페인의 국왕 카를 5세였습니다. 카를 5세는 신성로마제국의 황제(막시밀리안 1세)의 아들인 펠리페 1세와 스페인의 후아나 여왕을 각각 아버지와 어머니로 두고 있었기에 스페인의 국왕, 신성로마제국의 황제, 이탈리아의 군

주를 겸하는 유럽 최고 권력자였습니다. 네덜란드 역시 카를 5세가 지배하던 지역이었습니다.

네덜란드가 스페인에 반기를 들기 시작한 것은 종교적 이유가 컸습니다. 당시 유럽엔 기존 기독교(가톨릭)에 대한 반기를 든 신교가 등장해 종교적 갈등이 한창이었습니다. 로마가톨릭교회에는 부정부패가 심각했고, 루터와 칼뱅과 같은 신학자들은 가톨릭을 비판하면서 새로운 기독교사상인 프로테스탄티즘, 즉 신교를 탄생시킵니다. 신교와 구교 간의 갈등 속에서도 스페인은 독실한 가톨릭 국가였습니다. 이 무렵 **스페인에서는 가톨릭이 아닌 자들을 박해하는 일들이 펼쳐졌고, 이에 유대인을 포함한 상인들이 스페인을 떠나 네덜란드로 향했습니다.** 네덜란드는 신교를 믿는 지역이었으며, 종교적 관용이 넘치던 곳이었죠. 세계를 오가며 무역을 하는 상인들의 종교는 제각각이었고 가톨릭을 믿지 않는 상인들은 자연스레 스페인을 떠나 네덜란드에 정착하기 시작했습니다. 가톨릭에서는 본래 상업과 금융업을 천시했는데, 부를 쌓다가 자칫 잘못하면 마녀사냥의 희생양이 되기도 했습니다. 상인들은 종교적인 안정은 물론 그들의 입맛에 맞는 새로운 종교가 필요했습니다. 때마침 **신교의 한 분파인 칼뱅주의는 상인들의 입맛에 잘 맞았습니다. 칼뱅주의에 따르면 모든 직업은 신이 내린 소명이며, 인간의 직업은 지상에서 신의 영광을 실현하는 수단이라 합니다.** 이는 직업에는 귀천이 없다는 뜻이기도 했습니다. 어떤 직업을 가졌든 자신의 일을 열심히 하는 것이 신이 인간에게 준 임무를 성실히 수행하는 것이라 여겼습니다. 물건을 사고파는 상인과 돈을 빌려주고 이자를 받는 대부업자들은 칼뱅주의에 흠뻑 빠졌습니다. 그동안 직업 때문에 천시받곤 했는데, 칼뱅주의는 그들의 직업을 정당화해주었습니다. 그렇게 상인들이 많은 도시지역 위주로 신교인 칼뱅주의가 급속도로 확산되었고, 상인들의 도시였던 네덜란드 지역에도 칼뱅주의의 바람이 불었습니다. 독실한 가톨릭 국가 스페인은 자신들이 관리하는 지역인 네덜란드에서 신교의 바람이 부는 것을 보고 강도 높게 네덜란드의 종교를 탄압했습니다. 마녀사냥과 종교재판으로 네덜란드 사람들은 공포에 떨었고, 결국 네덜란드는 스페인에 독립을 외치고, 80년간의 사투 끝에 독립하게 되었습니다. 이후 네덜란드는 탄탄한 경제를 기반으로 하여 세계적 금융 중심지 역할을 통해 약 100년간 세계 제일의 패권국가가 되었습니다.

최초의 주식시장이 탄생하자
벌어진 일

정말 아무것도 없던 네덜란드가 스페인을 누르고 세계 제일 패권국이 되었다는 것은 많은 시사점을 줍니다. 그들은 **정치적 자유, 종교적 자유를 보장해 다양한 사람들이 몰려들게 했습니다. 특히 상인과 금융인을 유치해 돈이 돌게 하였습니다.** 네덜란드에서 이들은 '어떻게 하면 돈을 더 벌 수 있을까'란 생각을 자유롭게 할 수 있었습니다. 그 결과 그들은 주식회사라는 희대의 발명품을 만들어냅니다.

당시 가장 유행하던 사업은 인도에서 향신료를 사 오는 것이었습니다. 그러나 대규모 선단을 꾸려 인도까지 가서 향신료를 배에 싣고 다시 돌아오는 일에는 많은 돈이 들었고 위험하기도 했습니다. 배를 건조하고 선원들을 모집해야 했으며, 먼 바다에는 늘 태풍과 해적들이 도사리고 있었습니다. 하지만 항해가 성공적으로 이뤄진다면 신대륙이나 동방의 물품들을 한가득 실어 올 수 있었고, 그걸 유럽에 팔면 큰돈이 되었습니다. 사업을 하기 위해서는 돈이 필요합니다. **예나 지금이나 자본력이 사업의 핵심 요소였습니다.** 이때 네덜란드 상인들은 획기적인 아이디어를 냈습니다. 바로 '주식회사'였습니다. **주식회사는 사업을 진행하기 위해 주주들로부터 투자금을 받는 대신 주식을 나눠줍니다. 주식을 가진 주주들은 사업에서 나온 이익금을 배당받을 수 있습니다. 또 주식은 타인과 자유롭게 거래가 가능합니다.** 주식회사를 만들어 주식을 발행한다는 것은 상인들이 미래의 수익을 투자자에게 나눠주는 대신, 사업상의 위험을 투자자에게 넘기는 것이었습니다.

　항해를 하다 보면 늘 침몰과 같은 사고가 발생합니다. 사고 배상금을 모두 투자자가 책임진다면 아무도 투자를 하지 않을 것입니다. 그래서 투자자의 책임을 투자금으로 한정하도록 하는 장치를 마련합니다(유한책임). 배가 침몰해도 투자자들은 투자금만 잃을 뿐 추가적으로 책임질 것이 없었습니다. 투자에 대한 증명서는 주식이었습니다. 주식은 증권으로 거래소에서 매매할 수 있었고, 주식을 보유하고 있는 자들에게는 배당이 지급되었고, 증권 자체가 자유롭게 거래되다 보니 가격 상승 또한 기대할 수 있었습니다.

　그렇게 탄생한 세계 최초의 주식회사가 바로 네덜란드 동인도회사였습니다. 1602년 설립된 동인도회사는 희망봉부터 마젤란해협에 이르는 광대한 지역의 무역 독점권을 가졌고, 식민지에 대한 군사행동도 할 수 있었습니다. 동인도회사의 배당률은 무려 75%까지 달한 적이 있었고, 1602년부터 1696년까지 평균 배당률이 20% 이상이었을 만큼 성공적인 기업이었습니다.

　네덜란드 정부는 증권거래소를 설립하여 주식회사의 주식들을 거래할 수 있는 장을 만들었습니다. 주식회사는 정말 획기적이었습니다. 십시일반으로 모여 거대한 사업을 진척시킬 수 있게 했으니 말입니다. 제도적 뒷받침으로 획기적인 자본조달 창구를 가진 네덜란드는 다른 나라보다 더 빠르게 자본을 모을 수 있었고, 그 결과 빠르게 사업상 우위에 놓이게 됩니다. 그 결과 자원도 별로 없고 인구도 많지 않은 작은 나라가 세계적 패권국가가 되기에 이르렀습니다. 네덜란드의 성공 사례는 매우 큰 교훈을 줍니다. 나라의 경제가 융성하기 위해서는 금광이나 은광 같은 것보다 상인들의 자유로운 활동과 자본이 유기적으로 흐를 수 있는 제도적 장치와 같은 소프트 파워가 더욱 중요하다는 사실을 말이죠.

투기꾼이 몰락하다: 튤립버블

네덜란드에서는 주식회사뿐 아니라 첨단 금융 기법들이 발달했습니다. 선물 및 옵션 거래도 등장합니다. **선물과 옵션은 대표적인 파생상품으로 어떠한 자산을 미래의 어느 시점에 정해진 가격으로 거래하는 계약을 의미합니다.** '청어 한 마리를 3개월 뒤에 1,000원에 팔겠다'라는 계약이 있다고 해봅시다. 현재 시점에 청어 한 마리가 800원이라면 이 계약은 대략 200원의 가치를 지닙니다. 800원짜리 청어를 3개월만 기다리면 1,000원에 팔 수 있는 계약이니 200원의 차익이 생기기 때문이죠. 한편 3개월 뒤 청어 한 마리의 시세가 1,500원이 된다면 이 계약은 향후 500원의 손해를 끼치게 될 것입니다. 1,500원에 팔 수 있는 청어를 1,000원에 팔아야 하기 때문이죠. 즉, 선물이나 옵션은 현재 시점에서 미래 특정 시기에 거래될 가격을 정해놓는 것입니다. 누군가는 미래에 정해진 가격으로 거래해 가격의 변동성을 없애고 싶어 하고, 누군가는 가격 흐름을 미리 읽어 가격변동을 이용해 돈을 벌고 싶어 합니다. 그래서 이렇게 미래의 가격을 고정시키는 선물이나 옵션 계약이 성립되는 것이죠. 이러한 선물 및 옵션 거래는 실제 물건이 오가지 않은 채, 실제 사용할 생각도 없이 거래할 수 있기에 투기적 성격이 뚜렷합니다. 그렇게 선물옵션 시장이 자리 잡게 되면서 네덜란드에는 자연스럽게 투기의 열풍이 불었습니다.

곧이어 가격이 오를 것이라 예상되는 상품을 미리 구입해두고 가격이 오르면 되팔아 수익을 내는 행위가 성행하기 시작했습니다. 여기에 신대륙에서 유입된 은이 풍부한 유동성을 만들어냈습니다. 그리고 네덜란드는 동인도회사를 통한 무역 활동을 통해 경제패권을 쥐고 있었습니다. 네덜란드 국민들은 청교도 정신에 따라 절약하는 습관도 가지고 있었습니다. 돈 잘 버는 나라의 국민들이 절약 정신도 강했는데, 때마침 시중에 돈이 많아 인플레이션이 발생하는 상황이었습니다. 시간이 흐를수록 **인플레이션에 의해 화폐의 가치는 줄어들었고 대중들은 남는 돈을 어딘가 돈 되는 곳에 투자하고 싶어 하는 심리가 강해졌습니다.** 결국 이러한 분위기는 튤립 버블이라는 희대의 자산 버블을 만들어냅니다.

튤립은 지중해 동부에서 자생하는 꽃으로 당시 유럽에서는 정원에 심던 꽃이었습니다. 네덜란드에서는 튤립의 품종을 개량해 다양한 색깔과 무늬를 띄게 만들었습니다. 튤립은 아름다운 꽃이면서 대량 재배가 어려웠기 때문에 당시 부유층들 사이에서 유행했습니다. 그로 인해 튤립값이 지속적으로 오르기 시작합니다. 이때 잔머리를 잘 굴리는 투기꾼들은 튤립값이 계속 오르는 현상을 발견합니다. 그리고 그들은 튤립이 필요하지 않음에도 튤립 가격 상승을 노리고 튤립을 구매하기 시작합니다. 이때부터 튤립 가격은 그야말로 미친 듯이 오르기 시작했습니다. 결국 튤립 불패 신화를 만들어내면서 1개월 만에 튤립 가격이 50배나 뛰는 일이 발생했습니다. 그렇게 튤립 구근이 돈이 된다는 것이 대중들에게 알려지자 튤립은 투기의 대상으로 변하기 시작했습니다. 튤립 구근을 사고파는 것만 해도 평생의 부를 거머쥘 수 있었습니다. 눈치 빠르게 튤립 구근 폭등 열차에 올라탄 사람들은 부자가 되었고, 이를 본 사람들은 마음이 급해지기 시작했습니다. 튤립 구근을 사기 위해 집을 담보로 돈을 빌리기도 했습니다. 그렇게 1634년부터 1637년 약 3년 동안 튤립 열풍이 이어졌습니다. 그러던 어느 날 급등하던 튤립 가격이 갑자기 내려가기 시작했습니다. 한번 시세가 꺾이자 사람들은 매도에 매도를 거듭했고 결과적으로 튤립 가격은 폭락하게 되었습니다. 마지막으로 네덜란드 정부가 나섰습니다. 튤립 거래에 대해 긴급 조치를 내리면서 튤립 거래를 종료하도록 지시합니다. 결국 튤립을 사고팔겠다는 증서들은 모두 휴지가 되고 맙니다. 열심히 축적되어왔던 네덜란드인들의 부가 엉뚱한 곳에 집중되더니 단숨에 사라져버렸습니다. 이후 **튤립버블이 꺼지자 네덜란드 경제는 만성적인 디플레이션에 빠지기 시작하며 성장 동력이 꺾이고 말았습니다.** 그 결과 네덜란드에 축적되었던 자본은 신흥 강자 영국으로 향하기 시작했습니다.

영국이 패권을 차지하게 한 두 가지 사건

17세기 중반 무렵까지 경제적으로 번영을 구가했던 네덜란드는 영국, 스웨덴, 독일의 부상으로 서서히 경쟁력을 잃기 시작했습니다. 특히 영국이 급부상했습니다. 영국은 네덜란드의 패권에 도전했고, 세 차례에 걸친 영란전쟁(영국-네덜란드전쟁)에서 승리함에 따라 네덜란드는 쇠퇴하고 영국이 패권국이 되며 대영제국의 시작을 알렸습니다. 그렇게 17세기 후반 패권국의 지위에 오른 영국은 20세기에 제1, 2차 세계대전이 일어나 미국에게 패권을 넘겨주기까지 오랜 기간 패권을 유지했습니다.

유럽 변방의 섬나라였던 영국이 세계 패권을 장악할 수 있었던 결정적 이유는 사회구조적 혁신에 있었습니다. 혁신으로 부를 축적할 수 있었고 부의 축적이 가져온 힘을 통해 전 세계에 식민지를 만들 수 있었으며, 이후 산업혁명이 영국에서 발생할 수 있는 토대를 마련했습니다.

영국에서 일어난 첫 번째 혁신은 인클로저운동 Enclosure Movement**입니다.** 인클로저운동은 쉽게 말해 울타리 치기 운동입니다. 소유권에 대한 개념이 명확하지 않던 시기에 울타리를 치기 시작했다는 것은 혁명적인 변화였습니다. 경계가 불분명하거나 주인이 애매한 땅에 울타리를 친 다음, 울타리 안의 토지를 농경지로 개량하거나 양을 키우는 목축지로 바꾸면 자기 땅이 되었습니다. 사람들은 빈 땅이다 싶으면 서로 달려들어 울타리를 만들었죠. 덕분에 공유지가 개간되어 경작지가 늘어나자 전체적인 식량 생산량이 증가합니다. 하지만, 시대의 흐름을 잘 이용했는지에 따라 부농과 빈농으로 나뉘었고, 대다수 소농들은 땅을 차지하지 못하고 노동자 신세로 전락하고 말았습니다. 토지에 대한 소유권이 제도적으로 보장되었다는 것은 자본주의적인 관점에서의 농업이 시작되었다는 굉장히 중요한 의미를 가집니다. 양모든 농작물이든 효율적으로 생산하여 최대한 잉여 자본을 만들어 부를 축적하는 것이 목표로 바뀌었습니다. 영리한 사람일수록, 사업적 재능이 있는 사람일수록 부의 축적이 가능했고 부의 축적은 새로운 투자를 가능하게 하면서 자본주의적 경제의 선순환을 이끌어냈죠.

영국에서 일어난 두 번째 혁신은 의회정치의 확립입니다. 1688년 영국 의회는 가톨릭 부흥과 왕권 강화를 꾀하던 찰스 2세를 왕위에서 폐하고, 신교도인 메리 2세와 윌리엄 3세를 공동 통치 형태의 왕으로 맞이하는 혁명을 이룩합니다. 이를 명예혁명이라 하죠. 영국에서는 오랜 기간 '왕'과 귀족 연합체였던 '의회' 간의 권력 싸움이 있었는데, 명예혁명을 통해 '의회'가 최종적인 승리를 하게 됩니다. 이후 의회는 '권리장전'을 공포하는데, 권리장전은 자본주의 체제를 뒷받침하는 안정된 법체계를 의미했습니다. 권리장전에서는 의회의 동의 없이 법률을 만들거나 세금이나 벌금을 걷거나 군대를 조직하는 행위가 금지된다는 것을 규정했습니다. 왕은 늘 전쟁을 핑계로 상인들에게 세금을 징수하면서 재산을 가져갔습니다. 하지만 의회의 승리로 인해 시민들의 재산을 왕의 명령으로 가져갈 수 없게 되었습니다. 이로써 자본주의의 핵심 원리인 사유재산권이 근대국가에서 처음 등장하게 되었습니다.

진짜 자본주의 시작을 알린 산업혁명

영국에서 시작된 산업혁명은 자본주의를 본격적으로 알리는 계기가 되었습니다. 산업혁명은 개인들의 아이디어와 그 아이디어를 행동으로 실행시킨 결과물이었습니다. **산업혁명은 공업화를 의미했고 제조업의 혁신적인 발전으로 이어졌습니다.** 어떤 혁신들이 등장했을까요? 먼저 동력에서의 혁신이 나타났습니다. 증기기관이 발명된 것입니다. 증기기관은 수증기의 열에너지를 운동에너지로 바꿀 수 있게 했습니다. 그 결과 노동력이 필요한 분야에 기계가 자리 잡게 되면서 엄청난 생산성의 향상으로 이어집니다. 제철 분야에서는 목탄 대신 석탄이 사용되었고 철의 불순물을 제거하는 기술이 발전하여 제철산업이 꽃을 피우게 됩니다. 당시 주요 산업 중 하나는 바로 옷을 만드는 일이었습니다. 방적기가 등장하자 생산성은 급격한 향상을 이루었습니다. 같은 시간에 200배 정도의 생산량을 증가시킬 정도였습니다. 증기기관은 곧 교통수단의 발명으로도 이어졌습니다. 증기기관 자동차가 등장했고, 증기기관 철도가 등장했습니다. 이렇게 제철 분야의 발전과 증기기관의 발명은 곧 전국에 철도 라인 건설로도 이어졌습니다.

왜 산업혁명은 영국에서 발생한 것일까요? **첫째로는 영국은 사회제도적으로 사유재산권이 인정되었으며, 정치나 종교적으로도 비교적 자유로웠기 때문입니다.** 영국은 종교개혁이 한창일 당시 새로운 종교 분파인 성공회를 창시했습니다. 성공회는 영국의 국교였습니다. 다른 종교에 대한 강한 탄압은 없었지만 성공회 신자가 아닌 자들에 대한 어느 정도의 사회적 차별은 존재했습니다. 따라서 성공회 신자가 아니라면 상공업에서의 경제적 성공만이 사회적으로 인정받을 수 있는 유일한 길이었습니다. 그랬기에 그들은 사업에 적극적이었고, 이는 산업혁명의 원동력이 될 수 있었습니다. **둘째로는 산업혁명에 필수적이었던 원자재 석탄이 풍부했기 때문입니다.** 석탄이 활용되기 이전까지 주요 에너지원은 나무였습니다. 나무로 만든 숯은 철이나 구리와 같은 금속 제련에 사용되었죠. 나무는 선박이나 무기를 만드는 데도 사용되었기 때문에 유럽 지역 대부분에서 나무가 늘 부족했고, 영국 역시 일찍이 삼림이 고갈되었습니다. 그렇게 나무 부족으로 고민하던 중 금속 제련업자들은 비싼 나무 대신 풍부한 석탄을 활용한 제련법을 개발했습니다. 새로운 금속 제련 기술이 도입되자 석탄 매장량이 풍부했던 영국은 단숨에 최고의 제철 국가로 재탄생하게 되었습니다.

산업혁명은 재화의 대량생산을 가능하게 해주었습니다. 대량생산은 대중을 새로운 소비계층으로 만들었죠. 산업혁명 이전까지는 일반 대중들이 살 수 있는 공산품은 거의 없었고, 수공업으로 만들던 제품들은 대부분 부유한 상류 계급의 몫이었습니다. 대량생산이 물건값을 크게 낮추어주다 보니 귀족이 아니더라도 제품을 소비할 수 있게 되었습니다. 대량생산의 핵심은 분업이었습니다. 1명이 하루 종일 1개의 못을 만든다면 분업 체계에서는 10명이 하루 동안 100개를 만들 수 있었습니다. 이는 1명당 10개의 못을 만드는 셈이었고 10배의 생산성 향상을 의미합니다. 기하급수적인 생산량의 증가 덕분에 늘 부족함에 익숙했던 인류에게 생각지도 못한 일이 생겼습니다. 바로 생산된 제품을 소비할 시장이 부족해진 것이었습니다. 제품은 계속 만들어지는데, 팔리지 않는다면 사업은 망하고 맙니다. 그동안 인류가 농작물과 물품을 구하기 위한 전쟁을 펼쳐왔다면, 산업혁명으로 자본주의 세상이 본격화되면서부터는 무언가를 팔기 위한 전쟁이 펼쳐지는 새로운 패러다임이 시작된 것입니다.

13 제2차 산업혁명과 패권국가 미국의 등장

18세기 중반 영국에서 시작된 산업혁명은 유럽 전체로 퍼지면서 공업 사회의 시작과 자본주의경제를 확립했습니다. 증기기관과 석탄의 시대였으며 영국, 네덜란드, 프랑스 등의 서유럽 지역이 세계경제를 주도해나갔죠. 뒤이어 **19세기 후반에 접어들면서 미국과 독일이 산업혁명의 후발 주자로 등장했습니다.** 미국과 독일이 다소 늦게 산업 전선에 뛰어든 이유는 이들 국가가 정치적으로 혼돈의 시기를 겪고 있었기 때문입니다. 미국은 남북전쟁을 겪고 있었고 독일은 하나의 국가로 통일된 상태가 아니었죠. 하지만 정치적 혼란이 마무리되자 미국과 독일은 기술혁신을 주도하면서 전 세계 제조업에서 두각을 나타내기 시작합니다. 그리고 이 시기를 **제2차 산업혁명**이라고 부릅니다.

제1차 산업혁명에서의 핵심 기술은 '증기기관'이었고, 주요 원료는 석탄이었습니다. **제2차 산업혁명의 핵심 기술은 '전기'였으며, 석유가 주요 에너지원으로 떠올랐습니다.** 에디슨은 전기를 상용화했고, 가솔린엔진, 디젤엔진이 개발됐습니다. 엔진 개발과 함께 자동차가 등장했고 폭발적으로 증가한 석유 수요는 석유왕 록펠러의 시대를 열며 정유산업을 태동시켰죠. 농업 분야에서는 콤바인과 트랙터가 개발되면서 작물 생산량을 크게 늘렸습니다.

기술혁신뿐 아니라 기업경영의 시대가 열렸습니다. 포드는 당시 귀족층의 사치품에 한정되었던 자동차를 대중화하고자 했습니다. 그는 부품을 통일하고 조립라인을 컨베이어벨트로 구성해 엄청난 생산성 향상을 이끌었습니다. 당시 숙련공이 자동차 1대를 생산하는 데 한 달이 걸렸다면, 포드는 컨베이어벨트를 사용해 비숙련공임에도 불구하고 93분 만에 만들 수 있게 하였죠. **포드는 노동자를 높은 임금으로 고용했고 자동차는 최대한 저렴하게 만들어 노동자들이 차를 구매할 수 있게 했습니다.** 그는 사람들이 필요한 제품을 저렴하게 만들고, 그러기 위해 고용된 노동자에게 충분한 임금을 주는 게 기업이 해야 하는 사회적 봉사라는 개념을 선보였습니다. 미국식 대량생산체제는 제2차 산업혁명의 상징이 됩니다. 그렇게 대량생산 시대와 대량소비 시대가 열렸습니다.

하지만 급속도로 펼쳐지는 **산업화의 부작용으로 독점재벌들의 전성시대가 펼쳐졌습니다.** 모건, 록펠러, 밴더빌트, 카네기 같은 거대 재벌들이 출현했는데, 이들은 경쟁자를 꺾고 시장의 파이를 독점하기 위해 수단과 방법을 가리지 않았습니다. 거대 자본으로 재력과 권력을 휘두르며 철도산업, 석유산업, 철강산업을 독점해버렸습니다. 이들은 은행도 지배하고 있었기에 금융공황이 펼쳐지면 돈을 갚지 못하는 기업들을 헐값에 인수하면서 사업을 문어발식으로 확장해나갔습니다. 시간이 흐를수록 이들은 거대 공룡이 되어갔고, 대공황 직후에는 미국의 전 산업을 록펠러와 모건이 양분할 정도였습니다.

제2차 산업혁명으로 대량생산이 표준이 되었습니다. 일은 적게 해도 생산량이 많으니 처음에는 모두가 풍족해졌습니다. 하지만 시간이 흐를수록 물건을 사줄 사람이 없어지기 시작했습니다. 자동차는 계속 생산되지만 대부분의 사람들이 자동차를 한 대씩 가지게 되었다면 더 이상 물건은 팔리지 않겠죠. 결국 기업은 망하고, 실업자가 늘어나며, 경제는 악순환을 거듭합니다. 경제위기에 직면하게 되니 세상은 혼란스러워졌습니다. 경제가 안 좋다 보니 노동환경은 악화되었고, 국가 간 이권 다툼이 심각해졌습니다. 사회주의 열풍이 불었고 마침내 1917년 러시아를 시작으로 공산주의 물결이 퍼졌으며, 국가 간 경제 이권 다툼은 1919년 제1차세계대전으로 이어졌습니다.

대공황과 케인스학파의 등장

자본주의는 미국에 뿌리를 내리며 잘 굴러갔습니다. 하지만 **자본주의에는 치명적인 한계가 있었으니, 바로 주기적으로 불황이 찾아온다는 것이었습니다.** 불황의 그림자는 서서히 찾아오지만 급격한 전개가 이뤄지며 경제를 침체시킵니다. 불황은 잘 팔리던 기업의 제품이 어느 순간 팔리지 않게 되면서 시작됩니다. 기업의 창고에는 재고가 쌓여가고 기업이 이익을 내지 못하게 되면 기업은 직원을 해고하게 되고, 직장을 잃은 사람들의 수입이 없어지게 되니까 소비가 줄어들게 되죠. 이렇게 기업은 이익을 내기 위해 직원을 줄이지만 이는 소비자의 구매력 감소로 이어져 기업의 성장을 더욱 방해하는 부메랑으로 돌아오며, 악순환이 시작됩니다. 결국 기업들이 쓰러지게 되면 은행은 빌려준 돈을 회수하지 못하게 되며 부실해집니다. 부실해진 은행에 돈을 저축한 사람들이 한꺼번에 달려들어 예금 인출을 하게 되는 뱅크런 현상이 발생하면 시중의 자금은 말라버리고 말죠. 기업은 위축되고 사람들은 직장을 잃고 은행도 망하니, 다들 현금만 모아두고 투자나 소비를 하지 않습니다. 전형적인 경제불황의 모습입니다. 농업이 주가 되던 시대에는 인류의 흥망성쇠는 하늘의 뜻이었습니다. 그해 날씨가 어땠는지에 따라 생산량이 달라졌기 때문입니다. 하지만 자본주의가 도래한 이래에는 불황이라는 새로운 형태의 경제적 악순환이 이어지게 되었습니다. 경제불황은 자연법칙처럼 일정한 기간이 지나면 발생했습니다. 경제학자들은 이러한 문제를 어떻게 해결해야 하는지에 대해 끊임없이 고민했죠.

1929년 대공황이 발생하기 이전까지 경제학자들은 불황이 오더라도 경제가 스스로 조절하면서 회복한다고 믿었습니다. 불황으로 개인이 소비를 줄이면 저축이 늘어나게 되고 축적된 돈으로 새로운 사업에 돈을 댈 수 있게 됩니다. 실업률이 증가하게 되면 임금수준은 낮아지고 기업은 서서히 고용을 늘릴 여유가 생깁니다. 악순환되던 경제는 가격의 조정 과정을 거치면서 서서히 회복되며, 못 버티는 기업은 정리되고 좋은 기업만 살아남게 됩니다. 그렇게 경제는 가만히 두면 스스로 조절 작용을 하여 불황을 벗어나게 된다고 생각하는 것이 일반적이었습니다.

1929년 미국에서 대공황이 발생했습니다. 문제는 이 대공황이 과거와는 달리 쉽게 해결되지 않는다는 것이었습니다. 이때 **경제학자 케인스가 등장합니다. 그는 경제 침체를 벗어나기 위해서는 누군가가 소비를 해야 한다고 생각했습니다.** 기업이 잘 되려면 누군가 물건을 사야 하는데, 사람들이 대부분 실직 상태라면 기업의 물건을 사줄 수 없고, 기업은 신규 채용도 할 수 없게 된다는 생각이었죠. 그렇기 때문에 **수요를 직접 자극하는 방법이 최선이라고 믿었습니다. 사람들에게 돈을 쥐여주거나, 공공사업을 통해 신규 일자리를 늘리는 정책이 필요하다고 주장했습니다.** 정부가 실업 해결을 위해 돈을 써야 한다고 했죠. 그렇게 1930년대 대공황을 극복하는 과정에서 등장한 케인스식 경제학은 이후 오랜 기간 주류경제학이 됩니다.

케인스의 경제학을 유효수요 이론이라 부릅니다. 시장 내 구매자들의 구매력을 자극해야만 경제가 살아난다는 입장으로, '**수요 중심의 경제학**'이라 부릅니다. 이후 미국 경제는 순탄하게 성장했습니다. 소비자들의 지갑을 빵빵하게 채워줘야 한다는 개념이었기 때문에 서민과 중산층이 살기 좋았던 시대였습니다. 1970년대 새로운 위기가 발생하기 전까지 말이죠.

15 끔찍한 인플레이션과 시카고학파의 등장

1970년대 미국 경제는 최악의 상황을 겪습니다. 물가가 폭등했고, 실업률도 높았습니다. 일반적인 경제 상황에서는 경제가 침체될 때는 물가가 낮고, 경기가 활황일 때는 물가가 높습니다. 그런데 물가는 높으면서 경제가 침체되는 기현상이 나타난 것이죠. 1930년대 이후 30년간 케인스학파의 영향으로 소비자들에게 돈을 쥐여주는 정책이 유행했습니다. 정부는 공공 일자리를 만들어줬고, 실업자에게도 복지 차원에서 돈을 지급해줬습니다. 소비자들의 지갑이 두둑해야만 경제가 돌아간다는 원리에 기초했습니다. 하지만 1970년대의 경제는 최악이었습니다. 인플레이션이 심각했고, 인플레이션을 잡기 위해 금리를 올리다 보니 경기침체로 이어졌습니다. 경기침체로 기업이 문을 닫자 실업률은 치솟았습니다. 문제의 근본적인 시작은 인플레이션이었습니다.

1970년대 인플레이션이 발생한 주요 요인은 달러 가치의 폭락과 중동에서의 전쟁으로 인한 석윳값 폭등이었습니다. 달러 가치의 폭락은 닉슨 대통령이 달러를 금으로 바꿔주기로 하는 금 태환 중지를 선언하면서부터였습니다. 미국 정부는 미국 달러 35달러를 금 1온스로 교환해주기로 약속하고 있었는데 그 약속을 파기한 것이었죠. 케인스학파의 이론대로 수요를 창출하기 위해 달러를 많이 찍어내고 있던 차에 베트남 전쟁까지 하게 되자 온 세상에 달러가 너무나 많이 풀렸습니다. 그런 상황에서 1973년에 중동에서 전쟁이 일어나고 중동 국가들이 석유 감산을 단행하자 석유파동이 일어난 것입니다. 석윳값이 한 달 만에 4배 이상 상승하자 경제가 마비될 지경에 이르렀습니다. 석유는 문명사회의 기초적인 원자재로, 공장에서 생산되는 거의 모든 제품들이 석유에 기초한다 해도 과언이 아닙니다. 석윳값 폭등으로 연쇄적으로 모든 물건값이 치솟아버렸고, 시중에 많이 풀린 돈과 결합되어 인플레이션이 발생했습니다. 결국 당시 미국 연방준비제도 의장이었던 폴 볼커Paul A. Volcker는 인플레이션을 때려잡기 위해 금리를 20%로 올려버렸습니다. 금리가 20%인 사회에서는 기업들이 살아남기 힘들었죠. 많은 기업이 힘들어했고 실업률은 급증했습니다.

경제가 큰 고통을 겪게 되자 소비자에게 돈만 꾸준히 쥐여준다면 경제가 순항한다는 케인스학파의 이론은 서서히 주류에서 밀려나기 시작했습니다. 경제가 좋지 않은데도 돈만 많이 퍼주는 정책이 결국 최악의 인플레이션을 불러일으켰다는 평가를 받았습니다. 그러면서 **밀턴 프리드먼**Milton Friedman**으로 대표되는 시카고학파가 경제 전면에 등장하기 시작했습니다.** 이른바 신자유주의가 등장한 것이었죠. **1980년대의 정치인들**(미국의 레이건 대통령, 영국의 대처 수상 등)**은 시카고학파의 이론을 장착하면서 복지를 없애고 기업가정신을 고취시키는 정책을 채택합니다.** 경제가 제대로 작동하기 위해서는 소비자에게 억지로 돈을 쥐여주는 게 아니라 기업가들이 좋은 상품을 만들면 소비자의 지갑은 자연스럽게 열린다는 원리였습니다. 소비자들에게 돈을 줘봤자 물가만 오르니 오히려 나쁜 정책이고, 중요한 것은 소비자들이 돈을 쓰고 싶게 만들어야 한다는 것이었죠. 간단히 말해 애플이 아이폰을 만들고, 테슬라가 전기차를 만들면 소비자의 지갑은 열리게 되고 기업이 잘되어 경제가 잘 돌아간다는 이야기입니다. 결국 미국은 1970년대의 위기를 극복합니다. 그렇게 새로운 경제이론이 자리 잡게 되면서 1980년대에 경제는 다시 한번 도약하게 됩니다.

16 공산주의가 갑자기
싹 사라져버린 진짜 이유

1848년 마르크스와 엥겔스는 공산주의자 동맹의 위임을 받아 『공산당 선언』을 발표합니다. 그는 노동자계급의 승리에 따라 계급사회는 역사에서 자취를 감추게 될 것이라 주장했죠. 마르크스와 엥겔스가 활동하던 시기는 영국에서 산업혁명이 시작된 지 100년이 지난 이후로, 전 세계 대부분의 국가들이 산업화되어가던 시기였습니다. 자본이 있는 자와 자본이 없는 자 간의 빈부격차는 그 어느 때보다 극심했죠. 자본가들은 사업을 하겠다는 자들에게 돈만 빌려주면서 아무 일 안 해도 먹고사는데, 자본이 없는 사람들은 열심히 고생해서 일하는데 남는 게 없었습니다. 신분과 노예는 사라졌지만 더욱 치열하고 힘든 삶이 이어졌습니다. 이때 나타난 공산주의는 노동자들을 매료시킵니다. **공산주의는 부르주아들에게 치중된 부를 강제로 빼앗고 사유재산제를 철폐해 사회의 모든 구성원이 재산을 공동 소유하자고 주장합니다.** 자본가와 노동자들이 근본적으로 대립할 수밖에 없는 현실 속에서 이러한 공산주의를 실현하기 위해서는 혁명이 필요하다는 입장이었습니다.

『공산당 선언』을 발표한 지 약 70년 뒤인 1917년. 러시아에서 공산주의 혁명이 성공합니다. 이후 공산주의는 전 세계에 유행처럼 퍼졌고, 대부분의 나라에서 절대다수를 차지하는 노동자들에게 그들의 이상을 대변하는 공산주의는 큰 인기를 끌었습니다. 그로 인해 자본주의 진영의 미국과 공산주의 진영의 소련은 서로 자신의 체제를 지켜내기 위한 치열한 경쟁을 펼쳤습니다. 이러한 체제 경쟁하에서 한국전쟁, 베트남전쟁과 같은 비극적인 전쟁도 발발했습니다.

하지만 모두가 알다시피 공산주의는 몰락했습니다. 1980년 이후 중국의 개방과 자본주의화가 시작되었고, 1989년에는 동유럽 국가들이 공산주의를 버리고 자본주의 체제로 전환합니다. 결국 1991년 소련이 해체되어 붕괴되면서 공산주의는 완전히 실패합니다. 흔히 공산주의가 실패한 이유를 보상이 없기 때문에 누구도 열심히 하지 않아 망할 수밖에 없는 구조 때문이라 설명합니다. 또 중앙집권적인 정부가 모든 일을 계획하여 처리하는데 여기서 오는 비효율 역시 공산주의가 몰락한 또 하나의 이유로 지목하죠. 모두 맞는 이야기겠지만 이러한 요소만으로는 공산주의가 몰락한 원인을 설명하기에는 부족합니다. 왜냐하면 공산주의의 소련은 미국에 뒤처지긴 했어도 경제는 나름 견고하게 성장했으며, 공산주의 혁명 이후 70년간 체제를 유지했으니 말입니다. 지금은 공산주의를 찬양하면 바보 취급을 받지만 40~50년 전만 해도 세계에는 공산주의자들이 넘쳐났으며 실제 많은 국가들이 소련식 공산주의로의 전환을 시도했죠. 소련은 미국에 경쟁할 만한 상대로 70년이나 지속했습니다.

그렇다면 무엇이 공산주의를 무너뜨렸느냐보다 왜 하필 1980년대 후반에 공산주의가 무너졌는지를 생각해봅시다. 1945년 제2차세계대전 이후 케인스의 시대가 본격화되며 미국과 영국 등 서구 국가들은 노동자 친화적인 경제정책을 실시했습니다. 복지정책과 고율의 소득세 등으로 가난한 사람들의 생활수준을 끌어올렸죠. 특히 1950~1960년대 미국에서는 중산층의 시대라고 할 정도로 소득분배가 이뤄졌었습니다. 이 시기는 소련이 잘나가던 시기였기 때문에 노동자들이 공산주의에 빠지지 않도록 자본주의 정부들의 퍼주기 정책이 절정에 달했습니다. 하지만 이러한 정부의 확대재정정책은 정부 재정을 악화시켰으며, 만성적인 인플레이션과 고금리가 펼쳐졌죠. **정부지출 증가는 소득을 늘려 물가를 상승하게 하고 거래의 규모가 커지면서 교환의 매개 기능을 하는 화폐에 대한 수요가 증가하여 이자율이 상승하게 합니다.** 하지만 1970년대 극심한 인플레이션과 정부의 재정위기가 겹치자 서방 국가들은 시카고학파의 이론을 장착하면서 긴축적인 재정정책(작은 정부를 지향)를 표방하는 신자유주의 체제로 들어섭니다. **신자유주의는 정부의 재정정책은 긴축적이지만, 중앙은행의 통화정책은 완화적입니다.** 즉, 정부는 긴축정책으로 화폐수요를 줄이고, 중앙은행은 완화정책으로 화폐공급을 늘립니다. 화폐수요가 주는데 화폐공급이 늘어나니 돈의 가격이라 할 수 있는 이자율이 하락하게 됩니다.

신자유주의로 저금리 환경이 조성되니 예상치 못한 신기한 일이 벌어졌습니다. 바로 자본의 힘이 보잘것없게 되어버린 것이었죠. 과거 5% 금리하에서는 10억 원만 있어도 연 이자가 5,000만 원이었습니다. 10억 원만으로 매년 대기업 연봉을 벌 수 있었습니다. 하지만 금리가 1% 수준이라면 연 5,000만 원의 이자를 벌기 위해서 50억 원이 있어야 합니다. 과거 부자들은 10억 원만 벌어놓고 은행에 예금해놓으면 이자만으로 생활이 가능했고 남는 돈은 복리로 불어났습니다. 하지만 저금리 상황에서 10억 원의 자본가는 모은 돈을 쓸 수밖에 없겠죠. 저금리 환경이 궁극적으로 자본의 힘을 약화시킨 것입니다. 이로써 공산주의는 그 존재의 이유를 잃고 말았죠. '노동자인 나는 죽도록 일하는데도 자본가들은 가만히 앉아서 더 부자가 되니 불공정하다. 이판사판 다 엎어버리자'의 생각이 공산주의의 원동력이었는데, '10억 원을 모아도 1,000만 원 더 버는 것뿐이네. 자본가들도 별거 없군. 나의 기술과 능력으로 곧 저들을 앞지를 수 있겠는데?'라는 생각으로 전환한 것입니다.

물론 자본의 힘이 약해지면서 빚내는 게 쉬워졌고, 빚내서 투자하는 게 유행하다 보니 자산 가격이 폭등하고, 천문학적 부를 가진 슈퍼리치들이 나타나기도 했습니다. 이처럼 상위 1%에 편중된 부의 비율은 과거에 비해 더욱 커졌습니다. 자본의 힘이 약해지다 보니 자본을 쉽게 빌려와 사업을 벌여 큰 부자가 될 수 있음을 시사한 것입니다. 하지만 일부 슈퍼리치들을 제외하면 자본가들의 힘은 확실히 많이 줄어들었습니다. 적극적 노력을 하지 않는 부자들의 부는 한 세대를 넘기기 전에 희석되고 맙니다. 과거 부자들은 동네 부자 정도만 되어도 거기서 나오는 이자만으로 평생을 먹고 놀았는데, 작금의 부자들은 웬만큼 벌어서는 놀고먹을 수가 없습니다. 늘 새로운 사업을 벌이거나 자칫 큰돈을 잃을 수 있는 투자를 지속 감행해야 하는 것이죠. 즉, 노동자와 다름없이 열심히 살아야 하는 운명이 되어버린 것입니다. 자본의 힘이 약해졌다는 것. 이것이 공산주의가 싹이 말라버린 진짜 이유가 아닐까 생각해봅니다.

| PART 2 |

자본주의와 화폐를
이해하는 3분

01 돈? 화폐? 코인?
돈이란 무엇일까요?

돈이란 무엇일까요? 돈은 일반적으로 두 가지 의미로 사용됩니다. 돈의 첫 번째 의미로는 '사물의 가치를 나타내며, 상품의 교환을 매개하고, 재산 축적의 대상으로 사용할 수 있는 물건'을 말하며, 돈의 두 번째 의미로는 '재물이나 재산'을 나타내는 말로 쓰입니다. '돈을 주고 물건을 샀다', '길에서 돈을 잃어버렸다'와 같은 문장에서는 돈의 첫 번째 의미에 부합하고, '돈을 벌었다', '저 사람은 돈이 많다'와 같은 문장에서는 돈의 두 번째 의미에 맞게 쓰인 것입니다.

첫 번째 의미로 사용될 때 돈은 '화폐, 통화, 주화, 지폐, 코인' 등 다양한 단어로도 불립니다. 각각의 의미를 살펴보면 돈의 개념을 이해할 수 있습니다. 먼저 화폐는 상품 가치의 척도가 되며 교환을 매개하는 일반화된 수단으로 정의합니다. 돈과 비슷한 개념이지만 실생활에서 '돈을 벌었다'라는 표현은 써도 '화폐를 벌었다'라는 표현은 쓰지 않는 것처럼 둘 사이에는 미묘한 차이가 있습니다. 돈은 화폐를 포함하는 개념으로 이해하면 되고, 경제학에서는 돈이라는 단어보다는 화폐라는 단어를 씁니다. 통화는 유통화폐의 줄임말로 유통수단이나 지불수단으로 기능하는 화폐를 의미합니다. 즉, 국가가 공식적으로 지정해 쓰는 돈을 의미합니다. 달러, 원, 엔, 위안 모두 통화에 해당합니다. 모든 화폐가 통화가 될 수 없습니다. 일반적으로 비트코인Bitcoin이나 이더리움Ethereum 등을 암호화폐라 부르지만 통화라고는 부르지 않습니다. 물론 국가가 암호화폐를 법정통화로 채택할 수도 있습니다. 엘살바도르는 미국 달러와 비트코인을 법정통화로 채택한 나라입니다. 이 경우에는 암호화폐가 통화가 됩니다. **지폐**paper money는 종이로 만든 화폐를 말합니다. 그리고 **주화**coin는 금속을 주물로 떠서 만든 화폐입니다.

정리하자면 돈과 화폐의 차이점은 화폐는 경제활동을 하기 위한 매매 수단인 것이고, 돈은 매매 수단으로서 화폐를 포함해서 재산, 소득, 자산 등의 개념을 포함한 것입니다. 그리고 화폐를 종이로 만들면 지폐, 금속으로 만들면 주화에 해당합니다. 국가가 공식적으로 인정한 화폐는 통화라고 부릅니다.

화폐가 탄생하게 된 기원은 어렵지 않게 상상해볼 수 있습니다. 사람들이 문명을 이루어 모여 살기 시작하고, 자급자족경제에서 벗어나기 시작하면서 서로 필요한 물품들을 교환하는 방식으로 경제활동을 합니다. 쌀을 주고 도자기를 받고, 가축을 주고 보리를 받는 식의 거래가 이루어졌습니다. 가축, 화살촉, 곡물, 비단, 소금과 같은 것들이 대표적인 물품들이었습니다. 쉽게 변질되지 않고 쓸모 있는 물품들을 위주로 거래됩니다. 그러다 금속이 발견됩니다. 금속은 부피가 작지만 더욱 귀했습니다. 시간이 지나면 썩는 곡물이나 관리가 필요한 가축과 달리 금속은 가치를 저장할 수 있었고, 쉽게 변질되지 않으며 휴대성도 좋았습니다. 누구나 갖고 싶어 했죠. 그렇게 금속은 자연스럽게 인류의 화폐로 자리 잡습니다.

02 마침내 은화가 국제통화로 자리 잡다

여러 금속 중 화폐로 자리 잡은 금속은 '은銀'입니다. 은이 있으면 언제라도 상인에게서 필요한 물품을 구매할 수 있었습니다. 처음에는 은 덩어리를 들고 다니며 은 무게를 측정하면서 거래가 이루어졌습니다. 하지만 매번 은 무게를 측정하면서 거래를 한다는 것은 무척이나 불편한 일이 아닐 수 없었습니다. 결국 주화가 등장합니다. **주화란 일정한 순도와 정해진 무게로 제작해 도시의 상징 문양을 넣는 식의 규격화된 금속화폐를 의미합니다.** 주화에는 가치가 각인되어 있습니다. 동그란 은화에 은 1g이라는 무게와 왕의 상징 문양이 각인되어 있다면, 이는 왕이 이 은화에 1g의 은의 가치를 보장한다는 의미입니다. 사람들은 더 이상 은화의 무게를 두고 다툴 필요가 없어졌습니다. 은화가 설령 0.9g의 은을 함유하더라도 사람들은 은 1g이라 믿습니다. 은화에 왕의 상징 문양이 떡하니 있으니 말이죠. 이렇게 왕이 화폐에 대한 가치를 보장해주자, 사람들은 그 화폐에 대한 가치보장을 믿었습니다. 화폐에 신용이 깃들게 된 것이죠.

하지만 1g을 보장한다는 은화가 실제로는 1g의 은이 아닐 수 있습니다. 은화의 무게가 실제로 1g이 아닌 0.9g일 수도 있으며, 저울상으로는 1g이라고 하더라도 다른 금속이 섞여 있을 수 있습니다. 1kg의 은으로 1g짜리 은화를 만든다면 은화 1,000개가 만들어져야 하는데, 은 함량을 10%씩 조절하면 은화를 1,100개 만들 수 있습니다. 그야말로 돈 복사가 이루어지는 셈입니다. 이렇게 화폐 발행권을 가질 수 있다면 은 함량 조절만으로 막대한 돈을 벌어들일 수 있습니다. 신용을 저버리기 전까지 말이죠. 물론 화폐 발행권을 얻는 것은 어렵습니다. 도시나 국가의 1인자가 되어야 합니다. 거꾸로 생각해보면 **패권 다툼에서 승리한 자가 '화폐 발행권'이라는 전리품을 얻게 되는 셈입니다.** 그리고 화폐 발행권을 통해 만들어낸 돈으로 군인에게 월급도 주고, 주변 사람들을 내 편으로 두는 것이죠. 하지만 **은화의 은 함량이 줄어든다면 결국 사람들은 은화를 믿지 않게 됩니다.** 누가 봐도 은처럼 빛나지를 않는데 은화라고 할 수 없으니 말이죠. 결국 화폐가 신뢰를 잃으면 거래는 줄어들고 사람들은 화폐를 버리고 실물만을 소유하게 됩니다. 결국 화폐의 가치는 하락하고 물가가 오르는 인플레이션이 발생합니다. **화폐가 힘을 잃으면 화폐 발행권 역시 무용지물이 됩니다. 그렇게 권력자는 힘의 근원을 잃어버리게 됩니다.**

물품화폐를 사용하던 인류는 마침내 금화나 은화와 같은 주화를 사용하기 시작했습니다. 그중 은화가 더 널리 쓰였습니다. 금은 너무 귀했고 절대적인 양이 부족했기 때문에 왕과 귀족들 사이에서만 머물렀습니다. 그러다 보니 경제활동 전반에 걸쳐 사용되기에는 한계가 있었습니다. 은화는 오랜 기간 세계의 중심 화폐였습니다. 동서양 모두 은을 가치 있다고 여겼습니다. 특히 은이 화폐로 자리 잡는 데는 중국의 역할이 컸습니다. 중국 중앙정부가 모든 세금을 은으로 걷기로 하면서 중국인들과 거래하기 위해서는 은이 필요했죠. 오래전 중국은 종이화폐를 도입하다 크게 실패한 적이 있었기 때문에 실물자산이기도 한 은을 선호했습니다. 어쨌든 당시 유럽인들에게 중국의 비단은 인기 상품이었고, 비단 거래를 통해 중국으로 흘러간 은은 다시 빠져나오지 않았습니다. 이런 이유로 유럽에서는 늘 은이 부족했습니다. 이는 돈이 잘 돌지 못했음을 의미합니다. 중세 유럽 경제가 암흑기였던 또 하나의 이유이기도 하죠.

일본이 조선을 역전할 수 있었던 진짜 이유

돈을 벌기 위해서는 일을 해야 합니다. 무역업을 통해 상품을 사고팔거나, 제조업을 통해 제품을 만들거나, 농업이나 목축업을 통해 나온 농산물과 축산물 등을 화폐와 교환할 때, 우리는 돈을 번다고 표현합니다. 이처럼 우리가 돈을 번다고 표현하는 것은 생산 활동을 한다는 것을 의미합니다. 하지만 어려운 생산 활동 없이 돈을 버는 방법이 있습니다. 바로 돈 자체를 만드는 것입니다. 금과 은의 경우 땅속에서 채굴하면 얻을 수 있습니다. 채굴된 금속을 가공해 동전으로 만든다면, 그게 바로 금화와 은화이죠. 즉, 금속화폐의 경우 직접 금속을 채굴해 돈 자체를 만듦으로써 돈을 벌 수 있습니다. 결국 은 화폐 사회에서 은광을 차지하는 것은 최고의 부자가 될 수 있는 것을 의미했으며, 가장 강력한 권력자로 등극할 수 있는 수단이었습니다. 이는 거꾸로 가장 강력한 권력자만이 은광을 얻을 수 있다고도 풀이됩니다.

신대륙이 발견되기 전까지 유럽의 은 대부분은 독일 남부 지역에서 채굴되었습니다. 이 지역의 은광을 지배한 집안이 바로 푸거 가문입니다. 상인 출신이었던 야코프 푸거Jakob Fugger는 전쟁에서 패한 영주에게 금을 빌려주고 그 담보로 은광을 얻어냈습니다. 당시 동서양의 무역이 급격히 발전하고 있었는데, 은화가 사실상 표준 화폐로 자리 잡고 있었습니다. 자연스레 은광을 차지한 푸거가는 당대 유럽 최고 부자의 반열에 오릅니다. 푸거 가문은 막대한 자금을 바탕으로 유럽의 영주, 신성로마제국 황제, 그리고 로마 교황을 대상으로 돈을 빌려주면서 더 큰 부자가 됩니다. 그들의 재력은 정치와 종교 권력에도 미쳤으며 신성로마제국의 황제 취임에도 관여할 정도였습니다. 푸거 가문은 은광을 지배하는 것만으로 당대 최고의 권력을 쥐락펴락할 정도로 가장 강력한 힘을 가진 것입니다.

하지만 신대륙이 발견되자 판도가 달라집니다. 신대륙에는 엄청난 은광이 존재했고, 현재 볼리비아에 위치한 포토시 은광은 당시 세계 최대 규모의 은광이었습니다. 전 세계 은 공급의 60%에 달할 정도였는데, 이러한 은광이 신대륙을 발견한 스페인의 차지였습니다. 신대륙 이전의 은 생산량이 연 3~4만 톤이었는데, 신대륙 발견 이후에는 연 21만 톤이 채굴될 정도였죠. 신대륙에서의 은 채굴은 노예를 이용한 강제 노동이었기에 채굴 단가도 훨씬 저렴했습니다. 결국 독일의 은광 산업은 몰락하게 되었고 푸거 가문 역시 몰락하면서 **세계의 패권은 스페인이 가져가게 됩니다.**

한편, 비슷한 시기에 일본에도 세계적인 은광이 존재했습니다. 바로 이와미 은광입니다. 포토시 은광 다음으로 규모가 큰 은광이었는데, 한때 세계 은 생산량의 3분의 1을 캐낼 정도였습니다. 조선이 가지고 있던 은 제련법을 가져간 일본인들은 당시 납 함유량이 많은 은 광석에서 은을 분리하는 데 성공합니다. 황금알을 낳는 거위가 된 이와미 은광을 차지하기 위한 권력자들의 사투가 이어졌고, 결국 이 은광은 도요토미 히데요시의 손에 들어오게 됩니다. 이후 **도요토미 히데요시는 은광에서 나오는 돈을 바탕으로 임진왜란을 일으켰습니다.** 조선이 오랑캐에 불과했던 일본에게 뒤처지게 된 근본적인 원인은 바로 은광에 있었던 것입니다. 일본은 막대한 은을 바탕으로 급격한 발전을 이룹니다. 조선과 중국의 기술을 돈(은)으로 빼낼 수 있었고, 은 냄새를 맡은 네덜란드, 영국과 같은 서양 국가들이 은을 얻기 위해 일본에 방문하게 되면서 일본은 일찍부터 서양과 교류하게 될 수 있었습니다.

04 최초의 종이화폐 등장: 영국 국채

종이로 만든 화폐, 지폐는 언제 탄생했을까요? 공식적인 최초의 지폐는 중국 북송 시대의 '교자'라는 이름의 화폐였습니다. 이후 원나라 때 '교초'라는 이름의 지폐로 계승되었습니다. 원나라의 5대 황제 쿠빌라이는 교초 사용을 적극 권장했고, 은 1냥을 교초 10관으로 정했습니다. 이는 은을 확보한 만큼만 지폐를 발행한다는 것을 의미했습니다. 하지만 **중국에서 종이 지폐는 그리 오래가지 못했습니다. 화폐 권력자가 지폐를 과도하게 발행하는 유혹에 빠져들 수밖에 없기 때문이었죠.** 원나라는 남송과의 전쟁 등으로 돈이 필요했고, 결국 은화가 확보되지 않은 상태로 돈을 찍어내기 시작합니다. 과도한 화폐는 인플레이션으로 이어졌고, 지폐의 치명적인 약점인 위조지폐까지 등장합니다. 결국 화폐경제가 무너져버리면서 원나라가 무너지는 결정적인 계기가 되고 말았죠.

이렇게 13세기 무렵 이미 중국에서는 지폐가 존재했지만 현대적 의미의 지폐가 최초로 등장한 것은 17세기 영국입니다. 당시 영국은 네덜란드와의 전쟁에서 승리해 패권국의 지위를 물려받은 상황이었고, 프랑스와 백년전쟁을 펼치고 있었습니다. 긴 전쟁은 막대한 자금 투입을 의미하기에 영국 왕실의 재정은 바닥을 드러내고 있었습니다. 영국 정부는 돈을 빌려야 하는 상황이었죠. 중세 이전 시대에는 왕이 전쟁을 할 때마다 민간 상인이나 금융업자들에게 돈을 빌려왔습니다. 결과는 좋지 않았습니다. 늘 왕이 돈을 떼먹었고 이는 금융업자의 파산으로 이어졌습니다. 대표적인 예가 메디치 가문입니다. 그들은 한때 유럽 제일의 부자였지만 왕들에게 돈을 빌려주어야만 했고, 결국 왕들로부터 채무를 변제받지 못해 파산하고 맙니다.

하지만 17세기 말 영국의 상황은 달랐습니다. 영국은 청교도혁명과 명예혁명을 거치면서 세계 최초의 의회 국가가 되었습니다. **주권이 의회로 넘어갔다는 것은 왕이 돈을 갚지 않을 위험이 사라졌다는 뜻이었습니다.** 의회는 곧 시민들의 구성체이며, 시민은 세금을 내는 당사자입니다. 국가가 돈을 못 갚으면 시민들에게 세금을 걷어 갚으면 됐습니다. 의회 국가가 된 이상 나라에 빌려준 돈(국채)은 시민들의 세금이 담보가 되는 안정적인 투자 대상이 된 것입니다.

이때 윌리엄 패터슨William Paterson이라는 상인이 기발한 아이디어를 냅니다. 그는 상인들을 주주로 모아 잉글랜드은행을 만든 다음, 그 돈을 정부에게 빌려주기로 합니다. 대신 잉글랜드은행은 정부에 빌려준 돈만큼 은행권을 발행할 수 있도록 요청했죠. 이는 무기명 어음의 형식을 가졌습니다. 어음이지만 이름이 적혀 있지 않습니다. 소지자가 누구이든 어음을 은행에 가져가면 금화나 은화로 바꿔줍니다. **자연스럽게 무기명 어음은 점차 지폐의 역할을 하게 됩니다. 사람들은 언제든지 금이나 은으로 바꿀 수 있는 이 종이 증서를 돈처럼 사용합니다. 그리고 상인들은 잉글랜드은행을 통해 어음을 발행하면서 막대한 수입을 얻게 됩니다.** 이는 혁명을 통해 왕이 몰락하고 상인들(의회)이 권력을 잡게 되면서 가져온 결과였습니다. 상인들

(의회)은 권력을 가지게 되자 화폐 발행권을 손에 넣게 된 셈이었죠. 그렇게 현대적 의미의 지폐가 탄생한 것입니다.

이후 여러 은행들이 탄생합니다. 민간은행들은 자신들이 확보한 금과 은만큼 은행권을 발행할 수 있었습니다. 그러다 1833년 잉글랜드 은행권이 법적 통화로 지정됩니다. 은행권을 나라에서 화폐로 공식 인정해준 것이죠. 그렇게 잉글랜드 은행권은 종이화폐로 자리 잡으며, 다른 은행권들은 사라지게 됩니다.

05 버블 사기: 미시시피 회사와 남해 회사

영국은 의회 국가였기 때문에 잉글랜드은행을 통한 국채 발행, 즉 돈을 빌리기가 쉬웠습니다. 하지만 프랑스는 국채 발행을 해도 아무도 국채를 인수하려 하지 않았습니다. 프랑스는 아직 왕의 국가였기 때문입니다. 영국 정부는 세금을 걷어서라도 빚을 갚겠다고 하니 잉글랜드은행을 통한 국채 발행이 가능했지만, 프랑스에서는 그간 왕들이 돈을 빌리고는 떼먹는 사례를 많이 봐서 프랑스 정부에 돈을 빌려주려는 사람이 없었습니다.

이때 존 로John Law라는 인물이 등장합니다. 그는 스코틀랜드 출신의 살인범이었는데 탈옥한 뒤 네덜란드에 정착해 돈에 대해 공부를 하였죠. 네덜란드의 발달된 첨단 금융 기법을 배운 존 로는 프랑스로 갑니다. 그는 정부의 자금 문제를 해결해주면서 경제도 성장하게 해줄 수 있는 기발한 방법이 있다고 당시 프랑스 최고 권력자에게 접근합니다.

그의 아이디어는 진짜 같은 '가짜 돈'을 만들자는 것이었습니다. 영국의 지폐는 은행에 가져가면 진짜 금으로 바꿔줍니다. 비록 화폐 자체는 종이라서 아무 가치가 없었지만 은행에 가져가면 금으로 바꿔주니 실질적인 가치가 내재된 것이라 볼 수 있습니다. 그러나 **존 로가 만든 '리브르'** **지폐는 은행에 가져가도 금으로 바꿔주지 않았습니다.** 정말 종이일 뿐 아무것도 아니었습니다.

존 로는 종잇조각에 불과한 이 지폐를 사람들이 사용하게 하기 위해 두 가지 장치를 고안합니다. 첫 번째 장치는 세금이었습니다. 정부는 세금을 이 지폐로만 거둬들이기로 합니다. 금과 은, 그 외 다른 무엇도 받지 않습니다. 사람들은 세금을 내기 위해서 반드시 이 지폐를 필요로 하게 됩니다. 두 번째 장치는 바로 미시시피 회사의 주식을 이용하여 리브르 지폐에 가치를 부여하는 것이었습니다. 미시시피 회사는 정부의 빚을 모두 떠안는 대신 정부로부터 신대륙 개발 독점 사업권을 받습니다. 그리고 미시시피 회사의 주식을 사려거든 리브르 지폐로만 구매할 수 있도록 정했죠. 그다음은 신대륙 개발 사업에 대한 홍보를 했고, 그 기대감에 미시시피 회사 주식은 크게 오릅니다. 사람들은 미시시피 회사 주식을 사기 위해 리브르 지폐를 구해야 했고, **가지고 있던 금과 은을 모두 리브르 지폐로 바꾼 다음에 미시시피 주식을 샀습니다. 마침내 진짜 돈인 금과 은을 가짜 돈인 리브르 지폐로 바꾸게 된 것입니다.** 리브르 지폐는 미시시피 회사 주식 가격이 오를 때만 의미가 있을 뿐, 미시시피 회사 주식이 떨어진다면 아무런 가치도 없었지만 사람들은 이미 탐욕에 눈이 멀어 금과 은을 다 팔아넘겼습니다.

아니나 다를까 미시시피 회사는 실체가 없는 회사였습니다. 1720년 어느 날 콩티 왕자가 보유하고 있는 지분을 팔아 금과 은으로 바꿨다는 소문이 돌기 시작합니다. 두려움과 공포가 시작되며 종이화폐에 대한 불신이 커집니다. 사람들은 뒤늦게 은행에 가서 이 화폐를 금과 은으로 바꾸려 했지만 은행에는 금과 은이 없었죠. 결국 프랑스 정부는 부채를 손

쉽게 정리했으며, 수많은 시민들은 일확천금에 눈이 멀어 돈을 다 미시시피 회사에 투자하여 잃고 맙니다. 거대한 금융 사기판에 당해버린 프랑스의 경제는 초토화되었고 이후 프랑스혁명이 일어나게 하는 경제적 배경을 만들어주었죠.

06 프랑스혁명이 10년 만에 좌절된 이유: 세계 최초 초인플레이션

18세기 말 유럽에서는 왕과 성직자와 귀족이 서서히 힘을 잃기 시작합니다. 새롭게 떠오르던 세력은 바로 부르주아들이었습니다. 그들은 상업혹은 제조업과 같은 사업으로 성공한 재력가들이었죠. 상업과 제조업의 시대가 열리면서 부르주아 계급은 부를 축적했고 자연스레 힘이 커지고 있었습니다. 이런 사회적 분위기에서 프랑스의 경제 상황은 최악이었습니다. 산업적으로는 영국에 밀리고 있었으며, 프랑스 왕실은 여러 차례 큰 전쟁에 참여하느라 금고가 바닥이 났습니다. 이에 왕은 세금을 걷어서 위기를 모면하려 했고, 삼부회를 소집했습니다. 프랑스의 삼부회는 국가의 중요 사안을 결정할 때, 세 가지 신분의 대표자가 모여 토론하는 회의였습니다. 제1신분은 성직자, 제2신분은 귀족, 제3신분은 평민으로 구성되었습니다. 당시 성직자와 귀족은 전체 인구의 2%에 불과했으나 전체 토지의 40%를 차지할 정도로 권력이 일부 계층에 집중된 상황이었습니다. 거기에 정부 고위직을 장악하고 세금도 내지 않았을 정도였습니다. 삼부회에서는 늘 그래왔듯이 제3신분에게 세금을 부담시키려고 했습니다. 결국 제3신분의 불만이 폭발했습니다. 제3신분이었던 평민은 예전의 평민이 아니었습니다. 그들 중 일부는 성공한 재력가였으니 힘이 있었습니다. 그들은 바스티유 감옥을 습격하면서 프랑스혁명을 일으켰고, 결국 프랑스의 왕 루이 16세는 단두대에서 처형됩니다.

프랑스혁명은 왕권을 무너뜨리고 자유, 평등, 박애를 바탕으로 인권이 최초로 등장한 사건이었습니다. 하지만 실제로 부르주아 상인들이 구세력인 왕과 성직자와 귀족을 힘으로 눌러버린 사건이었을 뿐, 실제 민중들의 삶은 나아지지 않았습니다. **혁명의 결과, 부르주아 상인 집단이 프랑스 정부를 차지했습니다. 그들은 빚더미에 파산 직전인 정부의 금고를 채우기 위해 교회와 귀족이 가지고 있던 토지를 몰수했습니다. 그리고 이를 담보로 이자 5%의 채권 아시냐**Assignat**를 발행했습니다.** 정부 입장에서 보면 몰수한 토지를 담보로 돈을 빌려 와서, 정부가 그동안 부르주아 부자들에게 빌려 쓴 돈을 갚은 것이었습니다. 이후 이자 5%의 아시냐는 시간이 흐르면서 이자가 0% 형태로 발행됩니다. 그러면서 **이 채권은 사실상 종이화폐로 자리매김하게 됩니다.**

하지만 프랑스 사람들은 70년 전에 있었던 존 로가 기획한 종이돈에 크게 당한 적이 있어 지폐에 대해 경계심이 상당했습니다. 하지만 정부가 발행한 아시냐는 토지의 가치와 연동되기 때문에 사람들은 아시냐를 지폐로 받아들이기 시작합니다. 앞서 존 로는 미시시피 주식은 리브르 지폐로만 살 수 있다고 하면서 지폐에 화폐적 가치를 불어넣었습니다. 이번에는 몰수한 교회 토지를 사려거든 아시냐 지폐로만 살 수 있다고 하면서 화폐적 가치를 불어넣은 것이었죠.

문제는 연이은 전쟁으로 프랑스 정부는 아시냐를 계속 발행할 수밖에 없었고, 결국 아시냐의 발행량이 담보로 제공된 토지의 양을 훌쩍 넘기게 되었다는 것입니다. 아시냐 지폐의 가치는 점점 하락하기 시작했습니다. **화폐의 가치가 하락하니 물품의 가격은 천정부지로 오르고 말았습니다.** 생필품은 시장에서 거래되지 않고 폭동이 발생하는 등 악순환이 거듭되었습니다. 아시냐의 화폐가치는 300분의 1토막이 날 정도로 휴지에 가까운 지경에 이르며, 물가가 수십수백 배 오르는 하이퍼인플레이션이 발생합니다. 결국 민생 경제는 폭삭 망하면서 프랑스혁명 정부는 무너지고 말았죠.

　민주주의로 나아갔던 프랑스혁명은 결국 민생에 더 큰 짐을 안겨준 채 역사 속으로 퇴장하고 맙니다. 그리고 그 뒤는 독재 권력인 나폴레옹 으로 이어집니다. 그는 가짜 돈 아시냐를 없애버리겠다고 공언하면서 프랑스 최고 권력자로 자리 잡게 됩니다.

전쟁을 기회로 잡은 로스차일드 가문

프랑스혁명은 프랑스혁명 전쟁으로 이어집니다. 프랑스혁명 전쟁은 오스트리아, 프로이센, 스페인, 영국, 네덜란드 등의 주요 국가들이 동맹을 맺고 프랑스와 싸운 전쟁을 말합니다. 유럽 국가 대부분이 왕정 국가였기 때문에 이들 국가들은 프랑스혁명 사상이 유럽에 전파되어 그들의 기득권을 무너뜨릴까 두려웠습니다. 그래서 프랑스혁명 세력과의 전쟁을 선포한 것이었죠.

계속된 전쟁으로 프랑스 정부가 발행한 지폐 아시냐의 가치는 하락했고, 이는 물가 폭등으로 이어져 민생경제가 무너졌습니다. 이때 나폴레옹이 등장했습니다. 나폴레옹은 천재적인 전쟁 기술을 통해 전쟁을 승리로 이끌어 영웅이 됩니다. 그는 마침내 프랑스 제1의 권력자가 되었습니다. 이후에도 나폴레옹은 승승장구하며 유럽 대륙 전역에서의 전쟁을 승리로 이끌며 대륙을 제패합니다. 남은 건 영국이었습니다. 나폴레옹은 대륙봉쇄령을 내려 대륙국가들은 누구도 영국과 통상을 할 수 없도록 명령합니다. 영국을 말려 죽일 작전이었죠. 하지만 러시아가 반기를 들며 영국과의 통상을 재개합니다. 나폴레옹은 러시아를 처벌하기 위해 러시아 원정을 감행했으나 대패하고 몰락합니다. 결국 나폴레옹은 황제직을 뺏기고 엘바섬으로 유배됩니다. 나폴레옹이 유배당한 후 프랑스에는 내부 갈등이 이어졌는데, 그 틈을 타서 나폴레옹은 다시 황제로 복귀

합니다. 전장의 신 나폴레옹의 복귀에 프랑스 국민들은 환호했고 그 기세를 몰아 영국과의 최후의 전투를 앞둡니다. 당시 정치적 상황은 급변하고 있었고 한 치 앞을 내다보기 힘들었습니다. 이러한 나폴레옹전쟁에서 정확한 정보 분석을 기초로 한 투자를 통해 유럽의 금융업자로 자리매김한 가문이 있었는데, 바로 로스차일드 가문입니다.

유대인 상인 집안의 로스차일드 가문은 크게 이름난 집안은 아니었는데, 메이어 로스차일드가 골동품 가게와 대부업으로 성공하여 부를 축적하기 시작했습니다. 그는 유럽 주요 도시들에 다섯 아들을 보내 은행을 만듭니다. 다섯 형제들은 각지의 정보원을 이용해 각국 정부와 금융시장 동향을 공유하며 남들보다 한발 빠른 정보로 부를 늘려갑니다. 셋째 아들인 나탄 로스차일드Nathan Mayer Rothschild는 영국 맨체스터에서 자리를 잡았습니다. 그는 영국 정부가 발행하는 국채 시장을 유심히 지켜봅니다. 당시 영국 정부는 전쟁을 이유로 역사상 가장 많은 채권을 발행했습니다. 그는 채권 거래를 하면서 정보의 중요성을 깨달았습니다. 영국이 프랑스와의 전투에서 승리하면 영국의 국채 가격이 급등하고, 반대로 전투가 불리하게 흘러가면 국채 가격이 폭락하는 것을 보았기 때문입니다.

1815년 6월 18일, 워털루에서는 나폴레옹의 프랑스군과 웰링턴 장군의 영국군이 최후의 일전에 돌입합니다. 이 시각 런던증권거래소에서는 투자자들이 초조하게 결과를 기다리고 있었습니다. 프랑스가 이기면 영국 국채는 휴지가 되며, 반대로 영국이 이기면 영국 국채는 급등이 예정되어 있었는데, 오늘날의 테마주와 다를 바 없었습니다. 나탄 로스차일드는 영국 국채에 베팅하였고, 영국이 워털루전투에서 승리하면서 큰돈을 벌었습니다. 이 사건을 계기로 로스차일드 일가의 힘은 막강해져 영국 경제는 물론 유럽 금융산업에 막대한 영향력을 행사할 수 있었습니다.

로스차일드 가문은 유럽의 은행으로 자리 잡습니다. 산업혁명 과정에서 핵심 산업에 자본을 제공해주는 역할을 합니다. 철도산업, 광산업, 철강산업에는 막대한 자본이 필요한데 로스차일드 은행이 주요 자금을 대주었죠. 로스차일드 은행은 금융의 시대를 열었습니다. 정치인과 사업가는 늘 돈이 필요했고, 금융업자들이 돈을 공급해주면서 그렇게 금융업자들은 권력의 한 축으로 급부상하게 됩니다.

08 은을 무너뜨리고 금의 시대를 연 영국

나폴레옹전쟁에서 승리한 영국은 명실공히 세계 제일의 패권국이 됩니다. 영국은 경제적 군사적 라이벌이었던 프랑스에 승리하면서 대영제국의 시대를 열었습니다. 지금까지 통화의 역사를 살펴보면 패권 다툼에서 승리한 패권국가는 늘 어김없이 화폐 주조권이라는 전리품을 얻었습니다. 영국도 마찬가지였는데 영국의 화폐 주조권은 바로 '금본위제'였습니다.

영국의 통화 시스템은 19세기 초까지 '금은복본위제'였습니다. 이는 '은화와 금화의 교환 비율'과 '금화와 은화의 가치'를 법적으로 고정시키는 시스템을 의미합니다. 즉, 잉글랜드은행이 발행한 종이화폐는 금화 또는 은화와 연결되어 있었죠. 영국은 17~18세기를 거치면서 강력한 패권국가로 자리 잡으며 독보적인 무역 대국이 됩니다. 자연스레 중국과 인도로 대변되는 아시아 지역에서의 무역도 주도하게 됩니다. 중국과 인도는 은화 경제였습니다. 특히 중국은 오래전 종이화폐 '교초'의 실패로 은화가 주요 통화였습니다. 유럽이 아시아에서 물품을 사 오게 되면 상당한 양의 은화가 아시아로 흘러 들어가게 됩니다. 당시 아시아는 유럽의 제품이 별로 필요하지 않았습니다. 반면 유럽인들은 중국의 비단과 인도의 향신료가 꼭 필요했고, 아시아와 유럽 간에는 무역 불균형이 발생했습니다. 즉, 아시아의 상품이 유럽으로 흘러 들어갔고, 유럽은 국제통화였던 은을 아시아에 지급한 것입니다.

영국의 은이 계속 빠져나가자 영국 내에서 은의 양이 줄어들고 은이 귀해집니다. 은화의 가치는 고정되어 있지만, 실제 은이 귀해지다 보니 은덩이의 가격은 올랐습니다. 사람들은 동전 형태인 '은화'를 녹여 은덩이 형태로 시장에 파는 게 더 이득임을 발견하게 됩니다. 한편 **은화와 금화는 고정된 교환 비율이 존재했기 때문에 은이 귀해질수록 금의 상대적인 가치는 낮아졌습니다.** 사람들은 가격이 저렴해진 금덩이를 구해 금화로 주조하고, 이를 은화로 바꾼 다음 은화를 녹여 가격이 비싸게 거래되는 은덩이로 만들어 판매하기 시작합니다. 자연스레 세계 각지의 금덩이들은 영국으로 들어와 금화로 만들어졌고, 영국 은화는 은덩이가 되어 아시아 시장으로 빠져나가게 되었습니다.

은이 부족해지고 금이 늘어나게 된 영국은 '금본위제'로의 전환을 시도합니다. 금본위제 전까지는 금은 모두 신용화폐를 뒷받침하는 금속이었습니다. 잉글랜드은행이 종이돈을 발행했고, 이 종이돈을 은행에 가져가면 금화 또는 은화로 바꿀 수 있었습니다. 금본위제는 이 시스템에서 은화를 지운 것입니다. 영국은 세계의 금 생산량의 80%에 달하는 브라질 금광을 손에 넣었고, 프랑스와의 최후의 격전에서 승리하자 사실상 세계 제일의 국가가 됩니다. 그리고 1821년 영국은 공식적으로 금본위제를 발표합니다.

산업혁명으로 세계 시장을 제패한 영국이 금본위제에 기초한 파운드 화폐만을 사용하게 되자, 전 세계는 사실상 금본위제로 돌아섭니다. 물론 반대 움직임이 없진 않았습니다. 프랑스와 미국은 파운드 위주의 경제 체제에 대항해 은화를 부활시키려고 했습니다. 1867년 프랑스는 파리에서 세계 최초의 국제통화 회의를 열고 은화의 부활을 외쳤으며, 1889년 미국은 범 아메리카 회의에서 아메리카 은 달러를 공통 통화로 사용하자고 했고, 셔먼 은 매입법Sheman Silver Purchase Act을 만들어 은화 경제를 만들고자 했습니다. 하지만 영국의 패권 질서에 따를 수밖에 없었던 대다수 국가는 금 파운드 경제와 금본위제를 따르게 되었고 결국 은은 화폐의 중심에서 사라지게 됩니다.

09 링컨이 암살당한 결정적 이유: 그린백

영국에서는 1694년에 최초의 은행인 잉글랜드은행이 탄생하여 은행권을 발행했고, 1833년 잉글랜드은행의 은행권은 나라에서 인정하는 법적 통화가 되었으며, 잉글랜드은행은 중앙은행이 됩니다. 하지만 1776년 영국으로부터 독립한 미국에는 오랜 기간 중앙은행이 존재하지 않았습니다. 물론 영국의 잉글랜드은행을 보며 중앙은행을 설립하려는 시도는 있었습니다. 1791년 미국 제1은행, 1817년에는 미국 제2은행이 각각 설립되지만 결국 사라지고 말았죠. 유럽이 중앙은행을 통해 안정적인 통화체계를 구축하고 있는 동안 미국의 화폐 발행 시스템은 혼돈에 놓여 있었습니다.

그렇다면 미국의 화폐 시스템은 어땠을까요? 미국 연방정부는 일정 요건만 충족하면 은행 설립을 허가해주었습니다. 그렇게 만들어진 은행이 무려 1,600개에 달했습니다. 이렇게 설립된 은행들은 각각 은행권을 발행했습니다. 누구든지 금과 은을 모으기만 하면 은행을 만들 수 있었고, 은행권을 발행하면서 발행 이익을 챙기는 것이 당시 은행의 주요 수익모델이었습니다. 미국 연방정부는 이러한 소규모 은행이 난립하는 것에 대해 딱히 간섭하지 않았습니다. 단지 은행들이 발행하는 은행권을 금으로 바꿀 수 있으면 된다고 여겼죠. 이런 체제가 유지될 수 있었던 이유는 미국이 연방제 국가이기 때문에 힘이 중앙정부에 집중되는 것을 견제하는 경향이 있었기 때문이고, 한편으로는 미국은 유럽에 비해 전쟁이 거의 없었기에 중앙정부에서 급히 돈을 찍어낼 필요가 없었기 때문입니다.

하지만 상황은 반전됩니다. 제조업 발달을 중심으로 성장한 북부와 플랜테이션 농장을 운영하는 남부 간에 의견 차이가 발생하기 시작합니다. 북부 지역 기업인은 보호관세를 통해 자국 산업을 키우길 원했고, 남부 지역 농장주들은 세금 없는 자유무역을 주장했습니다. 결국 남북전쟁이 발발하고 말았죠. 전쟁에는 막대한 비용이 들기 때문에 남부와 북부 모두 돈을 빌려야 했습니다. 하지만 미국에는 소규모 은행들이 난립해 있었을 뿐 전쟁 자금을 빌려줄 만한 마땅한 은행이 없었으니 영국의 잉글랜드은행으로부터 돈을 빌려 전쟁을 이어갔습니다. 전쟁이 지속되고 돈이 더욱 필요해진 상황이었습니다. 당시 북부는 금과 은이 부족했습니다. 미국의 공장에서 만들어진 제품은 아직 글로벌 시장에서 잘 팔리지 않는 수준이었기 때문에 벌어둔 돈이 없었습니다. 반면 남부 플랜테이션 농장의 면화는 주로 영국에 수출되었기 때문에 금과 은을 많이 벌어놓은 상황이었습니다.

북부의 링컨 대통령은 전쟁을 위해 돈을 빌리려 했지만 은행이 요구한 이자는 무려 20~30% 수준이었습니다. 이 상황을 해결하기 위해 그는 **승부수를 띄웁니다. 은행을 거치지 않고 직접 돈을 찍어낸 것입니다. 이것이 '링컨의 그린백'입니다.** 통상의 은행권은 은행에 가져가면 금이나 은으로 교환해주었지만 그린백은 정부에 가져간다 해도 금과 은으로 바꿔주지 않았습니다. 그야말로 아무런 가치가 없는 정부 발행 지폐에 불과했습니다. 링컨 대통령은 전쟁 자금을 직접 돈을 찍어내서 마련한 셈입니다. 천문학적인 돈이 풀리면서 북부는 전쟁을 승리로 이끌 수 있었습니다. 병사들 월급은 그린백으로 지급되었고, 돈이 풀리자 경기가 좋아지며 전쟁에 물자 보급 또한 원활해졌습니다.

링컨은 전쟁이 끝난 이후에도 그린백을 안착시키려고 합니다. 통화 발행권으로 이익을 독점하던 민간은행들의 반대가 이어졌습니다. 은행가들은 그린백이 귀금속으로 뒷받침되지 않아 치명적인 인플레이션을 유발할 것이라고 말했습니다. 1865년 링컨은 결국 암살되는데, 이를 그린백과 은행가들의 힘겨루기에 의한 암살로 보기도 합니다. 그가 죽자 그린백의 발행은 크게 줄었으며, 미국의 화폐 발행권은 다시 민간은행에게 돌아가고 맙니다.

10 미국 중앙은행은 왜 민간의 소유일까?

링컨의 그린백이 흐지부지된 후에도 미국에는 여전히 다수의 은행들이 난립해 있었습니다. 그러던 1907년 어느 날 미국은 금융공황을 맞게 됩니다. 1906년 샌프란시스코 대지진이 발단이었습니다. 3,000명 이상의 사망자가 발생하고 대화재로 도시 기능이 대부분 파괴되었죠. 건국 이래 최대의 천재지변으로 주식시장을 비롯한 투자시장이 마비됩니다. 문제는 도시 재건 과정이었습니다. 도시를 재건하기 위해서는 천문학적 돈이 필요했는데, 투자자들의 심리가 얼어붙은 상황이라 돈의 흐름이 막힌 것입니다. 이런 분위기에서 미국 최대의 구리광산 기업이 대규모 광산 M&A 계획을 무산시키자 금융시장은 패닉에 빠집니다. M&A를 위해 돈을 빌려준 은행들은 자금 회수가 불가능해졌고 은행이 거액의 손실을 입었다는 소문에 사람들이 은행으로 달려가 예금을 인출하자 은행들은 파산 위기에 놓입니다. 이 절체절명의 위기의 순간 등장한 사람이 바로 은행 재벌 J. P. 모건John Pierpont Morgan입니다. 거대 금융가인 그는 개인 재산을 털어 넣는 것은 물론 금융권 주요 인사들을 한데 불러 자금을 모았습니다. 쇄도하는 예금인출사태를 막기 위해 거액의 자금을 모아 은행들을 뒷받침합니다. 즉, **돈이 부족한 은행들에게 최종적인 대부자의 기능을 수행하기로 한 것입니다.** J. P. 모건 덕분에 1907년 금융위기는 일단락됩니다. 하지만 난립해 있는 시중은행들을 보면서 언제든지 비슷한 위기가 도래할 수 있음을 깨닫습니다. **금융기관에 대한 신뢰가 무너지는 순간**

은행들의 자금 부족 문제는 늘 발생할 수 있고, 이를 해결해줄 중앙은행의 필요성을 절실하게 느낀 것이죠.

1907년 금융위기를 막은 J. P. 모건을 비롯한 주요 은행가들은 연방준비제도 Fed를 설립합니다. 바로 미국의 중앙은행입니다. 연방준비제도는 민간의 자본으로 만들어져 은행들이 주요 주주가 됩니다. 이는 미국의 금융자본가들이 금융위기를 구한 대가로 화폐 발행권을 손에 넣은 것으로 해석할 수 있습니다. 그렇게 미국의 중앙은행인 연방준비제도는 1913년에 출범합니다. 그리고 연방준비제도는 이른바 은행들의 은행 역할을 맡게 되었고, 연방준비제도의 은행권이 바로 미국 달러입니다.

국제통화로 여겨지는 미국 돈 '달러'는 사실 미국 민간은행의 은행권입니다. 미국 달러가 발행되는 과정에 대해 알아볼까요? 먼저 미국 정부(재무부)가 미국 국채를 발행하게 되면, 연방준비제도가 국채를 매입하면서 그 대가로 은행권인 '달러'를 정부에 지급합니다. 정부는 그 달러를 사용하게 되는 것이죠. 미국 국채의 양과 미국 달러의 양은 동일해집니다. 미국 국채는 정부가 갚아야 할 빚이고 미국 시민들에게 걷은 세금으로 빚을 청산할 것입니다. 결국 미국의 달러는 미국의 경제력에 기초한 화폐입니다.

대부분의 국가 중앙은행들과는 달리 연방준비제도는 은행들이 주주인 민간기업입니다. 그래서 '은행가들이 미국 경제를 장악하고 있다'라는 것과 같은 음모론이 늘 존재합니다. 하지만 연방준비제도의 의장과 이사는 미국 대통령이 지명하고 상원의원이 인준합니다. 또 화폐 발행으로 아무리 많은 수익을 냈다 하더라도 일정금의 배당금을 제외한 나머지 금액은 모두 미국 재무부에 귀속됩니다. 정부와 국회에 의해 임원들이 채워지고, 연방준비제도가 돈을 더 번다고 해도 주주들에게 돌아가는 것은 없습니다. 형식적으로만 민간기업일 뿐 사실상 정부의 통제하에 있으니, 실질적으로 공공적 성격을 지닌 기관으로 보는 것이 합당합니다.

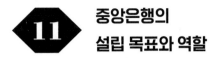

중앙은행의 설립 목표와 역할

11

한국의 한국은행, 미국의 연방준비제도, 일본의 일본은행, 중국의 인민은행, 영국의 잉글랜드은행은 모두 중앙은행입니다. 대부분의 국가에서 운영하는 중앙은행은 각 나라의 특별법에 의해 설립되어 공공적인 성격을 지닙니다. 중앙은행은 어떤 역할을 할까요? 먼저 미국 연방준비제도의 5가지 기능에 대해 살펴보겠습니다.

미국 연방준비제도는 ①고용을 최대로 하면서, 안정적인 물가 달성을 위한 국가 통화정책을 담당하며, 미국 경제의 장기 이자율을 안정적으로 유지하도록 합니다. ②금융시스템이 안정적으로 작동하도록 하기 위해 미국 및 해외에 시스템적 문제가 없는지 늘 모니터링합니다. ③민간 금융기관들이 안전하고 견실하게 작동하도록 도우며 **금융시스템을 늘 점검합니다.** ④달러 지급결제가 안전하고 효율적으로 결제될 수 있도록 합니다. ⑤소비자 보호를 위해 각종 이슈나 트렌드에 대해 분석하고 조사하는 역할을 합니다.

미국 연방준비제도는 '고용 최대화'와 '물가안정'이라는 두 마리 토끼를 잡기 위해 안간힘을 쓰고 있습니다. 그래서 늘 시장의 고용지표와 물가지표를 고려하여 기준금리를 정합니다. 고용은 괜찮으나 물가가 너무 오를 때는 기준금리를 올려서 시장의 열기를 식히고, 고용이 나쁘고 물가가 하락할 때는 기준금리를 낮춰서 차가운 시장에 열을 가합니다. 이렇게 평상시에서는 미국 중앙은행은 경제 상황을 모니터링하면서 금리를 낮추거나 올리는데, 중앙은행의 금리 결정은 자산시장에 굉장히 큰 영향을 끼칩니다. 일반적으로 금리가 낮아지면 자산 가격은 상승하고, 금리가 높아지면 자산 가격은 하락합니다. 그래서 투자자들은 늘 연준의 목소리에 귀를 기울일 수밖에 없습니다.

한편 **우리나라의 한국은행은 미국 연방준비제도와 달리 '물가안정목표'를 최우선 과제로 다룰 뿐 '고용 최대화'를 명시적인 목표로 삼지 않습니다.** 그리고 환율 거래에 안정성을 위해 외환보유액을 적정 수준으로 관리합니다. 에너지와 식량과 같은 필수소비재를 수입하는 우리나라의 경우 환율과 물가를 무엇보다 최우선으로 관리해야 하기 때문으로 해석됩니다. 경제 규모가 작고 미국 경제에 따라야 하는 형편이기 때문에 대체로 한국은행의 통화정책은 미국 연방준비제도의 통화정책을 뒤따르는 경향이 큽니다. 한국과 미국의 기준금리 차이는 환율 변동을 야기하기 때문에 일반적인 상황에서는 미국이 기준금리를 올리면 우리나라도 따라 올려야 하고, 미국이 기준금리를 내리면 우리나라도 따라 내려야 합니다. 그러다 보니 미 연준에서는 '고용'을 달성 목표 중 하나로 삼고 있지만, 한국은행은 그럴 겨를이 없을지도 모릅니다.

자본주의 시대를 살아가는 우리들은 중앙은행의 정책적 방향에 대해 늘 촉각을 곤두세워야 합니다. 그들은 시장을 모니터링하면서 '돈'의 가치에 대한 방향성을 결정합니다. 이 방향성을 놓치면 큰 손해를 입거나 큰 이익을 볼 기회를 놓칠 수 있습니다.

12 세계대전이 끝나고 미국이 제일 먼저 한 일

제1차세계대전과 제2차세계대전은 유럽의 시대를 저물게 했고, 미국이 세계 패권국이 되는 길을 열었습니다. 미국은 전쟁과 전쟁 후 복구 과정에서 막대한 이익을 거두면서 전쟁이 끝난 후 패권국이 되었으며 현재까지 독주체제를 이어가고 있습니다. 그 과정을 살펴보도록 하겠습니다.

1914년에 시작되어 1918년에 끝난 제1차세계대전은 영국과 프랑스의 승리, 독일의 패배로 마무리됩니다. 독일은 전쟁으로 패망했고, 영국과 프랑스는 승리했지만 전쟁을 치르며 막대한 자금을 쓴 결과 재정 파탄에 이르렀습니다. 영국과 프랑스는 독일에 천문학적인 전쟁배상금을 요구했지만, 독일의 경제 상황은 좋지 못했고 결국 화폐 발행을 남발하다 물가가 폭등하는 초인플레이션까지 발생합니다.

미국은 전쟁 기간 영국과 프랑스에 전쟁 물자를 수출하며 막대한 돈을 벌어들입니다. 그렇게 미국은 영국과 프랑스에 받을 돈이 넘쳐나게 되었고, 전쟁이 끝나자 영국과 프랑스에는 미국의 청구서가 날아왔습니다. 문제는 영국과 프랑스가 미국에게 돈을 갚으려면 독일에서 전쟁배상금을 받아내야 한다는 사실이었습니다. 하지만 독일은 전쟁배상금을 낼 여력이 없었습니다. 이때 미국이 나서서 독일을 도와줍니다. 미국이 독일에 돈을 빌려주고 전쟁배상금을 일부 조정해주는 조치였습니다. ①돈이 넘쳐나는 미국이 독일에 돈을 빌려주고, ②독일은 영국과 프랑스에 전쟁배상금을 지급하면, ③영국과 프랑스는 다시 미국에 진 빚을 갚게 됩니다. 이 과정은 미국이 유럽 경제를 장악하는 계기가 됩니다. 신흥국 화폐에 불과했던 미국 달러는 유럽 강대국들을 한번 훑고 가면서 급부상하게 되며, 그동안 세계 기축통화 역할을 하던 파운드화는 그 힘을 점차 잃고 맙니다.

1939년 시작되어 1945년에 끝난 제2차세계대전은 미국의 독주 체제를 완성시킵니다. 연합국의 승리로 기울어지던 1944년 서방 44국 지도자들은 미국 뉴햄프셔주의 브레튼우즈에 모여 회의를 합니다. 전후 국제통화 금융 체제를 안정시키기 위한 방안을 모색하면서 미국 달러화를 기축통화로 하는 금환본위제도를 실시합니다. 금 1온스를 35달러로 고정시키고, 그외에 다른 나라의 통화는 달러에 고정한다는 것이었죠. 그렇게 미국 달러는 사실상 공식적인 기축통화가 됩니다.

제1차세계대전과 제2차세계대전을 거친 후, 미국 정부는 세계의 금을 쓸어담았습니다. 실질적인 기축통화는 금인데, 금을 압도적으로 확보한 미국이 자신들의 화폐 '달러'를 금과 일정 비율로 교환해주겠다는 약속은 사실상 달러를 금과 동일시한 것이었습니다. 이는 이전까지 기축통화 역할을 하던 파운드화가 저물고 달러화가 떠오르는 계기가 됩니다. 그렇게 두 차례 세계대전을 통해 패권을 확보한 미국은 패권국의 지위에 오르자마자 화폐 권력을 차지하게 됩니다.

13 닉슨의 금 태환 정지 선언

금은 국제 기축통화이고, 금과 고정비율로 교환이 가능한 달러화는 실질적인 기축통화 역할을 하면서 전 세계에 자리 잡았습니다. 미국 정부가 달러화를 금으로 교환해준다는 것은 미국 정부의 금고에 막대한 양의 금이 보관되어 있을 때 가능한 이야기입니다. 하지만 미국의 금고 안에 금이 점점 줄어들고 있다면 미국의 달러는 더 이상 금으로 바꿔줄 수 없게 됩니다.

미국은 세계의 공장 역할을 하며 지속적인 무역흑자를 내면서 달러를 확보합니다. 확보된 달러는 세계의 경찰 역할을 위해 사용되었죠. 해외원조, 해외투자, 한국전쟁, 미군기지 운영 등으로 미국은 막대한 양의 달러를 해외로 유출시킵니다. 이러한 과정은 **미국 달러화가 세계 곳곳에 스며들어 기축통화로서 자연스레 자리 잡게 했습니다.** 다만 널리 뿌려진 달러가 그 가치를 유지하기 위해서는 금 1온스당 35달러로 교환되어야 했는데, 이는 발행된 달러의 양만큼의 금을 미국 정부가 보유해야 한다는 의미였죠.

1960년까지는 미국의 금 보유량이 충분했습니다. 하지만 **1960년대에 들어서면서 미국에 몇 가지 문제점이 나타납니다.** 경제구조가 변화하여 미국에 무역적자가 발생했으며, 공산 사회와의 대결 구도가 한창이었기에 미국 사회에서도 복지정책이 강화되면서 정부지출이 크게 늘어납니다. 거기에 미국은 베트남전쟁에 참여하면서 막대한 전쟁 비용을 지출하게 됩니다. 미국의 재정 상황은 크게 악화되었고, **사람들은 미국이 과연 달러화를 금으로 바꿔줄 수 있는 능력이 있는지를 의심하기 시작했습니다.** 당시 해외에 나간 달러 양이 미국이 보유한 금의 양보다 4배나 많았습니다. 은행 통장엔 1억 원이 찍혀도 은행 금고엔 돈이 텅텅 비어 있다면, 그 통장은 휴지에 불과합니다. 달러도 결국 금 교환권이라고 본다면 휴지가 될 운명이었습니다. 해외 국가들은 달러의 실질 가치가 금보다 낮다는 것을 눈치채기 시작했고, 달러를 들고 와서 금으로 바꿔 가기 시작합니다.

미국 예일대 교수였던 로버트 트리핀Robert Triffin 교수는 금본위제하에서의 달러 시스템이 구조적으로 문제가 있음을 지적합니다.

> "달러를 국제 거래에서 사용하게 하려면 그만큼 달러를 많이 찍어내서 전 세계에 공급해야 한다. 그런데 달러를 많이 찍어내면 달러의 가치가 떨어져서 아무도 달러를 받으려 하지 않지 않는다."

경제학에서 중요한 개념인 **트리핀 딜레마**Triffin dilemma입니다. 세계경제가 잘 돌아가려면 미국 달러화가 부족함 없이 이용되어야 했지만, 그렇게 달러화가 해외로 빠지게 되면 빠져나간 달러화만큼의 금을 미국이 가지고 있는지 의심을 자아내게 되고, 달러화에 대한 신뢰에 타격을 주게 되는 딜레마였습니다.

결국 1971년 8월 15일 미국의 닉슨 대통령은 금 태환 정지를 선언합니다. 1944년 브레튼우즈에서 달러화를 금으로 바꿔주겠다는 약속은 사실상 파기됩니다. 달러는 이제 종이에 불과해집니다. 화폐 시스템이 전면적으로 개편되자 전 세계는 큰 혼란을 겪습니다. 금융시장은 요동쳤습니다. 화폐가치가 폭락한다는 것은 곧 물가상승을 의미합니다. 피할 수 없는 인플레이션 시대가 다가오고 있었습니다. 이러한 수순은 늘 패권국의 쇠망으로 이어졌습니다. 하지만 미국은 위기를 극복하고 여전히 달러는 세계 기축통화 역할을 하고 있습니다. 미국은 어떻게 이런 절체절명의 위기를 이겨낼 수 있었을까요?

원유로 달러를 지켜낸
미국

1971년 미국이 금 태환 정지를 선언했을 무렵, 중동의 정세는 악화되고 있었습니다. 그리고 1973년 이스라엘과 아랍 국가(이집트, 시리아, 리비아) 사이에 제4차 중동전쟁(욤키푸르 전쟁)이 일어납니다. 미국의 도움을 받은 이스라엘이 전쟁에서 승리했죠. 하지만 전쟁에서 패한 중동 국가들은 미국이 이스라엘 편을 든 것이 못마땅했습니다. 결국 중동 국가들은 석유를 무기화합니다. 중동 국가들이 담합해 석유 생산량을 줄이기 시작한 것이죠. 석유 생산량이 줄어드니 유가는 한 달 만에 4배가량 상승하면서 엄청난 물가상승을 일으켰고, 미국 경제는 크게 위태로워집니다. 안 그래도 금 태환 정지로 인해 달러화의 가치가 이미 하락하고 있었는데, 전쟁과 지정학적 요인으로 인한 원유 감산은 상대적인 달러 가치를 더욱 위태롭게 했습니다.

이런 절체절명의 위기 속에서 미국은 위기를 한 번에 해결하는 기발한 아이디어를 냅니다. 미국은 사우디아라비아에 군사력을 제공하는 대신 오로지 미국 달러로만 원유를 결제하도록 하는 비공식 계약을 맺습니다. 과거 프랑스의 존 로는 리브르 지폐를 발행하면서, 지폐에 화폐적 가치를 불어넣기 위해 당시 인기가 많던 '미시시피 주식'을 리브르 지폐로만 살 수 있게 하여 화폐적 가치를 불어넣었습니다. 리브르 지폐의 가치를 미시시피 주식에 연동한 것이고, 결과적으로 미시시피 주식이 폭락하면서 리브르 지폐 가치 또한 폭락했죠. 미국도 이와 유사한 방식으로 미국 달러를 사우디의 석유에 연동해버린 것입니다. 석유를 수입하는 대다수 국가는 무조건 달러가 필요하게 되고, 석유 수요는 계속 이어질 테니 달러 수요도 계속 이어지게 됩니다. 이를 '페트로달러Petrodollar 체제'라 부릅니다. 금과의 연결고리가 끊어진 미국 달러가 석유와 연동되면서, 오늘날에 이르기까지 미국 달러의 힘이 강력하게 자리 잡을 수 있었던 배경이 된 것입니다. 페트로달러 체제는 미국의 달러가 종이에 불과하다는 것을 알면서도 쓸 수밖에 없는 환경을 제공해주었습니다.

하지만 현재 페트로달러 체제는 서서히 무너지고 있습니다. 세 가지 이유를 들 수 있습니다. 첫 번째 이유는 미국이 석유 의존도를 줄이고 있다는 점입니다. 미국은 과거와 달리 셰일가스 개발로 자체적인 석유 생산이 가능해지면서 세계 1위의 산유국이 되었습니다. 또 신재생에너지에 대한 투자가 갈수록 높아지고 있어 석유 의존도를 낮추려 하고 있습니다. 두 번째 원인은 이란과의 핵 협상 때문입니다. 같은 이슬람이지만 시아파의 이란과 수니파의 사우디는 종파적 이유로 갈등 관계입니다. 그런데 미국이 그동안 악의 축으로 규정했던 이란과 핵협상을 벌이고 있는 모습이 사우디 입장에서는 마음에 들지 않겠죠. 세 번째 이유는 중국입니다. 중국은 위안화를 기축통화로 만들고 싶어 하며 이에 위안화 국제 결제 시스템을 만들어 여러 국가들의 참여를 독려하고 있습니다. 사우디에 지속적인 접근을 하면서 원유 결제를 위안화로의 결제가 가능하도록 시도하고 있습니다.

그렇다면 페트로달러 체제가 무너진다면 달러의 기축통화적 기능은 상실되는 것일까요? 아닙니다. 달러가 기축통화가 된 근본적 원인은 과거에 달러를 금과 교환했던 것처럼 석유와 교환할 수 있기 때문이 아닙니다. 달러에 내재된 본질적 가치는 바로 미국의 군사력에 있습니다. 석유 결제를 달러로만 한다는 것은 미국이 사우디에 군사력을 제공했기에 가능한 일이었죠. **결국 미국 달러의 가치는 미국의 군사력에 있는 것이고, 미국의 군사력은 궁극적으로 미국의 강한 경제력에서 나오는 것입니다.**

달러가 무한히 풀렸는데
미국이 안 망한 이유

거대한 패권국이 망해가는 과정에서 늘 등장하는 단어는 바로 인플레이션입니다. 물가가 오르는 현상을 의미하는 인플레이션은 화폐가치의 하락과 같은 의미를 지닙니다. 로마제국은 은화의 은 함량이 낮아지면서 인플레이션이 발생해 망해버렸고, 원나라는 종이 지폐를 남발하자 인플레이션으로 파국을 맞이합니다. 하지만 미국은 금본위제를 포기한 이후에 달러 발행이 계속 늘어나고 있음에도 여전히 강력한 국력을 자랑하며 물가 역시 적절히 관리되고 있습니다. **천문학적인 달러가 공급되고 있음에도 물가가 오르지 않았던 이유는 넘쳐나는 달러를 흡수해 가는 두 가지 축이 있었기 때문입니다.** 하나씩 살펴보죠.

첫 번째 달러의 흡수처는 세계화입니다. 1970년대 이후 미국은 달러의 금본위제를 포기하게 되자 물가폭등 현상을 경험합니다. 중동에서의 전쟁이 방아쇠로 작용하자 석유 가격이 올랐고 석유 가격 폭등은 전기, 화학제품, 운송비 등 거의 모든 물가를 폭등시켰습니다. 이에 미국의 기업인들은 생산비가 저렴한 해외 생산기지를 만들기 시작합니다. 가장 대표적인 국가가 바로 중국입니다. 1971년 금 태환 정지를 선언한 미국의 닉슨 대통령은 다음 해인 1972년 중국으로 건너가 마오쩌둥 주석과 회담을 합니다. 미국과 중국 사이에 '상하이 공동성명'이 발표되었습니다. 양국의 적대적인 관계를 끝낸다는 내용이었죠. 그렇게 1973년에는 미국과 중국은 베이징과 워싱턴에 연락 사무소를 열었고, 정치인들과 민간인들의 교류가 빈번해지면서 교역량이 급속도로 늘어났습니다. 이후 1979년 중국은 개혁 개방을 선언하면서 세계의 공장 역할을 하게 되죠. **세계화가 촉발되자 미국의 달러는 중국에 흘러 들어가 투자를 일으킵니다. 그리고 중국은 값싼 제품을 생산해 미국에 수출하게 됩니다. 미국의 달러가 중국에 흘러갔고 대신 값싼 인건비를 통해 만들어진 제품이 미국에 들어오게 됩니다.** 더 많은 달러가 풀려나가는데도 불구하고 달러가 중국과 같은 개발도상국으로 흘러가게 되니 미국의 물가는 오르지 않습니다. 거기에 개발도상국에서 생산된 물품들은 저렴했습니다. 저렴한 물건들이 미국에 들어오니 물가를 낮추는 효과를 가져오기도 했죠. 세계화는 개발도상국의 경제를 활성화시켰으며, 미국은 사실상 가짜 돈인 달러만을 이용해서 값싼 제품들을 자국에 수입해 갔습니다. 그렇게 달러는 세계 곳곳에 스며들었습니다.

두 번째 이유는 금융 투자의 시대가 열린 것입니다. 기업들은 세계시장에 뛰어들어 공장을 짓고 어떻게 하면 생산비를 절감하면서 양질의 제품을 생산할 수 있을지 고민했습니다. 많은 혁신을 통해 이익을 발생시켰고, 이런 이익을 주주들에게 나눠주자 주주들의 투자는 계속 이어졌습니다. 본격적으로 돈으로 돈을 버는 시대가 열린 것입니다. 미국의 S&P 500지수는 1970년대까지만 해도 60~120포인트를 횡보했는데, 세계화가 본격화된 1980년대 이후부터는 주가가 급격하게 오르기 시작합니다. 그렇게 2022년 현재 4,000포인트대를 유지하고 있으니 무려 40배 성장한 것이죠. **넘쳐나게 풀리는 달러는 과거와 달리 상품시장이 아닌 투자시장으로 흘러**

들어갑니다. 쉽고 편하게 투자할 수 있는 다양한 금융상품이 출시됐고, 잉여 달러는 모두 투자시장을 향했습니다. 달러는 천문학적으로 발행되었습니다. 하지만 달러는 여전히 건재합니다. 우려와 달리 거대한 인플레이션 역시 발생하지 않았죠. 세계화와 금융투자의 시대가 되면서 전 세계 모든 국가와 기업들이 달러를 원하기 때문입니다.

16 암호화폐가 미래의 화폐가 될 수 있을까?

2008년 10월. 미국 금융위기가 정점에 이르렀을 무렵, 최초의 암호화폐 비트코인이 등장합니다. 현금을 들고 다니는 사람이 점점 없어지고 있다 보니, 누구나 종이돈이 앞으로 사라질 것이라 예측하던 시기였습니다. 그렇게 전자화폐에 관심이 높아지던 시기였는데, 때마침 암호화폐가 등장하였죠. 비트코인은 블록체인 기술을 기반으로 한 전자적 화폐인데, 이 암호화폐를 선점한 사람들이 천문학적 거부가 되었다는 언론 기사가 끊이지 않을 정도로 모두의 관심을 끌었습니다.

암호화폐와 기존 화폐와의 가장 큰 차이점은 중앙은행이 발행하거나 중앙정부에서 관리 감독하지 않는다는 점입니다. 이른바 탈중앙화를 구현한 화폐로 이를 디파이Decentralized finance라고 합니다. 은행 없이 각종 금융거래가 가능하도록 시스템을 설계한 것이죠. 원화나 달러화 같은 화폐는 중앙은행의 의사 결정자가 화폐를 얼마나 찍을지 결정합니다. 달러화나 원화의 사용자는 그들의 결정에 따를 수밖에 없습니다. 하지만 디파이 세계에서의 암호화폐들은 미리 정해진 공식대로 화폐 시스템이 작동됩니다. 암호화폐의 총발행량은 정해져 있고, 암호화폐의 채굴도 누구나 할 수 있게 해놓았습니다. 쉽게 말해 커다란 규칙만 만들어져 있을 뿐 그 안의 사용자들이 알아서 생태계를 조성하는 방식입니다.

그동안 우리는 사회 권력의 변천 과정과 함께 화폐가 변해온 과정을 살펴보았습니다. 태초의 화폐 권력은 중앙집중적 권력을 가진 왕이 가졌고, 왕은 돈을 찍어내면서 부를 행사할 수 있었습니다. 하지만 왕의 권력은 부유한 상인들로 구성된 시민들의 혁명에 의해 사라집니다. 상인집단들은 금융업자로 진화했고, 금융업자들이 민간은행을 통해 어음을 발행하자 이 어음은 현대적 종이화폐의 시초가 됩니다. 이후 민주화된 사회에서 정치권력을 차지한 자는 금융 권력자와 연계하여 화폐 시스템을 운영합니다. 오늘날의 미국 중앙은행인 연방준비제도 역시 은행가들의 연합체에서 출발한 것이었죠.

금융위기가 터지게 되자 암호화폐가 등장한 것은 우연이 아닙니다. 이는 금융업자들에 대적할 만큼 새로운 부와 영향력을 창출한 새로운 사업가 집단이 등장했음을 의미합니다. 2008년 미국의 금융기관이 망해가고 있던 무렵, IT 기술 도시 실리콘밸리의 스티브 잡스는 아이폰을 공개합니다. 그리고 아이폰이 등장함과 동시에 모바일 시대가 본격화되었으며 IT 붐이 일어나죠. 실리콘밸리에는 각종 기술 벤처 기업들의 성공 사례가 이어집니다. 이들은 거대한 부를 축적하면서 주류 세력으로 떠오릅니다. 제조업과 금융업이 무너진 틈을 타서, IT와 소프트웨어를 배경으로 하는 새로운 부의 기반이 탄생한 것입니다. 그리고 거대한 부와 영향력을 가져간 이들 IT업자들은 암호화폐라는 새로운 화폐 시스템을 제안합니다.

이들은 미국이 1970년대 이후 달러를 무지막지하게 풀어왔으며, 특히 2008년 금융위기를 해결하는 과정에서는 더더욱 많은 달러를 살포했으니 이제 달러의 가치는 하락할 수밖에 없다고 이야기했습니다. 그리고 그렇게 달러의 가치가 하락하게 된다면 결국 암호화폐가 화폐 기능을 할 것이라 말했죠. 엎친 데 덮친 격으로 2020년 코로나 위기까지 강타하자 미국 연방준비제도는 달러를 더욱 풀었습니다. 달러 가치는 계속 하락했고 암호화폐 가격은 치솟게 되자 다들 진짜 암호화폐의 시대가 다가왔다고 말했습니다.

하지만 시간이 흐를수록 암호화폐가 화폐로 적용해나가기는 어려울 것이라는 예측이 많습니다. 가장 큰 이유는 **중앙정부가 암호화폐를 통화로 채택하지 않을 것이기 때문**입니다. 국가가 종이돈을 통화로 널리 쓰이게 하는 가장 쉬운 방법은 바로 '세금'입니다. 우리가 '원화'를 쓰는 이유도 결국 세금을 원화로 내기 때문입니다. 원화를 쓸 수밖에 없는 환경을 조성해야 하는 것이죠. **암호화폐도 쓸 수밖에 없는 환경이 만들어져야 하는데 현재로서는 그런 환경은 조성되지 않고 있습니다.** 다만 암호화폐는 익명성과 보안성을 기초로 하기 때문에 어둠의 세계에서 재산 축적의 수단으로 쓰이고는 있습니다. 전 세계 정치인들의 비자금, 불법행위로 얻은 자금 등이 암호화폐로 집결되고 있습니다.

하지만 한 사회에서 통화가 되지 않는다고 해서 암호화폐가 가치 없다고 결론 낼 수는 없습니다. 현재 암호화폐 시장은 암호화폐를 NFT, Web 3.0와 같은 미래 기술을 실현 가능하게 하는 블록체인 기술로 바라보고 있습니다. 더 이상 '달러'나 '원화'와 같은 법정통화를 대체할 미래 화폐라는 논리는 거의 쓰이고 있지 않습니다. 그래서 암호화폐의 시세는 마치 주식시장과 유사한 움직임을 보입니다. 대표적인 위험자산으로 여겨지고 있으며 암호화폐의 기술과 특성, 호재에 따라 시세 등락을 하는 중입니다. 암호화폐는 분명 대단한 기술이지만 한 사회에서 통용되는 통화로 인정되기에는 아직은 별로 가능성 없는 이야기인 듯합니다.

17 테라코인이 망해버린 이유

암호화폐는 중앙정부로부터 인정받는 화폐가 아니기 때문에 통화가 될 수 없다고 이야기했습니다. 특정 암호화폐를 한 사회의 통화로 만드는 일은 간단합니다. 국가가 세금을 걷을 때 암호화폐로 걷는다는 법을 만들면 되죠. 그렇게 되면 해당 사회의 모든 구성원들은 해당 암호화폐를 마련해야 하고, 결국 자연스레 통화로 자리 잡게 됩니다. 하지만 암호화폐는 애초에 중앙정부의 통제를 받지 않는 사회를 꿈꾸며 만들어진 화폐입니다. 탈중앙화 생태계 구축을 목표로 하죠. 중앙정부가 늘 삽질하는 것을 보면서 화폐만큼은 중앙정부의 힘이 닿지 않는 세상을 꿈꾸며 탄생한 것입니다. 이런 관점에서 볼 때 암호화폐의 가장 큰 취약점은 늘 등락하는 변동성이었습니다.

암호화폐의 변동성을 통제하기 위해 새롭게 탄생한 개념이 바로 '스테이블 코인stablecoin'입니다. 스테이블 코인이란 중앙에서 통제하는 법정통화와 동일한 가치를 갖는 코인을 말합니다. 즉, '1 스테이블 코인 = 1달러'와 같은 식으로 현실 화폐로 가치를 고정하는 개념입니다. 이는 과거 달러를 은행에 가져가면 금으로 바꿔주던 것과 동일한 방식입니다. 스테이블 코인은 기축통화인 달러와 가치가 고정되어 있으므로 안정적인 느낌을 줍니다.

문제는 은행이 종이돈을 금으로 바꿔줄 때를 대비해 충분한 금을 보유하고 있어야 하는 것처럼, 스테이블 코인 역시 충분한 달러를 확보해 놓아야 합니다. 그리고 이렇게 스테이블 코인이 미국 달러화와 동일한 가치를 갖게 하는 것을 '페깅pegging'이라고 합니다. 그리고 페깅을 위해서는 달러가 필요합니다. 누군가가 암호화폐를 가져와서 달러로 바꿔달라고 하면 바꿔줄 수 있을 만큼의 달러를 보유하고 있어야 하는 것이죠.

2022년 큰 논란을 일으켰던 테라 역시 USD 달러에 페깅이 되는 구조의 스테이블 코인입니다. 다만 테라는 달러를 꼭 예치해둘 필요가 있는가에 대한 의문을 품고 새로운 방식으로 테라의 가치를 달러 가치에 연동합니다. 바로 '루나Luna'라는 코인을 활용해서 말이죠. 다소 복잡해 보이지만 원리는 간단합니다.

1. 1테라는 1달러에 해당하는 루나로 교환해준다.
2. 반대로 1달러에 해당하는 루나는 언제든지 1테라로 바꿔준다.

이 간단한 원칙은 테라의 가치를 달러와 동일하게 유지할 수 있습니다. 먼저 테라가 0.9달러로 떨어져도 투자자들은 저가의 테라를 1달러만큼의 루나로 바꿀 수 있습니다. 0.9달러짜리를 1달러에 바꿀 수 있으니 투자자들은 테라를 매도하려고 합니다. 테라가 매도되면 테라의 유통량이 줄어들고 테라의 가격은 다시 1달러를 향해 오릅니다. 테라가 1.1달러로 오르게 되면 투자자들은 1달러만큼의 루나를 팔고 테라로 바꾸려고 할 것입니다. 그렇게 되면 0.1달러의 차익을 누릴 수 있게 되죠. 다만 테라의 수요가 늘면 테라의 유통량이 늘어나면서 테라 가격은 1달러로 내려가게 됩니다.

이처럼 차익거래를 이용해 테라는 시장의 유통량을 자동으로 조절하면서 담보물 없이 1달러 가치에 수렴하게 하는 게 바로 루나-테라 방식입니다. 이런 멋진 생각으로 암호화폐 생태계를 조성하기 위해서 20%의 이자까지 주면서 사람들을 모집합니다. 사람들은 일단 가격이 달러 가치에 연동되어 안정되게 유지되는 것만 확인하고 거기에 20%의 이자를 준다고 하니 너도나도 입금을 하면서 이자를 받아먹기 시작합니다.

테라-루나 시스템이 달러 가격에 조절하는 방식은 매우 논리적으로 비춰지지만 이는 언제까지나 평상시에나 적용되는 이야기입니다. 하지만 경제 환경이 급격하게 변하는 상황이 오면 어떻게 될까요? 2022년 미국 연방준비제도는 강력한 긴축을 시사하며 기준금리를 올리기 시작합니다. 비트코인을 포함한 암호화폐 가격은 급격한 조정을 받게 되었고, 결국 문제가 터지고 맙니다.

테라는 진짜 달러가 아니라 달러 가치에 해당하는 루나만큼을 바꿔주는 것일 뿐입니다. 평상시에는 루나 가격이 떨어지면 사람들은 테라를 팔고 루나를 사는 식의 차익거래를 하게 되므로, 루나의 수요가 늘어나 루나 가격이 상승 회복합니다. 하지만 누군가가 루나를 일방적으로 매도하여 차익거래로 인한 가격 회복을 어렵게 만든다면 테라-루나 시스템은 더 이상 작동하지 않게 됩니다. 결국 차익거래를 통해 루나-테라 시스템의 균형을 이루려는 힘과 루나를 일방적으로 하방으로 밀어버려 루나-테라 시스템의 붕괴를 가져오는 힘과의 싸움이 벌어지게 되는 것입니다.

경제 환경에서는 늘 안정적인 상황만 존재하지 않습니다. 늘 변화와 충격으로 인해 균형이 무너지는 과정이 발생합니다. **우리 인간은 늘 균형 상태가 영원할 것이라 여깁니다. 하지만 세상의 균형은 늘 무너지게 마련이고,** 그런 상황에서도 회복이 가능한 자산군이 있는가 하면, 회복 불가능한 자산군도 있게 마련입니다. **균형이 무너지면 투기적 세력이 달려들게 되고, 균형은 영원히 회복되지 않는 경우가 많습니다.** 테라 사태 역시 그러한 취약성을 보였던 것입니다.

18 암호화폐의 대항자, 중앙은행의 무기 CBDC

암호화폐의 탈중앙화는 두 가지 측면에서 살펴볼 수 있습니다. 첫 번째가 중앙은행으로부터의 탈중앙화이고, 두 번째가 금융기관으로부터의 탈중앙화입니다. 중앙은행으로부터의 탈중앙화는 앞서 살펴봤듯 현실적이지 않습니다. 정부와 중앙은행이 존재하는 한 이들이 스스로 화폐 발행권을 포기할 리 없기 때문이죠. 한편 금융기관으로부터의 탈중앙화는 가능해 보입니다. 금융기관으로부터의 탈중앙화는 간단히 말해 은행과 같은 금융시스템 없이 금융거래가 이루어진다는 것을 의미합니다.

그렇다면 현재 시점에서 금융시스템이 왜 필요할까요? 금융거래가 성립되기 위해서는 중앙에서 관리해줄 제3자가 필요하기 때문입니다.

예를 들어보겠습니다. 철수가 영희에게 1년간 현금으로 100만 원을 빌려줬습니다. 철수는 자신의 장부에 영희에게 100만 원의 채권을 기록합니다. 영희는 돈 받고 열심히 썼습니다. 그리고 1년 뒤 철수는 영희에게 100만 원을 갚으라고 합니다. 하지만 영희는 돈을 빌린 기억이 나질 않습니다. 철수는 자신의 장부를 보여줍니다. 영희는 가짜 장부라고 인정할 수 없다고 말합니다. 위조 문제가 발생하며 두 사람 모두 패닉에 빠집니다. 만약 이 둘이 계좌이체를 통해 돈을 빌려줬다면 이야기는 달라집니다. 철수의 KB 계좌에는 영희 계좌로 100만 원 출금이 기록되고, 영희의 신한 계좌에는 철수로부터 100만 원 받은 것이 기록됩니다. 가운데

은행이 있기 때문에 가능한 것입니다. 실제 은행은 철수로부터 100만 원을 받아 그대로 영희에게 전달해주는 것이 아닙니다. 은행 간 전산상의 숫자만 바꾸는 것이 아니라 실제 정산 과정을 거칩니다. 그러면서 가운데에 있는 은행은 수수료를 받아 갑니다. 즉 중앙 금융시스템은 거래의 위조 가능성을 없애고 우리의 생활을 편하게 해줍니다. 하지만 그 시스템이 문제가 된다면 우리 모두 곤경에 처할 수 있겠죠. 중앙 금융시스템은 없으면서 위조와 변조가 절대 불가능한 결제 체계가 있다면 너무나 완벽할 것입니다. 그렇게 탄생한 게 비트코인을 비롯한 암호화폐들입니다. 암호화폐는 P2P 방식을 기반으로 하여 소규모 데이터들이 체인 형태로 무수히 연결되어 형성된 '블록'이라는 분산 데이터를 저장하므로 누구도 임의로 수정할 수 없으며 누군가 변경했다면 누구나 알 수 있게 하는 시스템을 사용합니다. 이를 블록체인 기술이라고 부릅니다. 거래가 중앙 서버에 기록되는 것이 아닌 모든 사용자에게 거래 기록을 보여주면서 서로 비교해 위조를 막습니다.

그렇다면 중앙은행 디지털화폐 CBDC란 무엇일까요? **CBDC란 기존의 실물화폐와 달리 가치가 전자적으로 저장되며 이용자 간 자금 이체 기능을 통해 지급결제가 이루어지는 화폐**를 말합니다. 법정통화로서 실물화폐와 동일한 교환 비율이 적용되어 가치 변동의 위험이 없고, 중앙은행이 발행하므로 화폐의 공신력이 담보됩니다. 즉 **CBDC는 중앙은행이 블록체인 기술을 기반으로 발행하는 디지털화폐**입니다. CBDC는 금융기관의 역할까지 개인이 하게 만듭니다. 비트코인처럼 말이죠. 화폐를 은행 계좌에 보관하는 대신 개인 고유의 블록체인 지갑에 보관하고, 카드 결제 대신 지갑

01 경제 흐름이 반복되는 이유

경제는 호황기와 불황기가 번갈아 나타나면서 서서히 성장합니다. 이를 **경기순환**이라고 합니다. 경제활동이 활발하게 일어날 때를 경기가 좋다고 말하며 '호황기'라 부릅니다. 반면 경제활동이 위축되어 있을 때는 경기가 나쁘다고 말하고 '불황기'라고 부르죠. 경제는 늘 호황기와 불황기를 반복하며 순환합니다. 그리고 이러한 현상은 산업혁명 이후 자본주의가 자리 잡으면서 늘 반복적으로 발생하고 있습니다. 왜 그럴까요?

먼저 수요와 공급의 원리를 알아봅시다. 수요가 늘면 웃돈을 주고 물건을 사고자 하기 때문에 가격이 오르고, 가격이 오르면 수익성이 좋아지기 때문에 공급이 늘어납니다. 그러나 공급이 늘면 경쟁이 심해지다 보니 가격이 낮아지고, 가격이 낮아지면 찾는 사람이 많아져 수요가 늘어나죠. 이렇게 수요와 공급은 가격을 조절하게 되고 가격은 수요와 공급을 자연스럽게 균형으로 맞추게 됩니다. 이론상으로만 볼 때는 수요와 공급은 즉각적으로 반영하게 되어야 하지만, 실제 현실 세계에서는 수요와 공급이 시간 차를 두고 균형점에 맞춰가게 됩니다. 이렇게 수요와 공급이 즉각적인 조정이 아니라 시간 차를 두고 서서히 조정됨에 따라 경기순환이 발생하게 됩니다.

일반적으로 경기변동은 4단계인 호황기, 후퇴기, 불황기, 회복기로 구분합니다. 먼저 호황기에는 모든 경제활동이 최고로 활발한 단계로 가계의 소득이 증가해 소비가 늘어납니다. 기업은 가계의 소비에 힘입어 판매가 늘어남에 따라 생산량과 투자를 늘리게 됩니다. 자연히 기업의 주가는 상승합니다. 수요가 늘어남에 따라 물가는 상승하고, 일자리 역시 늘어납니다. 물가상승으로 인해 중앙은행이 기준금리를 올리게 되면 시중금리가 올라가게 됩니다.

호황기를 누리던 경제는 서서히 후퇴기로 접어들게 됩니다. 경제호황으로 물가가 오르고 금리 역시 오르면 결국 높은 물가와 금리가 경제활동을 위축시키게 됩니다. 가계는 고물가, 고금리로 인해 소비를 점점 줄이고, 이에 따라 기업은 판매 부진과 재고 증가가 일어나게 됩니다. 고금리는 기업에 이자 부담을 늘리게 되어 공격적인 투자를 줄이게 만듭니다. 생산이 줄어드니 기업의 일자리 역시 줄어들게 됩니다.

후퇴기는 불황기에 이르며 경기침체의 정점에 달하게 됩니다. 가계의 소득 감소는 소비를 줄이고, 소비가 줄어드니 기업의 생산이 위축되고 이는 고용의 감소로 이어지며 악순환에 빠집니다. 재고가 쌓이다 보니 물가는 하락하게 되며, 중앙은행은 경제 활성화를 위해 기준금리를 내리게 되면서 시중금리는 내려가게 됩니다. 내려간 금리를 통해 투자가 늘어나는 국면에 이릅니다.

회복기는 경제활동이 다시 회복되면서 증가되는 시기입니다. 저물가와 저금리로 인해 가계가 소비를 점점 늘리고, 기업도 생산량을 늘리며 투자를 다시 시작하게 됩니다. 기업은 설비투자를 확대하고 가계는 소비를 늘리면서 서서히 호황기를 향해 가게 됩니다.

경기순환을 바라보면 누구나 쉽게 경제 수준을 판단할 수 있고, 투자를 통해 돈을 벌 수 있습니다. 하지만 현재 경제가 경기순환 사이클 중 어디에 있는지를 아는 것은 어렵습니다. 설령 현 시점의 경제가 어떤 사이클에 위치하는지 알더라도 경제 저점이 언제인지를 판단하는 것은 더욱 어렵습니다. 시간이 흘러 한 사이클이 끝나고 나서야 어느 시점이 경제 정점이었는지 언제부터 후퇴하기 시작해서 경제불황의 저점에 이르렀는지 판단할 수 있습니다.

경제 전문가의 분석이 틀리는 이유도 마찬가지입니다. 경제가 회복기를 넘어 호황기를 맞이하면 곧바로 경기가 꺾일 수도 있고, 경제가 호황 가도를 계속 이어나갈 수도 있습니다. 경제불황기도 마찬가지입니다. 경제불황에서 급격히 회복되는 경우도 있고, 경기가 회복되는 것처럼 보이지만 다시 악화되며 더블 딥double dip, 즉 이중 하락의 형태를 띠기도 합니다. 아니면 장기간 경기침체(L자형)의 늪에서 벗어나지 못하는 경우도 있습니다. 워낙 경기순환의 이유도 다양하고 나타나는 형태도 다양하기 때문에 경제 전문가의 분석은 서로 다르고, 맞추지 못하는 경우가 허다합니다. 정확한 변곡점의 판단은 어렵더라도 전체적인 경제 흐름의 파악 정도는 하는 것이 좋습니다. 그리고 어떻게 변곡점을 형성하면서 추세가 반전하는지 실제 지켜보면 경제를 이해하는 데 많은 도움이 될 수 있습니다.

돈 풀기의 두 가지 전략:
재정정책과 통화정책

자본주의사회인 이상 호황-후퇴-불황-회복의 경기변동은 사계절처럼 필연적으로 발생합니다. 하지만 경기변동의 폭이 너무 크면 각 경제주체들은 큰 피해를 입을 수 있습니다. 경기가 과도하게 과열된 국면이라면 물가가 너무 가파르게 오르니 가계와 기업에 압박을 줍니다. 또 넘치는 돈은 투기 열풍을 일으켜 자산 버블을 일으키기도 하죠. 급격하게 자산 가격이 오르면 빈부격차는 더더욱 벌어지며 사회에는 상대적 박탈감이 팽배하고 근로의욕이 사라지기도 합니다. 한편 경기침체는 경제의 악순환을 가져오면서 상황을 계속 심각하게 만들기도 합니다. 또 자산 가격의 급격한 변화로 인해 건전한 경제활동이 저해되고 그 과정에서 선량한 피해자들이 속출하기도 합니다.

정부는 경기변동을 지켜보면서 적절한 시기에 시장에 개입하여 경기 흐름을 완만하게 조정합니다. 경제정책은 크게 두 가지로 구분될 수 있는데, 바로 재정정책과 통화정책입니다. **재정정책은 의회의 승인을 받아 정부가 직접 돈을 쓰는 정책입니다.** 크게 조세정책과 정부지출로 구분됩니다. 조세정책은 세금을 올리거나 내리는 방식인데, 경제가 좋으면 세금을 올리고 경제가 침체되어 있으면 세금을 낮추게 됩니다. 정부지출은 정부가 정책목표를 달성하기 위해 지출하는 비용입니다. 각종 복지제도와 공공투자 등이 여기에 해당합니다. **통화정책은 중앙은행이 나서서 돈의 양을 늘리거나**

줄여 경제활동의 수준을 조절하는 정책입니다. 중앙은행은 기준금리 수준을 정하면서 통화량을 조절하고, 지급준비율이나 재할인율을 조절하기도 하죠. 급한 경우에는 양적완화 정책을 통해 시중에 돈을 직접 유입시키기도 하며, 반대로 양적긴축 정책을 통해 풀린 돈을 회수하기도 합니다.

재정정책과 통화정책의 각각의 특징과 장단점에 대해 알아보겠습니다. 재정정책은 실물경제에 돈이 바로 흐를 수 있게 해줍니다. 재정정책은 선거를 통해 당선된 선출직 공무원(대통령, 시장, 도지사 등)과 국회의원에 의해 진행됩니다. 이들은 서민들 눈치를 살피기 때문에 대중적인 니즈에 맞게 돈이 쓰입니다. 이러한 돈은 이해타산에 맞지 않더라도 당장 국민들이 원하는 방향으로 쓰입니다. 정부가 돈을 쓴다는 것은 결국 세금을 걷어 충당해야 한다는 것이고, 늘 정부가 충분한 돈을 보유한 것은 아니기 때문에 국채를 발행해야 한다는 것입니다. 국채는 미래의 세금을 당겨 쓰기 위해 정부가 빌린 돈입니다. 문제는 국채를 발행하면 시중에 있는 자금을 흡수하면서 이자율이 상승한다는 것입니다. 이자율이 상승하면 투자도 줄어들고 경제활력이 감소하게 됩니다. 즉, 경제 부양을 위한 재정정책을 한 것인데, 이로 인해 이자율이 상승해버리면서 경기부양 효과를 감소시킵니다. 쉽게 말해 100만큼 돈을 썼으니까 100 정도 경제가 좋아져야 하는데, 이자율 상승으로 인해 80만큼만 경제가 좋아지는 셈입니다. 그래서 재정정책은 정책의 효율성이 떨어진다는 단점이 있습니다.

통화정책은 돈의 양을 늘리거나 줄이는 방식입니다. 통화정책은 정부가 아닌 중앙은행이 돈을 푸는 방식입니다. 예를 들어 금리를 낮추거나 시중은행들이 더 많은 돈을 빌려줄 수 있도록 지급준비율을 낮춰줍니다. 통화정책은 쉽게 말해 사람들이 돈을 쉽게 빌릴 수 있는 환경을 만들어주는 정책입니다. 돈의 양만 늘려놓을 뿐 그 돈이 어디에 쓰일지는 시장 자율에 맡기게 됩니다. 사업가들은 유망 사업에 진출하기 위해 돈을 빌려 투자를 하게 됩니다. 투자가 늘어나니 일자리가 늘어나고 경기가 좋아지게 됩니다. 돈을 빌려 투자한다는 것은 그만큼 성장 가능성이 높다는 확신을 의미합니다. 돈이 되는 분야에 대한 발전을 가속시킵니다. 반면 재정정책은 정책입안자가 설계한 대로 돈이 뿌려집니다. 돈이 되지 않는 분야더라도 우리 사회에 필요한 곳에 돈이 뿌려집니다. 경제 전체적인 효과만을 본다면 통화정책이 보다 효율적이라고 보는 것이죠. 다만 단점이 있습니다. 돈이 주식과 부동산 같은 투자자산에 쏠리면서 버블을 일으키기도 한다는 것입니다. 돈이 공장이나 인력을 채용하는 데 투자된다면 좋겠지만, 단순히 자산 버블을 이용한 투기 행태가 이어지기도 합니다. 아파트 갭투자는 늘 저금리 때 일어나 국민의 주거비용을 급격히 올립니다. 또 자산 버블은 언젠가 터질 수밖에 없는데 그때 많은 사람들이 피해를 입기도 합니다. 현대 자본주의사회에서는 두 가지 정책 모두 중요하게 바라보며 두 정책 모두 결합되어 쓰이고 있습니다.

03 경제의 굵직한 흐름 1: 신용의 의미와 신용 사이클

경제의 흐름은 '신용'을 타고 흐릅니다. 신용이 커질수록 경제는 확장되고, 신용이 줄어들수록 경제는 위축됩니다. 신용이란 무엇일까요? 신용은 경제에서 가장 중요한 요소지만 이해하기 어렵습니다. 신용은 은행(대출기관)과 차입자(빌리는 사람) 간의 약속이자 믿음입니다. 차입자는 원금에 이자를 더해서 갚기로 약속하고, 대출기관이 이를 믿으면 신용이 성립되는 것입니다. 신용거래에는 이자가 필히 포함되기 때문에 이자율은 신용의 양에 영향을 미칩니다. 이자율이 높을수록 대출은 줄어들고, 이자율이 낮을수록 대출은 늘어납니다.

신용은 왜 중요할까요? 바로 차입자(빌리는 사람)가 신용을 사용하면 지출 규모를 늘릴 수 있기 때문입니다. 2,000만 원을 가진 사람도 신용을 통해 대출을 받으면 5,000만 원짜리 자동차를 살 수 있습니다. 따라서 다음과 같은 공식이 도출됩니다.

현금 + 신용(부채) = 지출

지출은 경제를 주도합니다. 누군가가 신용을 통해 지출을 늘리면 다른 사람의 소득이 증가합니다. 소득이 늘어나면 신용도가 높아져서 더 많은 대출이 가능합니다. 돈 빌릴 때의 신용은 두 가지로 결정되는데 바로 상환능력과 담보입니다. 상환능력은 소득이 많아서 돈을 잘 갚을 수 있는지를 보는 것이고, 담보는 돈을 못 갚았을 때 대신 가져갈 충분한 자산이 있느냐입니다. 결국 신용은 지출을 늘리고, 지출은 소득을 늘리고, 소득이 늘어나면 신용도가 상승하고, 신용도가 상승하면 더 많은 지출이 늘어나는 등 연쇄적인 현상이 일어납니다. 이와 같은 패턴은 경제성장으로 이어집니다.

현금은 노력을 통해 차근차근 쌓이는 것이지만, 부채는 믿음만 있다면 단숨에 그 크기를 늘릴 수 있습니다. 결과적으로 지출 규모를 좌우하는 것은 현금보다는 신용(부채)입니다. 따라서 **부채 사이클을 제대로 이해하게 된다면 지출 규모의 사이클을 이해하는 것이고, 사실상의 경제 사이클을 이해할 수 있게 됩니다.** 경제 사이클은 늘 동일하게 발생하지는 않습니다. 미국의 유명 헤지펀드 매니저 레이 달리오Ray Dalio는 경제 사이클을 통상적으로 5~8년짜리 단기 부채 주기와 75~100년짜리 장기 부채 주기로 구분할 수 있다고 말합니다. 문제는 많은 사람들이 이러한 부채 주기를 어느 정도 느끼기는 하지만, 반복되는 주기라고는 생각하지 못한다는 것입니다. 그 이유는 우리가 하루하루를 너무 가까이서만 바라보고 있으며, 인간의 삶은 큰 사이클의 움직임에 비해 짧기 때문이죠. 부자들은 긴 호흡으로 이러한 사이클을 읽으려 노력하고, 자녀들에게도 자신이 겪어온 노하우를 전수해줍니다. 하지만, 대부분의 사람들은 하루하루를 열심히 살다 보니 큰 흐름을 읽기 어렵습니다.

신용이 경제성장의 모든 것을 결정하는 것은 아닙니다. 경제가 꾸준히 성장한다는 것은 그 사회의 생산성이 증가한다는 것입니다. 노력과 기술이 만났을 때 생산성이 향상되며 장기적으로 우상향하는 성장곡선을 만들어냅니다. 우상향하는 경제 상황하에서 신용은 늘었다 줄었다를 반복하게 됩니다. 비록 경제는 좋아졌다 나빠졌다를 반복하지만 장기적으로는 우상향 곡선을 그린다는 것이죠. 세계경제는 지금까지 우상향 곡선을 그리며 발전해왔습니다. 다만 신용 사이클 속에서 어떻게 대응했느냐에 따라 수많은 사람들의 운명이 부자와 빈자로 엇갈리게 되었죠.

경제의 굵직한 흐름 2: 신용 사이클의 부채 주기

신용이 성장으로 연결되는 과정을 쉽게 알아보겠습니다. 김 과장이 연봉이 1억 원이고 부채가 없다고 가정하겠습니다. 김 과장은 소득이 높아 신용도가 좋기 때문에 1,000만 원을 빌릴 수 있어 총 1억 1,000만 원을 지출할 수 있습니다. 김과장이 1억 1,000만 원을 지출하면 누군가는 1억 1,000만 원의 소득을 얻게 됩니다. 1억 1,000만 원을 버는 사람은 1,100만 원을 대출할 수 있으므로 1억 2,100만 원을 지출할 수 있게 됩니다. 이런 식으로 신용은 지출을 통해 소득을 증폭시키면서 사이클을 만들어내는데 이것이 바로 **단기 부채 사이클**입니다. 경제 확장 단계에서는 지출이 계속 증가하고 가격이 상승합니다. 신용이 지출의 증가로 이어지면서 생기는 일입니다. 지출의 양과 소득의 양이 상품 생산량보다 **빠르게** 증가하면 가격이 상승하고 이것이 바로 인플레이션입니다.

중앙은행은 너무 높은 인플레이션을 싫어합니다. 인플레이션은 화폐의 가치를 떨어뜨리니 화폐를 발행하는 중앙은행의 입장에서는 화폐의 가치를 하락시키는 인플레이션이 매우 싫겠죠. 과도한 인플레이션은 실질소득을 감소시키며 이는 가난한 자들에게 더욱 치명적이고 빈부격차를 더욱 벌리게 만듭니다. 높은 인플레이션은 분명 해악입니다. 그래서 중앙은행은 인플레이션을 통제하기 위해 금리를 인상합니다. 금리가 높아지면 부채가 줄어듭니다. 먼저 대출할 여력이 있는 사람들이 줄어들게 되고, 기존 부채에 대한 비용 역시 상승하게 되므로 빚을 갚으려고 하죠. 사람들은 돈을 덜 빌리게 되니 신용이 줄어들고 지출도 줄어들게 됩니다. 지출이 줄어드니 소득 또한 줄어듭니다. 이렇게 사람들이 지출을 줄이면 가격이 내려가는데 이를 '디플레이션'이라 부릅니다. 경제활동이 감소하고 경기침체가 나타납니다. 물론 경기침체가 너무 심해지면 중앙은행은 경기부양을 위해 금리를 낮출 것입니다. 금리가 낮아지면 다시 대출이 늘어나고 지출이 회복되면서 다시 경기확장을 겪게 됩니다. 경제는 이렇게 기계적으로 작동합니다.

 단기 부채 사이클에서 경제성장과 경제침체는 신용의 양에 따라 달라집니다. 신용을 쉽게 사용할 수 있으면 경제성장이 이어지고, 신용 사용이 어려우면 경기침체로 이어집니다. 이 역할은 미국 연방준비제도나 한국은행과 같은 중앙은행이 담당합니다. 금리를 이용해서 말이죠. 단기 부채 사이클은 보통 5~8년 정도 지속되며 수십 년 동안 반복해서 발생합니다. 하지만 중요한 것은 각 사이클의 저점과 고점은 전 사이클보다 더 성장하게 되는데, 이는 더 많은 부채가 생기기 때문입니다. 왜 그럴까요? 사람들이 부채를 계속 늘리기 때문입니다. 사람들은 부채를 갚으려 하기보다는 돈을 더 빌리고 지출을 하는 경향이 강합니다. 이는 인간의 본성입니다. 따라서 시간이 오래 지나면 부채는 소득보다 더 빠르게 증가하여 장기부채 사이클을 만들게 됩니다. 사람들은 더 많은 빚을 지게 되면서도 은행은 신용을 더 자유롭게 늘립니다. 왜냐하면 사람들이 모든 것이 잘 돌아가고 있다고 낙관적으로 생각하기 때문입니다. 사람들은 멀리서 혹은 장기적인 관점에서 현재를 살펴보지 못합니다. 최근 몇 년간 혹은 최근 몇십 년간 소득은 증가하고 있었고, 부동산도 오르고 있었고, 주식도 오르고 있었습니다. 그러니 상품, 서비스, 금융자산을 빌린 돈으로 구입해도 괜찮은 것입니다. 사람들이 이와 같이 행동할 때 우리는 이것을 거품이라고 합니다. 부채는 증가하고 있음에도 불구하고 소득이 거의 비슷한 속도로 증가하여 상쇄시킬 수 있습니다. 즉, 소득이 계속 증가하기만 한다면 부채는 유지될 수 있습니다. 또 자산가치도 오른다면 사람들은 투자를 이유로 빚을 내서 자산을 매입하기 시작합니다. 이는 가격이 더욱 상승하게 하는 원인이 됩니다.

사람들은 부유하다는 느낌을 받게 되고 부채가 많긴 하더라도 소득과 자산가치의 상승은 차입자의 신용도를 장기간 유지하게 도와줍니다. 하지만 분명한 것은 이런 상황이 영원히 지속될 수는 없다는 사실입니다. 수십 년 동안 부채 부담은 천천히 증가하여 부채 상환의 규모도 점점 커지게 됩니다. 어느 시점에 다다르면 부채의 부담이 소득보다 빠르게 증가하기 시작하는데, 이때 사람들은 지출을 줄여야 하는 압박을 받게 됩니다. 그리고 한 사람의 지출은 다른 사람의 소득이므로 소득이 줄어들게 됩니다. 그렇게 부채 부담이 너무 커져서 발생한 게 2008년 경제위기입니다. 1989년 일본에서 일어난 일도 같은 원인입니다. 그리고 1929년 미국의 대공황도 같은 이유입니다. 모든 경제위기는 신용, 즉 부채가 위축되면서 발생합니다. 소득이 금리 상승으로 인한 부채의 이자 부담을 견디기 어려워질 때 부채위기가 본격화됩니다.

05 경제의 굵직한 흐름 3: 신용 사이클의 바닥과 회복 과정

경제활동을 할 때 부채를 활용하여 이익을 극대화하는 행위를 레버리징 leveraging이라고 합니다. 반대로 **경제활동에서 부채가 제거되는 과정을 디레 버리징deleveraging이라고 합니다. 디레버리징이 일어나면 모든 경제주체들은 지출을 삭감합니다.** 차입자가 새로운 빚을 지는 것을 멈추고 오래된 빚을 갚아나가게 되면 부채 부담이 줄어들 것이라고 예상할 수 있지만 실제 로는 그 반대입니다. **지출은 결국 누군가의 소득인데, 지출을 줄였기 때문에 소득의 저하를 초래합니다.** 소득이 부채가 상환되는 속도보다 빠르게 떨어 져서 부채 부담은 더 악화됩니다. 기업들은 비용 절감의 압박에 몰리게 되면서 일자리가 감소합니다. 차입한 부채를 상환할 수 없게 되면서 사 람들은 은행이 돈을 돌려주지 못할까 봐 불안해합니다. 사람들이 은행 에 달려가 돈을 인출하고자 줄을 서지만, 은행은 감당할 수 없습니다.

이자가 부담이니 부채를 갚으려 하고 부채를 갚기 위해서 자산을 매 각합니다. **자산을 서로 매각하다 보니 주식과 부동산의 가격이 하락합니다.** 자 산 가격이 하락하니 돈을 빌려준 은행은 빌려준 돈을 돌려받지 못할까 봐 대출에 더욱 타이트해집니다. 사람들은 빈곤함을 느끼며 신용이 빠 르게 사라지게 됩니다. 줄어든 소비, 낮은 소득, 낮은 부, 낮은 신용, 낮은 대출이 악순환처럼 이어집니다. 이런 과정은 경기침체와 비슷해 보이지 만, 디레버리징 시기에는 금리인하로도 경기가 회복되지 않는다는 점에서 경기침체와는 다릅니다. 왜냐하면 금리는 이미 낮아서 0%에 가까워져 있고, 더 이상 내릴 금리가 없는 것입니다. **디레버리징 시기에는 차입자의 부채가 너무 많아서 금리를 내리더라도 부채 부담을 완화할 수가 없습니다.** 은행(대출기관)들은 부채 규모가 너무 커져서 모두 회수할 수 없다는 것을 깨닫게 되고, 차입자들은 상환능력을 잃어버리고 그들의 담보도 가치를 잃게 됩니다. 결국 빌려주는 자는 빌려주는 것을 멈추고 빌리는 자는 빌리는 것을 멈춥니다. 경제의 신용도는 바닥을 치게 됩니다.

결국 파산이 일어나거나 채권채무재조정이 이루어집니다. 파산은 돈을 갚지 못하겠다고 선언하는 것입니다. 신용이 사라지면서 은행이 빌려준 돈은 휴지로 돌아옵니다. 은행은 차입자들에게 부채 부담을 줄여줍니다. 이를 구조조정 또는 채권채무재조정이라고 합니다. 채권채무재조정은 총 3가지 방식이 있습니다. 원금과 이자를 일부 깎아주거나(탕감), 장기간에 걸쳐 상환하도록 기간을 늘려주거나(만기 연장), 부채 대신에 주식으로 대신 받게 되는 것(출자전환)입니다. 부채는 사라지지만, 소득과 자산가치는 더 크게 하락합니다.

소득이 줄어들고, 실업자가 늘어나면 정부의 세금 수입은 줄어들게 됩니다. 또한 실업자들은 정부의 지원을 필요로 합니다. 정부는 경기부양을 위해 지출을 늘리면서 경제의 하락을 만회하고자 합니다. 정부예산 적자는 이 시기에 최고조를 달리는데, 이는 확보한 세금보다 지출이 많기 때문입니다. 정부는 적자를 메우기 위해서 세금을 인상합니다. 소득이 줄고 실업자가 많은 상황에서 부는 소수의 부유층에 집중되어 있습니다. 정부는 부유층의 세금을 올리게 됩니다. 이로써 경제 내부의 부의 재분배가 시작됩니다. 고통받는 빈곤층은 부유층에 대해 분개하게 되며, 부유층 역시 힘들게 번 돈을 빈곤층에게 퍼주게 되니 싫어합니다. 이뿐만 아니라 국가 간 대립도 심해질 수 있습니다.

사람들이 대부분 돈이라고 생각했던 것은 사실 신용입니다. 신용이 사라졌을 때 사람들은 돈이 충분하지 않게 됩니다. 지출은 현금과 신용의 합이라고 했습니다. 신용이 사라진 상태에서는 현금을 늘려서 지출을 끌어올려야 합니다. 지출이 곧 소득이기 때문입니다. 한국은행과 같은 중앙은행은 돈을 찍어내기 시작하고 정부가 빌려 갑니다. 이를 정부가 국채를 발행하고 중앙은행이 국채를 매입한다고 표현합니다. 중앙은행은 돈을 발행할 수 있지만, 금융자산만 매입할 수 있는 반면, 정부는 돈을 발행할 수는 없으나 상품과 서비스를 구입할 수 있으며, 복지로 돈을 나눠줄 수 있습니다. 정부는 중앙은행이 찍어낸 돈으로 경기부양책을 시작합니다. 여러 사업을 벌이고, 실업자에게 혜택을 주기도 합니다. 이는 사람들의 소득을 증가시키고 정부의 부채도 상승합니다.

돈을 찍어낸다면 인플레이션이 발생할 수 있긴 합니다만, 부채(신용)가 줄어들고 있는 과정이기 때문에 결과적으로 인플레이션은 발생되지 않습니다. 물론 너무 많은 돈을 찍어낸다면 1920년대 독일에서 발생한 초인플레이션과 같은 상황이 나타날 수 있어 조심해야 합니다. 하지만 적절한 돈을 풀어 소득을 올려준다면 경제는 다시 달릴 준비를 합니다. 부채의 규모는 크게 줄어든 상황이니 새롭게 신용을 창조(돈 빌리기)하는 게 가능해집니다. 그렇게 신용 사이클은 다시 반복됩니다.

기업간 치열한 경쟁의 결과물: 산업 사이클

경제 전반을 아우르는 신용 사이클 안에는 산업별로 전개되는 산업 사이클이 존재합니다. 특히 우리나라는 수출 제조업 국가이다 보니 반도체, 화학, 조선, 철강과 같은 시클리컬cyclical 산업에 특화되어 있어 사이클에 민감하게 작용합니다. 산업 사이클은 어떤 메커니즘으로 작동하게 되는지 살펴보겠습니다.

산업 사이클은 수요가 구조적으로 늘어났음에도 불구하고 공급이 수요 증가를 따라가지 못하게 될 때 가격이 오르면서 발생합니다. 이때 공급자는 높은 가격에 제품을 팔 수 있고 기업의 이익은 폭발적으로 증가합니다. 이후 기업은 늘어난 수요에 대응하기 위해 생산설비를 확장합니다만 수요는 여전히 탄탄하고 공급을 늘리더라도 물건이 죄다 팔리기 때문에 **기업은 호황을 맞이합니다.** 어떤 분야에서 이렇게 높은 이익을 창출한다고 하면 누구나 해당 산업에 진출하고 싶어집니다. **경쟁자가 하나둘 시장에 진입하**게 되면서 공급은 늘어나기 시작합니다. 수요에 대응할 정도의 공급이 늘어나게 되면 높아졌던 가격은 서서히 내려가기 시작합니다. 기업은 돈을 들여서 생산설비를 늘렸지만 생각만큼 팔리지 않게 됩니다. 생산설비를 들였으니 생산을 멈추면 더 손해입니다. 낮은 가격이라고 해도 팔아야 하는 상황입니다. 이런 상황은 제품의 가격을 더욱 떨어뜨리게 됩니다. 결국 **경쟁력이 없는 기업부터 사업을 철수**하기에 이릅니다. 이렇게 경쟁업

체가 하나둘 줄어들기 시작하면 결국 남는 기업 몇 개가 시장을 장악하게 됩니다. 그렇게 시간이 흐르며 다시 수요가 늘어나는 사건이 발생합니다. 경쟁자들이 철수했기 때문에 공급이 수요를 따라가지 못하는 현상이 또 발생합니다. 결국 살아남은 기업들은 또 한 번 호황 사이클을 겪게 되면서 큰 이익을 맛보게 됩니다.

산업의 사이클을 야기하는 수요의 변화는 어디서 나타나는 것일까요? 크게 두 가지로 구분할 수 있습니다. **기술 발전에 의한 새로운 수요가 창출**되거나 **거시경제 환경의 변화**로 인한 연쇄작용이 일어난 경우로 말이죠.

반도체나 전자부품 등은 기술 발전에 의한 새로운 수요가 창출되는 대표적인 산업입니다. 1990년대에는 개인용 컴퓨터PC라는 새로운 기술이 보급되면서 반도체 수요를 급증시켰고, 2007년 아이폰이 출시된 이후 스마트폰 모바일 시대가 열리면서 또 한 번 반도체 수요가 폭발적으로 증가합니다. 최근에는 넷플릭스를 비롯한 OTT 시장의 확대가 클라우딩 서비스를 본격화함에 따라 반도체 수요를 또 증대시켰습니다. 새로운 기술 발전은 새로운 시장을 만들어내기 때문에 폭발적인 수요를 증가시킨다는 것입니다.

거시경제 환경의 변화로 인한 연쇄작용 역시 수요를 변화시킵니다. 예를 들면 금리의 변화에 따라 산업에 미치는 영향이 달라질 수 있는 것입니다. 대표적으로 건설업을 생각해볼 수 있습니다. 부동산산업 사이클은 일반적으로 금리가 낮은 상황에서 활발하게 진행됩니다. 부동산은 비싸기 때문에 은행에서 돈을 빌려 사는 경우가 많습니다. 금리가 낮아질 때 사는 것이 유리하기 때문이죠. 금리가 낮을 때 부동산 수요가 증가하면서 부동산 가격이 오르게 되면, 신규 주택의 건설로 이어집니다. 부동산 가격이 높아질수록 새로 지어 팔아 얻는 이익이 크기 때문이죠. 한편 금리가 높아지게 되면 부동산을 매수하려는 심리는 움츠러듭니다. 결국 이런 분위기는 부동산 가격의 하락으로 이어지면서 수요보다 공급이 많은 상황으로 이어집니다. 물론 부동산시장이란 것이 금리 하나로 결정되는 것은 아니지만, 거시경제의 환경이라 볼 수 있는 '금리'가 산업 사이클에 영향을 준다는 것을 알 수 있습니다.

또 다른 거시 환경의 변화로 유가를 생각해볼 수 있습니다. 유가가 상승하면 대표적으로 수혜를 보는 산업이 바로 조선업입니다. 유가가 상승하면 산유국들이 원유 수출을 위한 초대형 유조선과 해양 플랜트 발주를 늘리기 때문입니다. 유가는 오랜 기간 오르고 내리기를 반복해왔습니다. 1970년대에는 1차, 2차 중동전쟁 등의 영향으로 유가가 크게 상승한 바 있으며, 1980년대는 저유가 시대였습니다. 1990년대에는 걸프전으로 크게 오르기도 했으며, 2000년대에는 중국 개방과 발전으로 유가 수요가 크게 증가하며 높은 유가를 기록하기도 했지만, 2010년대에는 미국 셰일가스 영향으로 유가가 하향 안정되기도 했습니다. 2020년 코로나 위기 때는 유가 선물가격이 마이너스까지 폭락한 바 있으나, 경기와 함께 회복되는가 싶더니 2022년 러시아 우크라이나 전쟁으로 또 급등하기에 이르렀죠. 이렇게 유가는 몇 년을 주기로 오르락내리락하는데 이런 사이클에 의해 유가 관련 산업이 영향을 받기도 합니다.

시클리컬 기업들의 핵심은 역사이클 기간 동안 버틸 수 있는가입니다. 상승 사이클에서 기업이 이익을 내는 것은 어렵지 않지만 하락 사이클에서 기업은 버티기가 어렵기 때문입니다. 끝까지 버티게 되면 다음에 오는 상승 사이클에서 큰 이익을 낼 수 있다는 게 사이클 산업의 특징입니다. 사이클상 영원한 호황이 없는 이유는 늘어나는 수요에는 한계가 있기 마련이고, 경쟁자가 새롭게 진입하여 시장의 파이를 나눠 먹기 때문입니다. 반대로 영원한 불황이 없는 이유는 돈이 안 되면 경쟁자는 철수하게 마련이고, 새로운 기술이 나타나거나 지정학적 변화가 늘 반복되기 때문에 새로운 수요가 창출될 수 있는 환경이 언제라도 만들어질 수 있기 때문입니다. 사이클의 정점과 저점을 예상하는 것은 어렵고 전문가들도 늘 예측이 어긋납니다. 하지만 사이클은 늘 반복된다는 사실을 알면 미래를 대비하는 데 도움이 될 수 있을 것입니다.

07 경기순환과 주식시장 1: 상승장

자본주의경제는 늘 호황기-후퇴기-불황기-회복기를 거치면서 사계절처럼 순환하면서 발전합니다. 길게 보면 추세적으로 성장하지만 늘 상승과 하락을 반복하고 있습니다. 경기순환을 파악하는 이유는 결국 경제적 의사결정을 현명하게 내리기 위해서 입니다. 사업을 새로 시작할지, 직장을 좀더 다닐지, 집을 사야 할지 팔아야 할지 결정할 때 현재의 경제 상황이 경기순환 사이클상 어디에 있는지를 파악하면 보다 현명한 판단을 할 수 있습니다.

그렇다면 주식시장은 어떠할까요? 경기변동의 흐름에 맞추어 주식투자를 한다면 성공할 수 있을까요? 결론적으로 말하자면 그렇지 않습니다. 왜냐하면 주식 장세의 순환은 경기순환보다 선행하여 움직이기 때문입니다. 일반적으로 주식시장은 경기변동에 3개월~9개월 정도 선행한다고 알려져 있습니다. 즉, 경기가 점점 후퇴한다는 신호가 나타나기 시작하면, 주식시장은 이미 바닥에 근접해 있습니다. 그리고 회사들이 망하고 실업률이 넘쳐나면서 경기가 바닥을 찍었을 때는 이미 주식시장은 서서히 상승하기 시작합니다.

이런 주식시장의 특성을 고려해 주식시장의 장세는 '금융장세-실적장세-역금융장세-역실적장세'의 사계절로 구분합니다. **금융장세는 불경기**

하에 금융완화를 배경으로 상승하는 시기입니다. 이 국면에서는 경기가 침체되어 있고 세상은 온통 불경기에 관한 이야기만 가득합니다. 기업의 수익이 악화되며, 기업이 도산하며 신규고용이 줄고 인원 감축이 본격화되는 시기라 온종일 비관적인 뉴스만 가득합니다. 하지만 이쯤 되면 인플레이션은 진정된 상황이라 정부는 공공투자를 확대(재정정책)하고 중앙은행은 기준금리를 인하(통화정책)하면서 경기를 부양시키고자 합니다. 투자자들은 금리가 낮아진 상황에서 예금은 의미가 없다고 판단하고, 아주 저렴해진 주식에 투자하기 시작합니다. 여전히 불경기이지만 낮은 금리로 인해 금융적 상황은 좋아지고, 이제 더 나빠질 것이 없다는 생각에 주가는 서서히 오르기 시작합니다.

실적장세는 재정정책과 통화정책들의 효과가 실물경제에 녹아들어가면서 나타납니다. 예를 들어 정부가 주택 건설이나 사회간접자본 투자를 늘리면, 이와 관련해 건설업이 호황 국면에 접어들면서 시멘트산업, 철강산업, 목재산업도 호황으로 이어집니다. 기업들이 호황이면 실업률도 줄어들고 사람들의 주머니도 두둑해집니다. 그렇게 되면 옷도 사고 자동차도 사고 여행도 가면서 소비를 늘립니다. 자연스레 의류 회사, 자동차 회사, 여행사, 항공사의 실적이 좋아집니다. 이렇게 기업들이 선순환 작용을 일으키면서 경제는 호황으로 이어지고 기업들의 실적은 증가하면서 주가도 함께 상승합니다. 금리인하는 더 이상 없고 심지어 금리인상이 단행되더라도 경제는 선순환 분위기를 타고 있기 때문에 주가가 상승하는 실적장세는 이어질 수 있습니다.

하지만 축제는 영원하지 않습니다. 바로 물가가 상승하기 때문입니다. 과도한 물가상승은 경제 시스템을 붕괴시킬 수 있기 때문에 중앙은행은 과열된 경제를 식혀서 물가를 잡기 위해 움직이기 시작합니다.

08 경기순환과 주식시장 2: 하락장

중앙은행의 목표는 물가안정과 완전고용입니다. 하지만 경기가 호황이면 필연적으로 물가가 상승하게 되므로 물가를 잡기 위한 중앙은행의 긴축정책이 시작됩니다. **역금융장세는 중앙은행이 금리를 올리는 등의 금융긴축을 통해 시작됩니다.** 금융긴축이 시작되면 사람들은 주식시장에 대한 메리트를 잃게 됩니다. 금리인상으로 예금이나 적금을 하는 게 유리해지기 때문입니다. 또 금리가 오르면 결국 경기후퇴는 필연적임을 모두가 알고 있기 때문에 결국 주식시장의 인기는 시들어가며 하향세로 전환됩니다. 특히 이 시기에 전쟁과 같은 지정학적 이슈의 충격이 더해지면 주가는 더 큰 폭으로 하락하기도 합니다. 상승장에서의 지정학적 위기는 일시적 하락 후 금방 회복되는데, 하락장에서의 지정학적 충격은 장기 하락의 신호탄입니다. 역금융장세 시기에는 거의 모든 주식이 하락합니다. 금융긴축 초반기에는 경기는 아직 좋은 상황이라 사람들은 걱정을 덜 하지만 시간이 흐르면서 자산 가격이 급격하게 빠지게 되고, 실물경기까지 후퇴하기 시작하면서 사람들은 경제 악화에 대한 불안감을 느끼기 시작합니다.

 역실적장세는 경기 하락이 기업 실적으로 이어지는 장세입니다. 금융긴축과 경기후퇴는 기업의 실적에 악영향을 미칩니다. 기업의 실적이 악화되면서 다시 한번 주식시장은 하락을 겪습니다. 경쟁력이 없는 기업은 결국 문을 닫게 되고, 기업은 인원을 감축하여 실업자가 늘어나며 경제는 힘든 시국입니다. 역실적장세에서 은행이 무너지게 되는 것과 같은 시스템적인 붕괴가 나타나면 상황 극복은 더욱 힘들어집니다. 은행 연쇄 부도 사건으로 이어진 1929년 대공황과 대형 은행 붕괴로 힘들었던 2008년 금융위기가 대표적인 예입니다. 우리나라의 경우 IMF 당시 대기업과 은행이 연쇄적으로 쓰러지기도 했죠. 하지만 정책당국은 이를 해결하고자 필사의 노력을 합니다. 다시 금리를 낮추고 재정정책을 통해 경기를 부양시키고자 했습니다. 경제 붕괴를 막기 위한 금융완화 정책은 서서히 경제 환경에 반영되기 시작합니다. 그렇게 서서히 금융장세로 넘어가게 되면서 또다시 주식시장 사계절의 봄인 금융장세로 이어지게 됩니다.

주식시장의 사계절은 경우에 따라 밋밋하게 사이클이 전개되기도 하며, 격동적인 사이클로 이어지기도 합니다. 주식시장의 사계절만 본다면 주식투자로 수익을 내는 것이 그리 어렵지 않다 생각할 수 있습니다. 하지만 실제로는 만만치 않습니다. 지나고 보면 주식시장의 사계절이 명확하게 보이지만 현재 시점이 사계절 중 어디에 위치해 있는지는 파악하기 어렵습니다. 예를 들면 금리를 올린다고 했을 때 어떤 사이클에서는 곧바로 역금융장세가 펼쳐지며 주가가 하락전환하기 시작하지만, 어떤 사이클에서는 금리가 올랐음에도 실적장세가 수년간 계속 지속되면서 주가가 상승한다는 것입니다. 바닥 시점에서도 마찬가지입니다. 중앙은행이 금리인하 소식을 발표하면서 곧바로 주가가 상승하는 경우도 있지만, 어떤 경우에는 금리인하 소식에도 불구하고 여전히 악화된 경제 사정이 극복되지 못해 쉽게 주식이 오르지 않기도 합니다.

정확한 시점을 예측하기 힘들다고 해도 시장을 면밀히 관찰하다 보면 대충 어느 시점에 와 있는지를 느낄 수 있습니다. 아무리 좋은 주식이라고 해도 하락장에서는 큰 하락을 보여주며, 상승장에서는 특별히 뛰어난 종목이 아니어도 상승을 이어가는 경우가 많습니다. 단순히 시장 분위기와 신문 기사로만 장세를 파악하지 말고, 주식장세의 사계절에서 현시점이 어느 정도를 지나고 있는지를 체크하면서 큰 그림에서의 장세를 파악하고 투자하는 것이 현명한 투자가 될 것입니다.

가장 쉽게 경기 사이클 예측하는 방법

주식시장은 실물 경기에 3개월~9개월 정도 선행한다고 알려져 있습니다. 그렇기 때문에 경제 사정이 좀 나아지고, 9시 뉴스에 경제가 회복되고 있다는 소식이 들릴 때쯤 주식투자를 다시 시작하겠다고 생각하는 것은 어리석은 생각입니다. 많은 사람들이 경제가 바닥일 때 사서 경제가 활황일 때 팔아야 한다고 말합니다. 하지만 좀더 고수들은 경제가 바닥에서 돌아설 것을 예측해서 주식을 사고, 경제가 꺾이는 신호들이 나타나면 선제적으로 매도하여 대응합니다. 구체적으로 역실적장세인 하락장의 중심에서 경기가 언제 돌아가는 신호가 나타나는지 체크해야 하고, 실적장세인 상승장의 중심에서 경제가 언제 꺾이는지를 지속적으로 체크해야 한다는 이야기입니다.

주식시장 자체가 경기의 선행지표이기 때문에 주식시장을 선행하여 예측하는 것은 논리적으로 말이 되지 않습니다. 경제가 좋아질 것 같으면 주식을 사고, 경제가 나빠질 것 같으면 주식을 파는 것은 당연하니 주가가 경기를 선행하는 것 역시 당연합니다. 하지만 경기를 선행하는 지표가 주식시장만 있는 것은 아닙니다. 민간 분야에서 건설 수주가 늘어나거나, 기계장치 주문이 늘어난다면 이는 기업들이 향후 경제가 좋아질 것을 예상한 움직임일 것입니다.

이렇게 경기에 선행해 나타나는 신호들을 과거 경기 흐름과의 상관관계를 분석하여 만든 지표가 바로 경기선행지수입니다. 경기선행지수는 한 달 단위로 발표됩니다. 경기 흐름은 변곡점을 형성하여 방향성을 바꾸면 같은 방향으로 쭉 나아가는 특징을 가집니다. 그러므로 경기선행지수의 변곡점을 찾아낸다면 주가의 변곡점을 알 수 있습니다. 예를 들어 매달 발표되는 경기선행지수의 하락폭이 서서히 감소하기 시작하면 주가의 바닥을 알리는 신호라 볼 수 있습니다.

경기선행지수는 경제지표들을 종합하여 만든 수치이며, 세계적인 경기선행지수로는 '미국의 컨퍼런스보드 경기선행지수LEI'와 'OECD 경기선행지수'가 있습니다. 그리고 한국의 통계청은 매달 '선행지수 순환변동치'를 발표하고 있습니다. 이들 경기선행지수는 실업 상황, 재고 상황, 생산자의 기계 주문, 주가지수, 소비자 기대 지표, 총통화, 건설 수주 상황, 장단기금리차 등을 고려하여 만들어집니다. 각 기관마다 선행지수를 구하는 공식은 조금씩 다르지만 원리와 맥락은 비슷하며 결과도 크게 다르지 않습니다. 수많은 경제학자들이 고민고민해서 만들어낸 지표이니만큼 적어도 우리 스스로의 감으로 장세를 판단하는 것보단 객관적이고 유용합니다. 또 많은 투자자들이 이 지표를 이용하기 때문에 시장의 움직임도 이러한 지표 상황을 반영하기도 하죠. 주가가 끝없이 상승하는 도중에 경기선행지표가 꺾이는 모습을 보이면 주의를 기울여야 하고, 주가가 끝없이 하락하는 도중에 경기선행지표가 반전하는 모습을 보인다면 기회를 포착해야 되겠습니다.

10 자본주의 시대의 세 가지 정치체제

21세기 대부분의 국가들은 자본주의 체제로 운영되고 있습니다. 20세기를 풍미했던 공산주의는 사실상 사라져버렸습니다. 물론 아직 몇몇 국가들은 사회주의를 표방하고 있습니다만, 자본주의적 요소가 전혀 없는 완전한 사회주의를 실현하는 국가는 없다고 볼 수 있습니다. 하지만 자본주의라고 해서 모든 국가의 자본주의 체제가 동일한 것은 아닙니다. 크게 보았을 때 3가지의 종류로 구분할 수 있습니다. 시장의 기능이 경제발전의 핵심이라고 여기는 '미국식 자본주의', 시장 제도를 인정하면서 복지와 공공성을 중요시하는 '유럽식 자본주의', 정부의 엘리트 관료들이 시장 기능을 주도해나가는 '아시아식 자본주의'입니다.

첫 번째 형태인 미국식 자본주의는 시장 중심적인 자본주의를 의미합니다. 자유민주주의에 기초하며 대부분의 경제활동이 시장 안에서 자동으로 이뤄지는 형태입니다. 국가의 역할은 작으며 소극적인 역할만 담당합니다. 그로 인해 세금이 적고, 복지 혜택도 적은 수준입니다. 미국식 자본주의는 말 그대로 미국이 대표적인 국가입니다.

미국식 시장 자본주의의 장점은 위험을 감수하는 기업가정신을 도모하고 생존을 위한 치열한 경쟁이 펼쳐지다 보니 혁신이 지속적으로 발생한다는 것입니다. 그러한 연속된 혁신은 미국을 패권국가로 만들었습니다. 다만 빈부격차에서 비롯된 사회문제는 늘 제기되는 단점입니다.

미국은 왜 자유로운 시장을 중요시하는 자본주의를 확립하게 되었을까요? 미국이라는 나라가 독립 자체부터 영국의 과도한 세금에 대한 불만에서 기인된 것이고, 미국의 헌법은 사유재산권을 강하게 보장하도록 조치가 되어 있기 때문입니다. 미국은 이민자들의 국가이고, 미국 땅에와서 꿈을 이루라는 아메리칸 드림American Dream은 국가가 간섭하지 않을 테니 미국에 와서 부를 이루라는 상징을 의미하죠. 이런 국가적 배경하에 미국식 시장 자본주의가 자리 잡지 않았나 생각해봅니다.

두 번째 형태는 유럽식 자본주의 시스템입니다. 유럽식 자본주의는 노동자, 기업, 정부가 협의해 경제정책을 수립하는 형식입니다. 세 집단 간의 파트너십을 통해 모두 만족시킬 수 있는 방향으로 경제정책이 채택되고 집행됩니다. 완전히 시장원리에 맡기는 것이 아니라, 정부는 노동자들에 대한 복지 혜택을 제공하고, 실업자를 보호하도록 하죠. 그러면서 기업이 적정한 이윤을 얻을 수 있도록 합니다.

유럽식 자본주의 시스템의 장점은 빈부격차를 적극적으로 해소하려하기 때문에 사회 구성원들의 만족도가 높다는 데 있습니다. 다만 세금이 높고, 일을 안 해도 사회가 보호해주기 때문에 부자가 되기 위한 혁신가가 잘 등장하지 않으며, 열심히 살지 않아도 삶의 기본적인 요소들이충족되기 때문에 경제의 활력도가 떨어진다는 단점이 있습니다.

유럽은 왜 복지와 공공성을 중시하는 유럽식 자본주의가 자리 잡았을까요? 유럽은 민주주의가 최초로 탄생한 지역이다 보니 초기 자본주의 체제에서 자본주의의 끔찍한 부작용을 직접 경험한 바 있습니다. 환경오염, 아동노동을 직접 경험하다 보니 유럽은 일찍부터 자본주의의 결함에 대해 문제의식을 가지고 다양한 담론을 펼쳤습니다. 그렇게 탄생한 게 사회주의입니다. 초기자본주의의 사악한 모습을 뼛속 깊이 느낀 유럽이 유럽식 자본주의를 펼치게 된 배경이라 볼 수 있습니다.

세 번째 형태는 아시아식 자본주의 시스템입니다. 흔히 국가자본주의라고도 부릅니다. 상대적으로 늦게 산업화 경쟁에 뛰어든 아시아 국가들이 선진국들과 경쟁하기 위해서는 강력한 국가의 역할이 필요했습니다. 시장의 힘만 믿고 경제를 온전히 맡긴다면 다른 선진국들과 경쟁하기 어렵다는 인식이 있어서 정부 주도하에 경제정책을 수립하고 집행합니다. 자연스레 관료들의 힘이 강하고 정경유착이 일어나는 경우가 많습니다.

아시아식 자본주의는 강력한 리더십의 국가 지도자가 적극적으로 시장에 개입하여 빠른 경제성장을 달성한다는 특징이 있습니다. 이는 특정 산업을 육성하여 세계 시장에서 경쟁력 있는 기업을 만들어내는 데 유리합니다. 글로벌기업을 키워내면서 국가는 빠른 경제성장으로 이어질 수 있습니다. 하지만 이런 경제발전 방식에는 부패 문제가 늘 발생합니다. 기업과 정치인들은 결탁하면서 정치인들은 기업에 편의를 제공하다 보니, 기업인들은 경쟁보다는 정치에 힘을 쏟는 경우가 많습니다. 그 결과 주주, 노동자, 소비자의 권익을 해치는 경우가 많았습니다.

자본주의를 '미국식 자본주의, 유럽식 자본주의, 아시아식 자본주의'로 구분했다고 해서 모든 국가들이 셋 중 하나의 제도를 선택해서 영구적으로 운영한다는 의미는 아닙니다. 이러한 부분은 결국 정치적 이슈로 연결되곤 하는데, 중요한 것은 정치적 구호에 함몰되는 것이 아니라 각각의 제도의 장점과 단점, 필요성과 부작용을 이해하는 것일 것입니다.

11 어느새 사라져버린 현대화폐이론 MMT

정부는 기업과 가계로부터 세금을 걷어 창고에 돈을 채우고, 그 돈으로 공공정책이나 복지정책, 공무원 인건비 등으로 지출합니다. 정부 재정이 튼튼하다는 말은 정부가 쓰는 돈을 줄여서 창고에 돈을 충분히 쌓여 있음을 의미하죠. 하지만 정부는 돈을 써야 할 일들이 너무 많습니다. 그래서 대부분의 국가들은 재정 상태가 적자인 상황입니다. 가정과 기업은 적자 상태가 지속되면 결국 망하고 맙니다. 돈을 더 벌든가 지출을 줄여야만 살아남을 수 있습니다. 하지만 정부는 가정이나 기업과는 다르게 망하지 않습니다. 화폐를 직접 발행할 수 있기 때문입니다. 원칙적으로 화폐를 발행하는 주체는 정부와 분리되어 있는 중앙은행입니다. 정부가 국채를 발행하면 중앙은행이 화폐를 지급해주고, 정부는 화폐를 필요한 곳에 사용합니다. 하지만 정부와 중앙은행을 하나로 묶어 바라본다면, 정부는 돈을 찍어내서 사용할 수 있는 주체입니다. 그러니 절대 망할 리 없는 셈입니다. 하지만 정부가 계속 돈을 찍어내서 펑펑 쓴다면 어떤 일이 벌어질까요? 당연히 인플레이션이 발생합니다. 인플레이션이 발생하면 화폐경제 시스템을 무너뜨리게 되고, 결국 나라 경제는 망하고 말죠.

정부가 돈을 풀어도 인플레이션은 쉽게 발생하지 않으니, 정부는 적자를 두려워할 것 없이 돈을 더욱 적극적으로 풀어야 한다는 주장이 있습니다. 바로 MMT라 불리는 현대화폐이론Modern Monetary Theory입니다. MMT는 화폐의 발권력이 있는 정부는 돈을 무한대로 풀어내도 인플레이션이 발생하지 않으니, 정부가 재정적자인 상태는 아무 문제가 없다는 이론입니다. 그러니 정부는 실업률을 완전고용 수준으로 낮추는 데 적극적인 재정지출을 해야 한다는 것이죠. 기존 주류경제학에서는 정부가 무제한으로 돈을 풀면 인플레이션이 발생하고 돈이 휴지 조각이 되면서 경제가 파국으로 치닫게 된다고 말하지만, 현대화폐이론은 일본의 예를 듭니다. 일본은 잃어버린 20년간 지속된 재정적자로 지금은 GDP 대비 부채가 240% 수준인데도 저물가, 저금리가 유지되고 있었습니다. 그래서 돈을 풀어도 인플레이션이 나타나지 않는다는 예로 사용됩니다.

현대화폐이론에서는 화폐가 정부의 재정지출에 의해 창출되고 조세 징수에 의해 폐기된다고 봅니다. 그러니 정부의 재정 상태가 흑자인지 적자인지는 중요한 게 아니라는 것입니다. 그저 정부는 화폐를 풀거나 줄이는 주체일 뿐이라는 것이죠. 실업률이 최저치에 가까워지도록 재정지출을 통해 화폐를 풀고, 인플레이션이 발생하면 조세 징수를 통해 화폐를 거둬들여 물가를 조절하는 역할을 한다고 말합니다. 이미 상당수의 국가들은 재정적자 상태임에도 계속 화폐를 찍어내는 재정정책을 펼치고 있습니다. 이는 현실 경제가 이미 현대화폐이론의 메커니즘으로 작동되고 있다고도 볼 수 있습니다.

현대화폐이론은 재정적자임에도 불구하고 재정정책을 통해 정부가 적극적인 지출을 해야 한다는 생각을 뒷받침하는 이론으로 쓰입니다. 다만 이 모든 아이디어는 정부가 돈을 열심히 풀어도 인플레이션이 발생하지 않는다는 전제에서만 유효합니다. 하지만 2020년 코로나로 인해 각국 정부들은 천문학적인 정부지원금을 쏟아냈고, 결국 2022년 전 세계는 40년 이래 최악의 인플레이션을 겪고 있습니다. 코로나 발생 전 좌파 정치인들의 무제한적 재정정책에 대한 이론적 배경을 만들어주어 각광받던 현대화폐이론은 역대급 인플레이션 속에서 소리 소문 없이 묻히고 말았습니다. 현대화폐이론에서도 인플레이션이 발생하면 재정정책을 하지 말라고 하기 때문이었죠.

**자산 버블 붕괴와 장기 불황:
밸런스시트 불황**

1990년대 일본의 경제 버블이 터지면서 일본은 30년 넘게 경제성장이 멈춰 있습니다. 그동안 일본 정부는 경제를 살리기 위해 안 써본 방법이 없었습니다. 하지만 특이하게도 정부가 돈을 아무리 풀어도 인플레이션이 발생하지 않았고 경제성장으로 이어지지도 않았습니다. 일본의 장기 불황은 그동안의 경제불황과는 다른 모습을 보여줍니다. 그리고 이를 예리한 시각으로 분석한 경제학자가 있는데, 바로 노무라 증권 출신 경제학자인 '리처드 쿠Richard C. Koo'입니다. 그는 통상적인 경기순환 과정에서는 나오는 불황과는 달리 자산 버블이 폭락하면서 발생한 불황은 일반적인 불황과는 다른 모습을 보인다고 이야기합니다. 그는 자산 버블 붕괴로 발생한 불황을 '밸런스시트 불황'이라고 정의합니다.

민간 분야에서 버블붕괴가 발생하면 급속한 경기 악화가 발생하고 이를 배경으로 중앙은행은 금리를 대폭 인하합니다. 하지만 금리인하와 양적완화(본원통화 공급)에도 불구하고 자금 수요가 늘어나지 않습니다. 왜냐하면 민간에서는 돈을 빌리려 하지 않고 돈을 갚으려고만 하기 때문입니다. 기존 경제학에서는 금리가 낮아지면 민간이 채무를 늘려서 투자를 한다고 말합니다. 하지만 자산 가격 폭락에 의한 불황 시기에는 금리가 낮더라도 민간이 채무를 늘리지 않는 것입니다. 예를 들어 자기 돈 5억 원이 있는 사람이 5억 원의 돈을 빌려 10억 원짜리 아파트를 샀는데, 자산 가격이 폭락하여 아파트가 6억 원으로 떨어졌습니다. 자산은 6억 원인데 부채가 5억 원으로 불균형 상태에 놓이게 되죠. 이런 경우에는 아무리 금리가 낮더라도 돈을 빌리려 하지 않습니다. 새로운 빚을 늘리는 것보다 빚을 갚는 데 힘을 쏟게 됩니다. 기업도 마찬가지입니다. 자산 가격이 무너지면 기업이 재무제표상에는 부채가 자산에 비해 많아지는 불균형 상태가 됩니다. 하지만 본업에서 돈을 잘 벌어 현금흐름은 좋을 수 있습니다. 이때 기업들은 유입되는 현금흐름들을 채무 변제에 사용합니다. 중앙은행이 금리를 낮춰서 돈을 빌려 사업을 벌이라고 하지만 기업들은 부채를 갚는 데 주력하는 상황인 것이죠. 그렇기 때문에 금리를 낮추는 등의 정책을 쓰더라도 경제가 쉽게 회복되지 못하는 상황에 놓인다는 것입니다.

본래 자금을 조달해서 사업을 확대해야 할 기업이 채무 변제에만 집중하게 되면, 경제는 두 가지 의미에서 수요를 상실하게 됩니다. 첫 번째는 기업이 자사의 현금흐름을 투자에 사용하지 않음으로써 상실되는 수요이며, 또 하나는 기업 부문이 가계 부문의 저축을 빌려 쓰지 않음으로써 없어지는 수요입니다. 이러한 메커니즘을 통해 자산 가격 붕괴는 대규모 불황으로 연결되는 것입니다. 1929년 대공황과 1990년대 일본의 공통점은 급격한 자산 가격의 조정으로부터 불황이 시작되었다는 점입니다.

경제학은 모든 경제주체가 이익을 최대화하기 위해 행동한다는 대전제에 기초하여 구축되었습니다. 민간에서는 금리가 저렴해지면 돈을 빌려 투자를 늘려야 하는 게 합리적입니다. 하지만 이러한 대전제는 민간 분야의 밸런스시트가 건전하다는 조건이 충족되어야 합니다. 즉, 자산과 부채 비율이 적절할 때만 적용된다는 의미입니다. 자산 버블이 무너진 상황, 즉 부채는 그대로인데 자산이 쪼그라든 상황이라는 기업의 부채 초과라는 문제에 직면하게 되면 민간 분야는 이익 최대화가 아닌 채무 최소화를 도모하게 됩니다. 이렇게 민간의 기업이나 가계가 채무 변제에 열을 올리고 있다면, 정부가 적극적인 재정정책을 실시해야만 국민의 생활수준이 유지될 수 있으므로 재정정책의 중요성이 높아집니다.

불황은 주기적으로 찾아옵니다. 하지만 그 불황이 자산 버블이 터져 발생한 것이라면 만만치 않은 불황이라는 점을 기억하시면 도움이 될 것입니다. 또 금리를 낮추는 것과 같은 통화정책만으로 쉽게 극복하기 어렵다는 점과 반드시 정부는 대규모 재정정책을 시도할 수밖에 없다는 사실과 함께 말이죠.

PART 4

자본주의의 투자 전략을
이해하는 3분

01 자본을 불려나가는 두 가지 방법

자본주의경제에서는 사회 구성원들이 열심히 벌고 돈을 모읍니다. 다들 왜 그렇게 돈을 모으는 데 혈안이 되어 있는 것일까요? 미래에 쓸 돈을 젊었을 때 벌어놔야 한다는 의견도 일리 있는 대답이 될 수 있습니다만, 진짜 이유는 따로 있다고 생각합니다. 아마도 자본주의사회에서는 일을 하지 않아도 자본이 스스로 불어나간다는 사실을 우리 모두가 알기 때문일 것입니다.

내가 모은 자본은 내가 직접 사용할 수 있습니다. 자본은 새로운 사업을 시작하거나, 사업을 확장할 때 투입될 수 있습니다. 하지만 자본의 진짜 묘미는 내가 직접 사용하지 않더라도 타인에게 제공할 수 있다는 데 있습니다. 이렇게 **자본을 타인에게 넘겨주며 수익을 창출하는 행위를 '돈놀이' 또는 '금융'이라고도 부릅니다. 돈놀이의 방식은 크게 채권과 주식이라는 두 가지 형태로 나뉩니다.** 주식은 회사가 자본금을 마련하기 위해 발행한 증서입니다. 이 증서를 가지고 있으면 회사의 주주가 됩니다. 주주가 되면 주식의 지분만큼 의결권 행사가 가능합니다. 또 회사가 벌어들인 이익금에 대해 배당금을 받을 수도 있습니다. 채권은 돈을 빌려주는 대가로 받는 증서입니다. 주식이 투자하는 돈이라면, 채권은 빌려주는 돈입니다. 채권은 누가 발행하느냐(빌려 쓰느냐)에 따라 명칭이 달라집니다. 회사가 발행하면 회사채, 공기업이 발행하면 공채, 국가가 발행하면 국채가 됩니다. 은행에 맡긴 예금도 사실 은행의 입장에서는 그 돈을 빌려 쓰는 것입니다. 예금도 일종의 채권에 해당합니다. 아파트 전세금 역시 아파트를 사용하는 대가로 빌려준 돈이라고 생각할 수 있습니다. 이렇게 채권은 넓은 의미로는 타인에게 빌려준 금전의 형태를 의미하고, 좁은 의미로는 회사채, 공채, 국채와 같이 채무증서를 증권화한 형태로 이해하면 됩니다.

자본은 자신이 직접 사용하지 않는다면, 주식이나 채권 형태로 사용됩니다. 결국 자본을 잘 운용한다는 것은 주식과 채권을 어떤 비율로 투자하느냐에 대한 이야기로 귀결됩니다. 주식은 회사가 잘된다면 회사의 이익을 함께 누리는 것이지만 채권은 회사가 잘되든 안되든 관계없이 정해진 이자만 받을 뿐입니다. 주식에 투자할 때는 회사의 이익 성장이 두드러지면 대박이 나지만 그렇지 않으면 휴지가 되기도 합니다. 기업 입장에서는 '열심히 해봤는데, 잘 안 되었습니다! 미안합니다'라고 하면 투자자는 한 푼도 건지지 못합니다. 하지만 채권에 투자할 때는 어지간하면 이자와 원금을 돌려받을 수 있습니다. 돈을 갚지 못하면 가지고 있는 자산을 다 처분해서 가져올 수 있으니 비교적 안정적입니다. 그만큼 회사가 더 잘된다고 해도 돈을 더 벌 수는 없지만 말입니다.

다만 채권투자를 한다고 해서 무조건 확정된 이익을 누리는 건 아닙니다. 채권투자에도 네 가지 위험이 있습니다. 첫 번째는 물가 위험입니다. 물가가 오르는 게 이자보다 크다면 채권을 가지고 있는 것 자체가 상대적인 손해 발생을 의미합니다. 두 번째는 부도 위험입니다. 경기가 침체되어 기업 사정이 악화될 경우 이자나 원금을 돌려주지 못할 가능성이 있습니다. 세 번째는 유동성 위험입니다. 주식은 거래가 활발하게 일어나는 편이지만 채권은 거래가 많지 않습니다. 다들 한번 보유하면 장기적으로 보유합니다. 그래서 만기 이전에 현금화하기가 어렵습니다. 네 번째는 이자율 변동 위험입니다. 시장 이자율이 변동함에 따라 내가 가진 채권의 가치가 달라질 수 있습니다. 내가 가진 채권이 2% 이자를 주는데, 시장이자율이 7%가 되었다면 자본을 굴리는 입장에서는 엄청난 손실인 것이죠. 이와 같이 채권투자가 원리금을 보장한다고 무조건 안정적인 것은 아닙니다. 채권은 무엇보다 거시경제적 상황을 잘 판단해야 합니다. 물가, 시장이자율, 경기에 따라 안정적이라고 판단했던 채권에서 큰 위험을 맞을 수 있기 때문입니다. 그러니 거시경제에 큰 변화가 예상될 때는 채권투자보다는 현금을 보유하여 상황을 지켜보는 것이 오히려 내 자본을 지킬 수 있습니다.

02 주식투자 망하는 이유를 알면 성공하는 방법이 보인다

주식은 변동성이 크고 위험한 투자상품입니다. 부도덕한 기업들이 넘쳐 나는 것도 사실이고, 적자 늪에 빠져 허우적대다가 결국 상장폐지 되는 기업들도 있습니다. 대주주의 횡령도 빈번하게 발생하고, 상속세 절감을 위해 주가를 인위적으로 누르기도 합니다. 모두 맞는 말입니다. 하지만 이런 이유들은 주식투자 실패의 이유가 될 수 없습니다. 주식시장은 큰 변동성을 늘 보이면서 급격한 하락을 보이기도 했지만 결과적으로 우상향해왔습니다. 이 말은 아무 주식이나 보유하고 있다면 적어도 시장의 상승과 하락 폭을 따라 이익과 손실이 나타난다는 것이죠. 하지만 주식으로 '전재산을 날렸다', '깡통 찼다' 등 재산을 송두리째 날려 먹는 투자자들이 적지 않습니다. 거꾸로 주식시장에서 퇴출되는 원인을 정확하게 분석한다면 주식투자에서 절대 퇴출되지 않는 방법을 알 수 있습니다. 하나씩 알아보겠습니다.

주식투자에 성공하는 방법은 수백 가지가 넘습니다. 서점에 있는 수많은 주식 관련 책들이 이를 증명합니다. 하지만 주식투자를 통해 망하는 경우는 ①레버리지 투자 ②몰빵 투자의 실패 ③잦은 손절매 이렇게 딱 세 가지뿐입니다. 하나씩 살펴보겠습니다.

주식투자로 망하는 첫 번째 방법은 레버리지 투자를 하는 것입니다.

레버리지 투자는 빚을 내서 투자하는 것을 말하는데, 일반적으로 신용 투자, 미수 투자를 의미합니다. 신용 투자는 자기가 가진 돈의 3배 정도의 금액을 투자할 수 있게 해줍니다. 예를 들어 100만 원의 자기 돈으로 300만 원 상당의 주식을 살 수 있다는 의미입니다. 증권사에서 200만 원 대출을 해주는 것이죠. 더 큰 금액을 투자한 만큼 더 많은 수익을 낼 수 있습니다. 문제는 하락할 때입니다. 주가가 약 33% 이상 하락하게 되면 300만 원을 투자한 주식이 200만 원 아래로 떨어지게 되고, 이보다 더 떨어진다면 증권사는 빌려준 돈 200만 원을 받을 수 없게 됩니다. 그래서 증권사는 보유 주식을 강제로 처분하고 빌려준 돈을 돌려받습니다. 결국 투자자는 한 푼도 남지 않게 됩니다. 주가가 30~40% 떨어지는 것은 늘 있는 일이고, 또 그렇게 떨어진 주가가 한순간에 2~3배 오르기도 하는데, 한 번의 주가 하락으로 신용이 청산되면 더 이상 투자할 수 없는 상황이 됩니다.

주식투자로 망하는 두 번째 방법은 몰빵 투자입니다. 큰돈을 벌기 위해서는 결국 집중투자해야 한다는 말이 유행처럼 쓰이는데, 집중투자는 굉장히 위험한 투자 방식입니다. 아무리 실적도 잘 나오고, 재무적으로도 우량한 기업이라고 해도 미래는 알 수 없습니다. 아무리 잘나가던 기업이라고 해도 하루아침에 무너지는 경우가 있습니다. 기업의 흥망성쇠는 단순히 경제 논리만으로 이뤄지는 것이 아니라 지정학적 문제, 정치 문제와도 연결되며 개인의 일탈만으로도 기업을 위태롭게 하기 때문입니다. 만약 내가 집중투자한 종목이 이렇게 하루아침에 망해버린다면 다시는 재기할 수 없게 전 재산을 잃게 됩니다.

주식투자로 망하는 세 번째 방법은 잦은 손절매입니다. 현재 손실 상태이지만 더 큰 손실로 이어지지 않게 하기 위해 주식을 매도하는 것을 손절매라고 합니다. 투자의 고수들은 주가 상승을 기대하고 투자를 진행했지만 주가가 상승 흐름이 멈추고 하락 전환으로 이어질 것이 예상되면 비록 손실이라고 하더라도 손절매하여 현금화합니다. 떨어질 것을 정확히 예상하고 다른 종목에 투자하는 것이 기회비용을 아낄 수 있는 것이라 판단할 실력이 있는 것이죠. 하지만 대부분의 일반 투자자들은 이런 판단을 하지 못합니다. 손절하고 다른 주식을 사면 또 하락하게 되어 손절하는 악순환을 반복하게 됩니다. 주식시장 역시 사이클의 연속이라 반토막이 나더라도 버티다 보면 원금 회복하는 경우가 허다한데, 손절을 자주 하다 보면 원금이 야금야금 줄어들게 됩니다. 단순하게 계산하더라도 10% 하락 시 손절하는 사람이라면 단 10번의 손절만으로도 원금 남아나질 않게 되는 것이죠.

지금까지 주식해서 망하는 세 가지 방법을 알아보았습니다. 이를 피할 수 있다고 해서 반드시 주식투자에서 성공하는 것은 아닙니다. 하지만 주식투자의 본질이 무엇인지 깨달을 수 있습니다. 레버리지 투자, 몰빵 투자, 잦은 손절매는 결국 빨리 돈을 벌고 싶다는 조급함을 의미합니다. 이러한 조급함이 결국 계좌를 쪼그라들게 만들고 주식시장에서 퇴출되도록 만듭니다. 여유로운 부자는 느긋하게 투자하는 경향이 크기 때문에 부를 더 키우고 말지만, 가난한 자들은 빨리 부자가 되고 싶어 하기 때문에 조급한 투자를 하다 보니 결국 투자에 실패하고 맙니다.

03 다양한 주식시장의 선수들

사람들은 주식이 참 어렵다고 이야기합니다. 주가의 움직임은 늘 예측을 벗어나기 때문입니다. 시장이 무너지는 상황에서 급등하는 주식이 있는 반면, 시장의 주식은 다 오르는데 내 주식만 움직이지 않는 경우가 있습니다. 이렇게 주식시장이 난해하게 느껴지는 이유는 같은 시장을 두고 제각각 다른 게임을 즐기고 있기 때문입니다. 쉽게 말해 한 운동장에서 축구를 하는 사람들, 농구를 하는 사람들, 야구를 하는 사람들이 섞여 있기 때문에 멀리서 운동장을 보면 도대체 사람들이 무엇을 하고 있는지 알아내기 어렵다는 것입니다. 선수가 되어서도 마찬가지입니다. 축구를 하기로 했으면 축구에만 집중해야 하는데, 중간에 야구를 하기도 하고, 농구를 하기도 합니다. 이를 투자로 빗대어 보면, 자신이 좋은 기업을 발굴하여 투자 중인데 거시환경이 어려워진다고 하여 주가가 빠지면 손절하는 행태를 보이는 것입니다.

그렇다면 주식시장의 여러 투자자 유형을 살펴보면서 도대체 시장의 참여자들이 어떤 투자를 하고 있는지 살펴보도록 하겠습니다.

첫 번째 유형은 거시경제에 투자하는 유형입니다. 이들은 거시경제 상황에 맞게 주식, 채권, 원자재, 외환 등 비중 조절을 하면서 투자합니다. 이들은 개별 기업을 보는 것이 아니라 시장 전반을 바라보면서 투자를 합니다. 지정학적 요인, 정부의 정책 등 다양한 시장의 요소들을 분석합니다. 나스닥지수 선물을 사고팔고, 원유 선물과 같은 원자재 선물을 사고팔고, 달러, 엔화와 같은 외환 선물 사고팔면서 투자를 하죠. 이들 투자자들은 상방 베팅뿐 아니라 하방 베팅도 함께 합니다. 즉, 시장의 움직임에 예측하고 대응하는 방식입니다.

두 번째 유형은 **산업(업황)과 국가에 투자하는** 유형입니다. 2차전지 시대가 열릴 것을 예상하여 2차전지 ETF 투자하거나, 로봇 시대가 도래할 것을 예상한 ETF 투자, 인도의 성장성을 보고 투자하는 인도 ETF 투자를 하는 식입니다. 주식 하나하나를 선별하기에는 어렵고 위험 요소가 있으니 앞으로 성장이 명확하다고 생각되는 영역에 투자를 하는 것입니다.

세 번째 유형은 **개별 기업에 투자하는** 유형입니다. 기업의 실적과 잠재력을 믿고 투자하는 성장주 위주의 투자를 하거나 저평가된 주식을 매수해 이익을 내는 투자입니다. 이른바 기업을 믿고 장기간 투자하는 전략을 의미합니다. 일반적으로 개인이 가장 많이 하는 투자 유형이 아닌가 싶습니다. 기업이 성장하면 주가도 성장한다는 논리에 근거해 성장하는 기업에 투자하거나, 시장의 하락 등으로 인해 저평가 국면에 놓인 주식에 투자하는 방식입니다.

네 번째 유형은 **수급 논리에 따라 투자하는** 유형입니다. 돈의 힘을 따르는 유형입니다. 거시경제 상황이 아무리 좋아도, 기업의 성장성이 아무리 좋다고 해도 결국 누군가 주식을 사야 주가가 오릅니다. 주가를 움직일 만한 거대한 힘, 이른바 세력을 따라다니면서 매매를 하는 것입니다. 심지어 펀더멘털fundamental이 좋지 않은 주식이라고 해도 돈 많은 누군가가 주식을 사면 주가는 폭등하는 것이므로, 결국 거시경제 분석이나 기업 분석은 세력이 주식을 살 것인지 말 것인지를 판단하는 요소에 지나치지 않는다고 봅니다.

정답은 없습니다. 정말 뛰어난 투자자는 네 가지 유형 모두 통달하며 유연성 있게 투자하면서 수익을 창출합니다. 반대로 정말 최악의 투자자는 네 가지 유형을 짬뽕으로 접목시켜서 잘못 적용하죠. 거시경제 환경이 좋고, 산업 환경도 좋고, 개별 기업도 경쟁력 있고, 세력도 들어와 있다면 문제 될 것 없이 투자해서 보유하면 됩니다. 하지만 개별 기업은 경쟁력이 있음에도 거시경제 환경이 좋지 않은 상황이라든가, 시장과 섹터는 좋은데 기업의 경쟁력에 문제가 있는 상황인 경우에 대처를 제대로 하지 못해 큰 기회를 놓치거나 큰 손실을 입기도 하죠.

투자에 있어서 자신만의 원칙이 있어야 한다는 이야기 많이 들어보셨을 것입니다. 이는 자신의 투자가 어떤 투자 유형에 근거한 것인지 명확한 판단을 하고 그에 맞게 움직이라는 이야기입니다. 정보의 홍수 속에서 이러지도 저러지도 못하면서 헤매지 말고 자신의 투자 유형이 무엇인지 점검해보시기 바랍니다.

04 기술적 분석과 기본적 분석

투자를 위한 분석을 할 때는 기본적 분석과 기술적 분석이라는 두 가지 도구를 사용합니다. **기본적 분석은 자신이 투자하는 투자 대상의 내재적 가치를 분석해 미래의 가격을 예측하는 방법**이고, **기술적 분석은 자신이 투자하는 투자 대상의 가격 움직임을 분석해 미래의 가격을 예측하는 방법**입니다.

먼저 기본적 분석부터 살펴보겠습니다. 예를 들어 나스닥지수에 대해 분석해본다고 합시다. 나스닥지수를 기본적 분석으로 접근하기 위해서는 거시적 상황에 대한 분석이 주를 이룹니다. 경제 사이클상의 위치를 판단하고, 기업 전체의 예상 실적을 고려하며, 경쟁 관계에 있는 투자처인 채권, 부동산, 달러 등과의 비교를 통해 지수가 상승할지 하락할지 판단하는 것입니다. 또 미국을 둘러싸고 있는 지정학적 리스크, 미국 연방준비제도의 통화정책, 미국 정부의 재정정책을 전반적으로 고려해 주식이 상승할지 하락할지 판단합니다. 제대로 된 분석을 하더라도 늘 변수가 등장하기 마련이고 신이 아닌 이상 앞날을 예측하는 것은 불가능합니다.

그렇다면 기업에 대한 기본적 분석은 어떻게 하는 것일까요? 간단히 말해 기업이 가진 가치를 평가하는 것입니다. 기업이 지닌 내재가치를 측정하고 이러한 내재가치를 주가와 비교하여 투자하는 방식입니다. 기업의 가치분석은 질적분석과 양적분석으로 구분될 수 있습니다. 질적분석이란 경제 상황, CEO의 자질, 경영 능력, 기술력, 정치 상황, 산업의 성장성 등 숫자로 표현하기 어려운 사항들을 분석하는 방법입니다. 양적분석은 계량화가 가능한 것으로 경제지표, 산업지표, 재무제표상의 손익 등의 수치를 통해 분석하는 방식입니다. 사실 기본적 분석이라는 것이 이 기업이 앞으로 가치가 높아질지 아닐지를 판단하는 것과 다름없는데, 회사 담당자들도 자기 회사의 미래가 어떻게 될지 예상하지 못하는 상황에서 회사 외부에서 이를 판단하기란 쉽지 않습니다.

기술적 분석은 주가의 움직임이 기록된 '차트'를 활용합니다. 일반적으로 지수 차트든 종목 차트든 같은 원리로 사용됩니다. 차트에는 가격의 움직임과 거래량이 기술되어 있습니다. 차트의 추세와 패턴을 분석하고, 매물대가 지지와 저항 역할을 해주는지 파악하면서 주가의 상승과 하락을 예측합니다. 차트의 움직임은 결국 과거 주가의 움직임을 통계적으로 해석한 것입니다. 주가는 궁극적으로 수요와 공급에 의해 결정됩니다. 실적이 좋다고 주가가 오르는게 아니라, 실적이 좋다고 해서 누군가가 매수해야 오릅니다. 결국 사람의 행동에 의해 주가는 움직이게 되는 것이고, 사람의 행동에는 어떠한 패턴이 있기 때문에 그 움직임을 예측하고자 하는 것이죠. 이는 관상의 원리와 비슷합니다. 한 사람이 살아온 인생은 그 사람의 얼굴에서 드러난다는 말이 있듯 선하게 생긴 사람들은 정말 선한 경우가 많습니다. 하지만 얼굴이 선하게 생겼다고 그 사람이 정말 착하다고 결론 내릴 수 없으며, 관상만 보고 사람을 판단하는 것은 정말 위험한 태도죠. 차트 분석 역시 마찬가지입니다. 차트는 늘 과거 패턴과 다른 움직임이 나타날 수 있기 때문에 완벽한 차트 분석 기법은 존재하지 않습니다.

그렇다면 기본적 분석과 기술적 분석 중 어떤 분석 방법 중 투자에 유리할까요? 정답은 명료합니다. 두 가지 방법을 모두 활용하는 것이 좋습니다. 전투에 나갈 때 칼 하나만 차고 나가는 것보다 활도 함께 가지고 나가면 승리할 확률이 올라갈 것입니다. 투자에서도 마찬가지입니다. 두 가지 방법 모두 자기 것으로 만들어 실력을 갈고닦아야 승률이 높을 것입니다. 하지만 많은 투자자들은 기본적 분석만을 합리적 투자 방법이라 착각하거나 기술적 분석만을 신봉하는 오류에 빠지고 맙니다.

05 전문가들이 기업가치를 평가하는 방법

기업의 가치는 어떻게 측정될 수 있을까요? 어떤 기업이 싼지 비싼지를 판단하는 방법은 무엇일까요? 만약 어떤 기업을 인수한다고 할 때 기업의 가격은 어떻게 측정되는 것일까요? 간단합니다. 기업이 미래에 벌어들일 이익을 지금 당장 현금화하면 얼마가 되는지를 알면 됩니다. 예를 들어 5억 원짜리 공장으로 과거 몇 년 동안 매년 2억 원씩 꾸준히 벌고 있는 A 기업을 매각한다고 하면 얼마까지 받을 수 있을까요? A 기업의 가치는 공장의 가격인 5억 원이 될까요? 아니면 앞으로 5년간 2억 원씩 벌 수 있다면 A 기업의 가치는 최소 10억 원은 되어야 하는 것은 아닐까요?

기업의 가치를 평가하기 위해서는 두 가지 방식을 사용합니다. STOCK을 이용하는 방식과 FLOW를 이용하는 방식으로 구분되죠. **STOCK은 특정 시점의 상태, FLOW는 특정 기간의 변화**에 대한 이야기를 합니다.

STOCK을 이용한 방식은 간단합니다. **현재 기업이 가진 순자산의 시가를 구하는 것**입니다. 기업이 가지고 있는 모든 자산에서 부채를 차감하여 계산합니다. 자산에는 토지와 건물과 같은 부동산부터 기계장치와 같은 생산시설은 물론 단골고객 및 고객정보와 같이 보이지 않는 무형자산도 포함됩니다. 그리고 부채는 기업이 갚아야 할 돈을 의미하죠. 기업의 자산이 10억 원이고, 부채가 5억 원이라면 기업의 순자산가치는 5억 원이 될 것입니다. 앞선 예에서 A 기업의 가치를 STOCK 방식으로 본다면 공장 5억 원이 기업가치가 될 수 있습니다.

FLOW를 이용한 방식은 기업의 미래현금흐름을 현재가치로 할인하여 계산합니다. 기업의 미래현금흐름이 5년간 2억 원이고 기업의 신용도를 고려한 이자율이 5%라면 이를 현재가치로 할인하면 8억 6,000만 원 정도합니다. 이는 기업에 들어올 돈이 10억 원이긴 하지만 미래에 나눠서 들어오는 것이기 때문에 현재 시점에서 현금으로 받는다고 가정하면 8억 6,000만 원정도의 가치를 지닌다는 것을 의미합니다. 그렇다면 A 기업의 가치를 FLOW 방식으로 본다면 8억 6,000만 원이 기업가치가 될 수 있습니다. 물론 5년 이후에도 현금흐름이 들어온다면 이를 기업가치에 반영해주어야 하겠죠.

결국 기업가치는 STOCK 방식을 적용할 것이냐 FLOW 방식을 적용할 것이냐에 따라서 달라질 수 있습니다. 두 방식을 적절하게 배합해서 기업가치를 산출하기도 하죠. 앞서 살펴본 예에 따르면 기업의 가치는 STOCK 방식으로 보면 5억 원이고, FLOW 방식으로 보면 8억 6,000만 원입니다. STOCK 방식과 FLOW 방식을 1:1로 적용한다면 6.8억원[(5억+8.6억)÷2]이 될 수도 있습니다. 즉 기업가치를 계산한다는 것은 정해진 답이 있다기보다는 보는 관점에 따라 어떤 논리를 적용하느냐에 따라 달라진다는 것입니다. 통상적으로 전문가에 의해 논리적으로 더 잘 설명되는 방식을 사용합니다. STOCK 방식의 가치만을 사용할 때도 있고, FLOW 방식의 가치만을 사용할 때도 있습니다. STOCK 방식의 금액과 FLOW 방식의 금액을 1:1 비율로 평균 내기도 하고, 2:3 비율 혹은 3:2 비율 등 평가 공식에 따라 적용하기도 합니다.

기업이 저평가인지 고평가인지 알아내는 방법 PER

06

상장된 주식의 기업가치가 저평가인지 고평가인지 알아낼 때 가장 많이 쓰이는 도구인 PER과 PBR에 대해 알아보겠습니다.

$$PER = \frac{주가}{주당순이익} = \frac{주가 \times 발행\ 주식\ 수}{주당순이익 \times 발행\ 주식\ 수} = \frac{시가\ 총액}{당기순이익}$$

PER은 Price Earning Ratio, 주가수익비율을 말하며, 기업의 현재 주가를 주당순이익으로 나눈 개념입니다. 분자에는 현재 거래되는 주가가, 분모에는 1주당 당기순이익을 적습니다. 분자와 분모에 각각 총 발행 주식 수를 곱하면 분자는 시가총액, 분모는 당기순이익이 됩니다. 기업가치 평가 방법 중 FLOW 방식을 활용한 분석법이며, **현재의 기업가치가 연간 당기순이익의 몇 배쯤 되는지 살펴보는 데 유용한 도구죠.** 예를 들어 살펴보죠.

기업의 시가총액이 1,000억 원이고, 당기순이익이 200억 원이라면 PER은 5배가 됩니다. 1,000억 원짜리 회사를 매수하면 매년 200억 원의 순이익이 발생하니까 5년이면 투자금을 회수한다는 개념이 됩니다. 기업의 시가총액이 1,000억 원이고, 당기순이익이 100억 원이라면 PER이 10배인 것이며 이는 현재 이익으로 10년이면 투자금을 뽑는다는 의미입니다. 마찬가지로 PER이 3배인 기업이라면 3년 만에 투자금을 뽑는다는 것을 의미하겠죠. 그렇다면 PER 10배짜리와 PER 3배짜리 중 어떤 기업에 투자하고 싶나요? 당연히 PER 3배짜리에 투자하고 싶을 것입니다. 3년이면 투자금을 뽑아낼 수 있으니 훨씬 좋은 투자처입니다.

PER의 역수를 구하면 이는 수익률 개념이 됩니다. PER 3배면 대략 33%의 수익률, PER 10배면 10%의 수익률, PER 20배면 5%의 수익률입니다. 이는 어떤 기업의 PER이 높은 것인지 낮은 것인지는 금리와 경제 상황 등 시장 환경에 따라서도 달라진다는 것을 의미하기도 합니다. 은행 금리가 10%에 달하는 상황에서는 PER 10배인 기업은 별로 매력적이지 않습니다. 가만히 있어도 10%의 이자가 들어오는데, PER 10배는 10%의 수익률을 의미하므로 굳이 기업에 투자할 이유가 없죠. 반대로 은행금리가 1%의 상황에서는 PER 10배짜리 기업은 굉장히 매력적으로 느껴지게 되는 것입니다. 이러한 메커니즘이 바로 금리가 하락하면 주가가 오르고, 금리가 상승하면 주가가 하락하는 이유입니다. 2000년 이후 우리나라 코스피 상장기업들의 평균 PER은 15배 정도입니다. 때문에 보통 PER가 10배 이하 주식들을 통상 저PER주라고 부릅니다.

PER은 앞서 살펴봤듯 시가총액을 당기순이익으로 나눈 개념입니다. 시가총액은 주가와 발행 주식수의 곱이며, 시장 내에서 거래되는 기업가치를 의미합니다. PER 공식 중 분모인 시가총액은 주가가 변동될 때마다 변화합니다. 주가가 오르면 PER은 커집니다. PER이 5배라 저평가된 주식은 사람들이 매수세가 몰리면서 주가를 상승시키고, PER은 커집니다. 그렇게 PER이 15배가 넘어서면 고평가 논란이 시작되며 주가는 하락하고 시가총액이 감소하여 PER이 하락합니다. PER 공식 중 분자인 당기순이익은 최근 재무제표를 기준으로 합니다. 크게 두 가지 방식이 있는데, 간단하게 작년도 재무제표상의 당기순이익을 사용하는 방법과 가장 최근의 4개 분기의 당기순이익을 사용하는 방법이 있습니다. 9월 1일에 PER을 구한다면 작년 3분기, 4분기, 올해 1분기, 2분기의 당기순이익 합으로 계산하는 것이죠. 어떤 방법이든 두 방법 모두 과거의 재무제표를 기준으로 사용한다는 한계가 있습니다. 과거에 높은 이익을 창출했다고 해도 미래에 대한 전망이 좋지 않아 이익이 줄어들 것이 예상될 때는 지금 시점에서는 PER이 낮더라도 조만간 PER이 급증하게 될 것입니다.

예를 들어 지난 1년간 당기순이익 600억 원, 시가총액 3,000억 원이어서 PER 5배로 평가받더라도, 1년 뒤 당기순이익이 100억 원으로 줄어들면 PER은 30배가 됩니다. 주가가 그대로인 상황에서 저PER 기업이 고PER 기업으로 변신합니다. 고PER기업이 되었으니 매도세가 많아지며 주가는 하락하게 됩니다. 즉 PER 5배 시점에 저평가되었다 예상하여 매수를 했다고 해도 미래에 실적 악화가 현실이 되면 곧바로 고PER이 된다는 것이죠.

반대로 지난 1년간 당기순이익 50억 원, 시가총액 3,000억 원이어서 PER 60배로 평가받는 기업이 당기순이익이 급증하게 되어 600억 원으로 늘게 되면 순식간에 PER은 5배로 저평가 국면에 접어듭니다. 이렇게 미래에 빠른 성장으로 이익이 급증할 것이 예상되는 기업은 PER이 극단적으로 높은 경우가 많습니다.

07 기업이 저평가인지 고평가인지 알아내는 방법 PBR

$$PBR = \frac{주가}{주당순자산} = \frac{주가 \times 발행\ 주식\ 수}{주당순자산 \times 발행\ 주식\ 수} = \frac{시가\ 총액}{순자산\ 장부가액}$$

　PBR은 Price to Book-Value, 주가순자산비율을 말합니다. 기업의 현재 주가를 주당순자산으로 나눈 개념입니다. PER과 마찬가지로 분자와 분모에 각각 총 발행 주식 수를 곱하면 기업의 시가총액을 기업의 순자산장부가액으로 나눈 것이 됩니다. 여기서 순자산장부가액이란 재무제표상 자산에서 부채를 차감한 금액을 의미합니다. PER이 FLOW 방식의 접근이라면 PBR 분석법은 STOCK 방식의 접근인 셈이죠. 즉, 기업의 순자산 대비 기업의 시가총액을 비교하여 기업이 저평가되었는지 고평가되었는지를 살펴볼 수 있습니다.

　기업의 시가총액이 1,000억 원인데 기업의 순자산장부가액이 200억 원이라면, PBR은 5배가 됩니다. 기업의 시가총액이 1,000억 원인데 기업의 순자산장부가액이 2,000억 원이라면, PBR은 0.5배가 되는 것이죠. 일반적으로 PBR은 1을 기준으로 이보다 낮으면 저평가, 높으면 고평가로 해석합니다. 대체로 건물, 공장과 같은 부동산이나 기계장치가 많은 기업의 경우 PBR이 낮은 편이고, 반대로 보유 자산은 많지 않지만 높은 기술력을 지닌 벤처기업은 통상 PBR이 높습니다.

순자산 1,000억 원, 시가총액 1,000억 원으로 PBR 1배의 회사라고 하더라도 실제 순자산의 구성 내용에 따라 분석 결과가 달라질 수 있습니다. 순자산 1,000억 원이 모두 현금인 경우, 순자산 1,000억 원이 전부 부동산인데 현 시가가 5,000억 원인 경우, 순자산 1,000억 원 중 오랜 기간 회수되고 있지 않은 채권이 900억 원에 달할 경우 모두 같은 PBR 1배라 하더라도 자산의 질이 다른 것이죠. 당연히 시가 5,000억 원 부동산를 보유했음에도 재무제표에는 취득원가 1,000억 원으로 적혀 있는 경우는 PBR 0.2배 수준으로 봐야 되겠죠. 반면 오랜 기간 회수되지 않고 있는 빌려준 돈(대여금)이 결국 회수되지 않는다면 PBR은 10배로 치솟을 수 있습니다. HTS상 PBR이 낮다는 이유만으로 저평가된 줄 알고 투자했다가 큰 낭패를 볼 수 있습니다. 만약 자신이 PBR 낮은 주식을 골라 투자하고 싶다면 **자산의 환금성을 봐야 합니다. 즉, 재무제표상의 자산들이 얼마에 팔릴 수 있는 자산인지를 봐야 하는 것이죠.** 오래전에 매입한 부동산을 팔면 매입한 가격보다 더 많은 현금이 들어오지만, 오래된 기계장치는 팔면 고철값밖에 회수되지 않습니다. 단기채권은 현금으로 전환될 가능성은 높지만 장기채권은 오랜 기간 회수되지 않았던 만큼 앞으로도 계속 회수되지 않을 수도 있습니다.

PER과 PBR은 가장 기초적인 기업가치에 대한 비교 방식입니다. PER이나 PBR이 현재 시점에서 저평가되었다면 저평가될 만한 이유(예를 들면 앞으로의 실적이 크게 감소할 예정이라든지)가 있는지 확인해보고, 특별히 낮은 가격이어야 할 이유가 없을 때 매수를 고려해야 할 것입니다. 반면

PER, PBR이 고평가된 상황이라면 고평가가 유지될 수 있는 이유(예를 들면 앞으로 실적이 크게 좋아질 예정이라든지)가 무엇인지 확인해보고 특별한 이유가 없다면 매도를 고려하는 게 합리적일 것입니다.

차트로 투자하는 건 사기 아닌가요?

많은 투자자들이 차트 분석을 통해 매수와 매도의 타이밍을 잡고 있지만, 대부분의 사람들은 차트 분석을 한심하게 생각합니다. 2021년 1월, 우리나라 대표기업인 삼성전자가 9만 원을 돌파하면서 신고가를 갱신하자 많은 투자자들은 흥분을 감추지 못합니다. 하지만 대다수의 차트 분석가들은 고점 부근에서 대량거래가 실린 윗꼬리 양봉이 발생했다는 것은 고점 신호가 발생한 것이며, 이후 삼성전자의 주가는 오를 가능성보다 내릴 가능성이 크다고 진단합니다. 그럼에도 삼성전자의 실적은 계속 신기록을 만들어내며 우리나라 최고의 회사다운 실적을 만들어갔지만 이상하게도 주가는 하염없이 하락했습니다. 결국, 차트 분석가들의 분석이 맞는 듯이 보이지만 그들의 설명은 논리적으로 명쾌하지 않기에 귀에 들어오지 않는 것입니다.

차트 분석은 투자심리, 수요와 공급 상황을 파악하여 주가의 추세를 읽어내어 주가의 경로를 예측하는 분석법입니다. 차트 분석에서는 기업의 가치가 차트에 모두 반영되어 있음을 전제하며 분석합니다. 차트상 우상향하고 있는 기업이라면 업황 흐름이 좋고, 미래 비전이 긍정적이며, 투자자들이 적극적으로 매수하고 있음을 보여줍니다. 반대로 차트가 우하향하고 있다는 것은 기업의 업황 흐름이 안 좋고, 미래 비전이 부정적이고, 투자자들이 적극적인 매도를 하고 있음을 보여줍니다.

많은 사람들은 차트 분석을 신뢰하지 않습니다. 실제 짜맞추기식인 후행적 분석이기도 하고, 주가의 움직임이 차트 분석을 통한 예상대로 나오지 않는 경우도 많기 때문입니다. 실제 재무학 교수들은 차트가 유효하지 않다는 것을 통계적으로 증명하기도 했죠.

1번 전문가: 자율주행차 출시 이후 반도체 업황이 좋아지고 있습니다. 신형 반도체 수요가 늘어나는데, 여기에 필요한 반도체 부품을 독점 공급하는 회사가 있습니다. 실적이 크게 증가하고, 주가도 오를 것입니다.

2번 전문가: 지난 2년간 박스를 그리며 매집 흔적이 나타납니다. 하지만 최근 240일선과 그동안 못 뚫던 주가 상단을 한꺼번에 뚫는 장대양봉이 등장했습니다. 누군가 큰돈을 넣은 것입니다. 분명 주가가 오를 것입니다.

어떤 이야기에 신뢰가 느껴지시나요? 1번 전문가의 말에 더 신뢰가 가고 2번 전문가의 말은 마치 점쟁이의 말같이 느껴집니다. 그래서 많은 종목 전문가들은 2번 방식으로 종목을 가져와서 1번처럼 이야기합니다. 대중들의 신뢰를 얻기 위함입니다. 종목 전문가들의 종목들은 대부분 차트상 유의미한 자리에 있는 경우입니다. 그래서 추천하는 종목들이 다 비슷비슷합니다. 물론 그런다고 다 오르는 것은 아닙니다.

차트 분석은 기본적 분석보다 훨씬 어렵습니다. 그럼에도 분명 논리적으로 의미가 있습니다. 차트 분석에 대한 편견을 버리고, 기업의 가치분석뿐 아니라 기술적 분석이라는 무기를 함께 장착한다면 투자에서 성공률을 높일 수 있을 것입니다.

09 선물옵션 시장에 대한 직관적 이해

가격은 늘 수요와 공급의 논리에 따라 움직입니다. 금융시장의 주가, 환율, 금리는 물론이고, 상품시장의 금, 석유, 소, 밀, 옥수수 역시 가격이 늘 변동됩니다. 시장에는 변동되는 시세를 이용해 돈을 벌고자 하는 투기적 세력도 존재하기 때문에 가격은 실제 가치를 반영하는 것을 넘어 급격하게 변동됩니다. 끊임없이 변동되는 가격은 사업을 안정적인 구조로 운영되기 힘들게 합니다. 그래서 기업들을 가격의 변동을 일정하게 고정시켜 거래하고자 하는데 이를 헤지hedge 거래라고 합니다. 그리고 이러한 헤지를 위해 만들어진 상품이 바로 선물과 옵션입니다.

선물은 미래 일정 시점에 합의된 가격으로 기초자산(상품, 주가지수, 금리, 환율 등)**을 사거나 팔기로 하는 계약입니다.** 예를 들어 현재 시점에 석유 1배럴이 90달러인데, 3개월 뒤에 석유 1배럴을 90달러에 사겠다는 계약을 사는 것입니다. 선물 매수자는 미래에 가격이 오르면 이득을 보고, 가격이 내리면 손해를 봅니다. 선물 매도자는 미래에 가격이 오르면 손해를 보고, 가격이 내리면 이득을 봅니다.

옵션은 미래 일정 시점에 합의된 가격으로 기초자산(상품, 주가지수, 금리, 환율 등)**을 사거나 팔 수 있는 권리를 말합니다.** 예를 들어 '3개월 뒤에 석유 1배럴을 90달러에 살 수 있는 권리'를 사고파는 것입니다. 옵션에는 두 가지

종류가 있습니다. 콜옵션call option과 풋옵션put option으로 구분됩니다. 콜옵션은 기초자산을 특정 가격에 살 수 있는 권리이고, 풋옵션은 기초자산을 특정 가격에 팔 수 있는 권리입니다. 기초자산의 가격이 오르면 콜옵션의 가치는 오르고, 기초자산의 가격이 내리면 풋옵션의 가치는 내립니다.

선물옵션 거래는 누군가에게는 헤지 수단이 되지만 또 다른 누군가에게는 투기 수단이 됩니다. 기초자산의 가격이 어떻게 변화할지 예상할 수 있다면 높은 레버리지 효과를 기대할 수 있습니다. 선물거래는 통상 10~15%의 증거금만 요구하기 때문에 약 6배에서 10배의 변동성을 누릴 수 있습니다. 이는 1,000만 원 상당의 석유를 150만 원의 돈으로 사고파는 것을 의미합니다. 만약 1,000만 원어치의 석유의 가격이 1,300만 원이 된다면 선물 매수자는 300만 원의 이득을 얻게 됩니다. 그런데 실제 선물계약에 들어간 돈은 15%의 증거금인 150만 원입니다. 이는 150만 원으로 300만 원을 번 셈이며, 200%의 수익을 낸 것이죠. 기초자산인 석유가 30% 올랐을 때 레버리지 효과로 무려 200%의 수익을 내는 구조인 것입니다. 반대로 석유 가격이 800만 원이 된다면 선물 매수자는 200만 원의 손해를 보게 되고, 이는 150만 원을 투자해 200만 원을 잃게 되는 결과를 가져옵니다.

옵션거래는 결과적으로 선물거래와 유사하지만, 권리만 따로 떼내서 사고팔기 때문에 레버리지 효과는 훨씬 큽니다. 예를 들어, 현 시점에서 1,000만 원 상당의 석유를 3달 뒤에 1,100만 원에 살 수 있는 권리를 5만 원만 주고 매수합니다. 만약 3달 뒤에 석유가 1,100만 원 이하라면 그 권리는 휴지가 됩니다. 반대로 석유 가격이 올라 1,200만 원이 된다면 5만 원으로 100만원을 벌게 되는 셈입니다. 수익률은 무려 2,000%가 되겠네요. 통상 옵션거래의 레버리지는 30배~100배가량 된다고 합니다. 그만큼 투자한 금액이 휴지가 될 가능성이 높고 반대로 대박을 칠 가능성도 높습니다.

안전해 보이지만
정말 위험한 조건부 투자

> "나에게 투자하면 연 이자 8%를 줄 수 있어. 단, 코스피지수가 3년 간 2,200을 깨지 않는다면 말이야. 하지만 지수가 2,200을 깬다면 원금은 내가 먹는 거야."

2021년 6월 코스피지수가 3,300 수준을 넘어갈 즈음, 코로나 위기를 극복하고 전 세계 경제가 나아지고 있던 무렵에 누군가 이런 거래를 제안해 온다면 어떨까요? 너무나 구미가 당기는 제안입니다. 앞으로 3년간 경제 환경에 큰 변화는 없을 것 같고 국내 기업들의 펀더멘털은 그 어느 때보다 훌륭하죠. 코스피지수가 무려 40% 가까이 하락하는 일은 자주 발생하는 일이 아니니까요. 연 이자가 1~2%인 시장 환경에서 무려 8%의 이자를 보장해준다는 건 매우 흥미로운 제안입니다. 이러한 금융상품을 ELS, 주가연계증권이라고 합니다. 통상적인 ELS는 2~3개의 조건을 설정합니다. 3년이라는 만기 때까지 기초자산(코스피, 삼성전자, 항셍지수 등을 설정)이 40% 폭락하지 않는다면 약속된 수익 매년 8~11%을 지급하는 방식입니다. 이는 특별한 재산 상황이 발생하지 않는다면 은행 이자보다 훨씬 높은 수준의 수익을 얻을 수 있음을 의미합니다.

하지만 주가 급락 상황은 늘 발생합니다. 주가가 하락하여 ELS에 설정된 조건이 충족되는 경우 ELS는 곧바로 휴지가 되어버립니다. 즉 원금을 모두 반납하게 됩니다. 이러한 상황은 녹 인Knock-in이라고 합니다. 이렇게 투자자 입장에서 Knock-in이 발생하면 원금 대부분을 잃는 대형사고가 됩니다. 한편 ELS를 만들어 판매하는 자들 입장에서는 이러한 Knock-in은 대박 수익을 의미합니다. ELS 투자는 비교적 안전하게 중위험 중수익을 노리는 투자로 알려져 있지만, 이건 이론적인 이야기일 뿐입니다. **ELS의 본질은 단 한 번의 주가 휘청임으로 원금을 통째로 날려버리게 만드는 금융상품이라는 것이죠.**

ELS를 발행자 입장에서 거꾸로 생각해보겠습니다. 이들에게 ELS는 매년 은행 이자보다 많이 지급하다가 금융시장의 폭락이 오게 되면 원금 전부를 자기 것으로 만드는 대박을 염두에 둔 계약인 셈입니다. 그렇기 때문에 주가가 공포로 하락하는 시기에 누군가는 주가를 더욱 찍어 내리면서 ELS의 Knock-in을 발생시키려 합니다. 주가 폭락장에서는 매수세가 없기 때문에 적은 돈으로도 주가를 흘러내리게 할 수 있습니다. 좋은 기업이 싼 가격에 있음에도 누군가는 주식을 계속 판다는 것이 이해가 쉽지 않았을 것입니다. 하지만 누군가는 주가를 아래로 끌어내려야 대박이 발생합니다. 이들은 ELS로 인한 대박을 노리는 자들이거나, 풋옵션을 들고 대박을 노리는 자들이죠.

주가는 외부 충격으로 급락하면 이후 빠르게 원위치로 되돌리려는 속성을 지닙니다. 일시적으로 반토막이 되기도 하지만 좋은 기업이라면 서서히 원래 가격으로 복구합니다. 하지만 ELS의 Knock-in은 단순히 조건 가격을 터치하는 것만으로 조건이 성립되면서 원금을 다 잃게 됩니다. 편하게 이자보다 높은 수익을 얻으려다 원금을 잃게 되는 최악의 국면이 됩니다. 경험이 적은 초보 투자자일수록 금융회사가 설계한 ELS와 같은 복잡한 금융상품을 조심해야 합니다. 또 한 가지 교훈은 **이러한 온갖 파생상품 거래들이 거꾸로 주식시장을 급격하게 흔들기도 한다는 사실입니다.** 아무리 좋은 주식이라도 ELS를 발행한 자들이 있고 이들은 Knock-in을 유도하기 위해 매도를 하여 주가를 폭락시킵니다. 이런 급격한 변동성에 놀라지 말고 주식을 싸게 살 수 있는 좋은 기회로 사용하는 것도 하나의 방법일 것입니다.

11 신규상장 주식은 다단계 폭탄 돌리기와 같다

백화점에 신상품이 들어오면 모두의 관심을 불러일으킵니다. 부동산시장에서도 새 아파트 분양은 모두가 주목합니다. 주식시장도 마찬가지입니다. 새로운 기업이 주식시장에 상장하면 많은 사람들의 관심을 끌게 마련입니다. 하지만 새 아파트, 신상품과 달리 신규상장 주식은 매우 위험하며 조심해야 합니다. 기업의 상장 제도는 자본주의 시스템하에서 반드시 필요합니다. 하지만 투자자의 관점에서 보면 신규상장 주식에 투자하는 것은 바람직하지 않습니다. 그 이유에 대해 살펴보기 전에 기업의 성장 과정을 이해해보도록 하겠습니다.

사업은 아이디어와 기술 그리고 자본이 만나 탄생합니다. 대부분의 창업가는 아이디어와 기술이 있지만 이를 실현시킬 자본이 없습니다. 돈이 있어야 사무실도 얻고 인력을 고용하여 재화나 서비스를 만들어낼 수 있습니다. 하지만 이들은 돈도 없고 은행은 신용과 담보가 부족한 초기 기업에 돈을 빌려주지 않습니다. 결국 기업은 투자를 받아야만 합니다. 기업은 투자(돈)를 받게 되는 대신 주식을 나눠주게 되는 것이죠.

기업은 성장하는 단계에 따라 점점 큰손의 투자를 받게 됩니다. 이렇게 투자는 단계를 거치면서 금액이 커지는데, 투자 단계에 따라 시드머니seed money 단계 → 시리즈 A → 시리즈 B → 시리즈 C로 구분합니다.

시드머니 단계에서는 가족 및 지인 등의 엔젤투자자, 국가 지원 사업, 크라우드펀딩 등의 투자를 받을 수 있습니다. 통상 2,000만 원~5억 원 규모의 투자를 받습니다. 시드머니로 시제품도 나오고 시장 검증이 어느 정도 마친 단계에 접어들면 시리즈 A 단계로 넘어가며, 이때부터는 벤처캐피털VC의 투자를 받게 됩니다. 투자 규모는 10억~30억 원정도 됩니다. 기업이 시장에서 인정받고 어느 정도 안정적인 매출 성장을 내기 시작하면 기업은 더 큰 성장과 인력 충원을 위해 추가 투자를 받는 시리즈 B 단계에 접어듭니다. 투자 규모는 30억~100억 원정도 되죠. 기업의 성장성이 충분히 확인된 상황에서 해외시장 진출이나 다양한 신사업을 모색하기 위해 시리즈 C 단계로 넘어갑니다. 대형 VC나 투자은행, 사모펀드 등이 투자에 참여합니다. 이렇게 사업이 성공적으로 진행될수록 더 자금력이 큰 기관들의 대규모 투자를 받게 됩니다.

기업이 성공적으로 성장했다면 이들 기관투자자들은 투자금 회수exit 를 해야 합니다. 통상 앞 단계 투자자들의 투자금은 뒷 단계에 투자한 큰손 투자자들이 지분을 사들일 때 회수할 수 있습니다. 하지만 투자에 투자를 거듭하다 보면 결국 제일 나중에 투자한 거액의 투자자들은 어디에서 투자금을 회수할 수 있을까요? 일반적으로 두 가지 루트밖에 없습니다. 첫 번째 루트는 대기업이 인수합병M&A하는 케이스입니다. 돈 많은 대기업이 그 기업을 사들이는 것입니다. 기관투자자들은 투자금을 회수하고, 대기업은 새로운 신규 사업에 진출하여 사업을 확장시키고자 합니다. 두 번째 루트는 주식시장에 상장하는 것입니다. **주식시장에 상장한다는 의미는 이미 앞에서 투자한 투자자들의 지분을 주식시장에 팔아치운다는**

것을 의미합니다. 그렇다면 이들은 언제 상장을 하려고 할까요? 매출과 이익이 피크를 찍거나 폭발적인 성장세가 마무리되었을 때쯤에 팔아치우려고 하겠죠. 방탄소년단이 빌보드차트에서 1위를 기록하던 무렵이라든가, 배틀그라운드가 전 세계적인 대박을 쳤을 때, 전 국민이 카카오뱅크를 이용하기 시작했을 때쯤, 기업들이 상장됩니다. **왜냐하면 이전 투자자들이 주식을 제일 비싸게 팔아먹을 수 있을 때이기 때문입니다.** 개인투자자들은 평소 관심 있던 기업이 신규상장을 한다는 소식에 득달같이 달려들어 투자하지만, 그 이후부터 기업은 작은 악재에 큰 폭락을 거듭합니다. 배틀그라운드 접속 인원이 줄어들 때마다, BTS의 군 입대 시기가 다가올 때마다 서서히 주가는 하락합니다. 그래서 대부분의 신규상장 주식은 반토막은 우습고, 좋은 기업이라고 하는데도 3분의 1 토막, 4분의 1 토막도 심심찮게 나타납니다. 물론 모든 신규상장 주식이 폭락하는 것은 아닙니다. 하지만 신규상장 주식을 통해 이미 수십수백 퍼센트의 수익을 봐서 언제든 팔아치우려는 투자자들이 있다는 것을 잊지 마시기 바랍니다. 자본시장의 큰 판을 이해하여 신규상장주같이 함정이 많은 회사는 조심하는 것이 좋습니다.

12 승계 작업 중인 회사에 얼씬도 하지 말아야 할 이유

우리나라의 상속세의 최고세율은 50%입니다. 여기에 대주주 할증 과세 효과를 감안하면 30%가 추가되어 약 65%의 세율이 적용됩니다. 상속세 는 늘 논란의 중심인 세금입니다. 상속세를 찬성하는 입장은 갈수록 심 해지는 빈부격차를 해소하는 중요한 수단이라고 하며, 상속세를 반대하 는 입장에서는 가업상속을 어렵게 하므로 대를 잇는 훌륭한 기업이 만 들어지기 어렵다고 합니다. 무엇이 옳은지는 사람들마다 정치적 성향과 가치관에 따라 달라지겠지만 **일반적으로 우리나라의 우량주들이 저평가 국 면에서 벗어나지 못하는 이유 중 하나가 바로 상속세 때문이라고 해도 과언이 아닙니다.**

주식이 오르면 가장 좋은 사람은 누구일까요? 몇백만 원, 몇천만 원 투자한 개인일까요? 수억에서 수십억을 투자한 기관투자자일까요? 아 니면 회사의 지분을 30~40% 이상 소유한 대주주일까요? 당연히 기업의 지분을 제일 많이 가진 대주주가 주가가 오를수록 제일 좋을 것입니다. 보유 주식 주가가 오르면 개인의 재산은 더욱 커집니다. 늘어난 주식 재 산을 담보로 돈을 빌려 새로운 사업을 할 수도 있고요. 기업의 시가총액 이 커졌다는 그 자체가 자본주의사회에서의 명예를 상징하기도 합니다.

하지만 기업을 자녀에게 승계하는 중인데 주가가 오른다면 이야기는 달라집니다. 주가가 오르면 상속세의 규모도 커집니다. 자녀에게 기업이 완전히 승계되기 전까지는 주가가 낮을수록 유리하다는 이야기입니다. 이는 우리나라 주식시장에 터무니없이 저평가된 주식들이 난립하는 이유입니다. 이들 기업의 대주주들은 승계 작업을 하는 동안 절대 주가가 오르기를 바라지 않습니다. 그렇기 때문에 회사 홍보도 하지 않고, 조용히 주가가 하락하기만을 기다립니다. 심지어 일부러 악재를 내는 것이 아닌가 하는 의심도 들 정도입니다. 이는 주가 부양을 위해 늘 열심히 홍보하는 회사들과는 대조적이죠. 주가가 낮으면 낮을수록 상속세 규모가 줄어들어 유리해지기 때문입니다.

즉, 아직 자녀에게 승계가 완료되지 않은 회사는 아무리 저평가 기업이라고 해도 쉽게 오르지 않는 경우가 많다는 것입니다. 주식시장에서는 순자산이 1,000억 원인 기업이라고 해도 300억 원에 거래될 수 있습니다. 심지어 현금만 1,000억 원이 있는 기업이라고 해도 300억 원에 거래될 수 있다는 이야기입니다. 일반 투자자 입장에서 주가 폭락은 뼈아픈 슬픔이지만, 대주주 입장에서는 상속세 절감의 찬스라 나쁠 게 없습니다.

그렇다면 이러한 주식들은 승계가 완료될 때까지 주가가 오르지 않는 것일까요? 꼭 그렇지는 않습니다. 애초에 이런 주식들은 승계 중이기 때문에 주가가 안 오른다는 인식이 강해 주가 반응이 시원찮습니다. **그런 와중에 경영권이 바뀐다는 소문이 돌면 비로소 주가가 폭등합니다.** 대주주가 기업을 매각하려고 한다거나, 슈퍼개미나 행동주의 펀드가 지분을 모아 경영권 소송을 제기할 때, 혹은 기업의 대주주가 사망했을 때 주가가 반응합니다. 한마디로 주식이 저가에 머물러야 할 이유가 없어지면서 그동안 눌려왔던 주가가 한번에 폭발한다는 것이죠.

 가치투자를 위시한 저평가 기업 투자는 기약을 모르는 힘든 싸움이 될 수 있습니다. 하지만 기업의 지배구조의 변화를 주의깊게 본다면 저 평가 급등주를 발굴할 수도 있을 것입니다.

13 자산을 쪼개서 판다면 의심하라

2018년 삼성전자는 1주를 50주로 쪼개는 '액면분할'을 진행했습니다. 액면분할 직전 1주당 265만 원이었던 삼성전자의 주식은 50분의 1인 5만 3,000원으로 처음 거래를 시작합니다. 액면분할은 주식 1주를 50주로 쪼개는 것이기 때문에 기업의 가치는 변화하지 않습니다. 다만 1주당 가격이 낮아지므로 유통 거래수가 많아져서 거래가 활발하게 이어질 수 있게 됩니다. 그동안 서민들이 1주당 200만 원을 훌쩍 넘기는 삼성전자 주식을 매수하는 건 쉽지 않은 일이었습니다. 우리나라 최고의 기업에 투자하고 싶어도 1주당 200만 원이다 보니 투자하지 못하는 사람들이 많았지만, 1주당 5만 원대의 주식이 되자 누구나 투자할 수 있는 주식이 되었습니다. 모두 술값을 아껴서 삼성전자에 묻어놓아야겠다며 새로운 투자 붐이 일어났습니다. 실제 2018년 3월 24만 명에 불과했던 삼성전자의 소액주주 숫자는 3개월 만인 6월에는 62만 명으로 두 배 넘게 늘어나기도 했습니다. 소액투자자들이 새롭게 합류하면 삼성전자의 주식은 더욱 오를 것이라 예상했습니다. 하지만 삼성전자 주식은 액면분할 당시 고점을 치고 연말이 되자 3만 원대로 곤두박질치며 무려 30% 이상 하락합니다. 도대체 왜 이런 일이 생긴 것일까요?

어떤 자산을 상품화하여 잘게 쪼개 판다는 것이 무엇을 의미할까요? 가장 먼저 드는 생각은 돈이 얼마 없어도 투자할 수 있게 된다는 점입니다. 맞습니다. 하지만 이를 거꾸로 생각해보면 더 이상 사줄 사람이 없으니 새로운 구매자들을 발굴하는 작업으로 해석할 수 있습니다. 주식시장도 알고 보면 대주주가 기업을 팔아먹는 시장으로 해석할 수 있으며, 부동산 리츠 상품도 부동산을 잘게 쪼개 파는 것으로 해석할 수 있습니다. 1,000억 원 상당의 건물 팔려고 한다면 매수자를 쉽게 찾기 어렵지만 3,000만 원씩 투자하는 3,000명의 투자자를 찾는 것은 생각보다 어렵지 않습니다.

이처럼 어떤 기초자산을 잘게 쪼개어 판다는 행위에는 늘 경계심을 가져야 합니다. 이런 상품들은 대체로 과거 부자들의 전유물이었던 투자자산군에서 나타나며, 유동성(돈)이 많이 풀린 시기에 성행합니다.

대표적인 예가 다세대주택, 아파트 같은 경우입니다. 땅을 구입한 다음 잘게 쪼개 판매하는 것이죠. 40년 전 지어진 15층짜리 아파트는 50층짜리 아파트로 지어져 더욱 잘게 쪼개져 판매됩니다. 40년이 다 된 낮은 아파트들이 재건축 물건으로 수십억을 넘는 것은 바로 이런 이유 때문입니다. 하지만 과연 현재 50층 아파트가 40년 후에 150층짜리 아파트로 쪼개 팔 수 있게 될까요?

같은 원리로 상업용 빌딩 부동산을 쪼개 파는 리츠 상품도 있습니다. 소액으로 강남의 건물주가 될 수 있다고 유혹합니다. 최근에는 음악 저작권을 쪼개 파는 상품들도 나타납니다. 미술품이나 예술품 NFT를 쪼개 파는 경우도 있습니다. 그런데 예술품을 서로 쪼개서 나눠 가지는 게 의미가 있을까요? '드디어 나도 살 수 있게 되었구나'가 아니라 '왜 나도 살 수 있게 되었을까?'를 생각해보는 게 필요합니다. 이런 투자상품들은 과거 부자들이 즐겨 하던 투자자산군에 속합니다. 늘 뉴스를 보며 그들을 부러워했었죠. 하지만 이런 투자 건들이 나에게 왔다는 것에 늘 의심해야 합니다. 가장 중요한 사실은 진짜 부자들은 이런 쪼개 파는 상품들을 사지 않는다는 것입니다. 부자들이 즐겨 하던 투자 대상이 우리에게 왔다고 해서 절대 현혹되면 안 될 것입니다.

14 투자하기 전에 알아야 할 최소한의 지식

투자의 시대에서 가장 유망한 사업은 바로 재테크 사업입니다. 부자가 되고 싶어 하는 욕망을 장사하는 재테크 시장은 늘 성수기입니다. 주식 매매 수수료로 고액 연봉을 나눠 먹는 증권사, 자산을 불려주겠다며 운용 수수료를 받는 자산운용사, 주식 종목들을 골라주겠다며 회비를 받는 주식전문가, 특별함 없는 컨설팅으로 수수료를 받는 부동산전문가, 흔하디흔한 노하우를 수백만 원 판매하는 주식 부동산 강사들……. 이들이 아무리 양질의 서비스를 제공한다고 해도 제대로 따라가는 사람은 소수에 불과하며, 아마 대부분의 사람들이 회비와 수수료만 날린다는 것은 조금만 생각해본다면 누구나 알 수 있는 사실입니다. 온갖 매체에 출연해 우리의 편을 들면서 함께 돈을 벌어가자며 외치는 사람들의 말에는 의심에 의심을 더해야 합니다. 이들은 철저한 댓글 관리는 기본이고, 통상 투자에 실패하면 위축되어 조용해지고, 투자에 성공하면 자랑하고 싶어 하는 인간의 습성을 이용합니다. 마치 자신만 빼고 모두가 부자가 되는 것처럼 보이게 하는 착각을 일으켜 조급함을 앞서게 합니다.

　살아남기 위해서는 그들이 소개하는 투자상품 안에 존재하는 논리적 결함과 리스크를 읽을 줄 알아야 합니다. 그러기 위해서는 공부에 공부를 거듭하는 수밖에 없으며 그들에 맞먹는 수준의 지식을 갖추어야만 합니다. 최소한 남들만큼 벌려면 남들이 아는 것은 기본적으로 알아야 합니다. 그렇다면 어떤 공부가 기본적으로 선행되어야 할지 하나씩 살펴보도록 하죠.

1. 거시경제학

투자를 하기 위해서는 기본적으로 경제학에 대한 이해가 선행되어야 합니다. 물론 경제학을 알아도 현실에서 미래를 예측한다는 것은 어렵습니다. 그럼에도 거시경제에 대한 이해가 있어야만 전체적인 흐름을 따라갈 수 있기에 반드시 알아야만 합니다.

2. 경영학에서의 재무관리

통상 재무관리에 나오는 이론들이 현실과 일치하지 않습니다. 실제 노벨경제학상을 받은 천재들의 헤지펀드인 LTCM도 파산했죠. 이러한 이유로 마치 모든 경제학과 재무학이 쓸모없는 것처럼 여기는 사람들도 있습니다. 하지만 재무관리 이론들의 취지와 원리를 이해하지 못한다면 투자에 대한 기본적인 분석 방법도 없이 투자하는 것과 다름없습니다.

3. 회계학

장부를 작성하지는 못해도 재무제표는 읽을 줄 알아야 합니다. 하지만 회계학을 배우다 보면 단순히 재무제표를 읽는 것을 넘어 회사가 탄생하고, 성장해나가는 과정을 배울 수 있습니다. 이러한 회사의 생애주기를 안다는 것은 현재 기업의 대주주나 CEO가 무슨 생각을 하고 있는지 안다는 것이며 이는 투자에 큰 도움이 됩니다.

4. 정치와 사회, 국제 이슈

정치 개별 이슈가 무엇인지 알아야 하고, 현존하는 사회 이슈에 대해서도 모두 알아야 합니다. 어떤 이슈가 있을 때, 그 이슈에 대해서 어떤 정당이 찬성하고 어떤 정당이 반대하는지, 그리고 타협점은 어떻게 될지를 아주 자연스럽게 느낄 수 있어야 합니다. 국제 이슈 역시 마찬가지입니다. 각 국가별로 이해관계가 어떠한지, 분위기는 어떠한지 뉴스 헤드라인만 보더라도 상황 파악이 되어야 합니다.

5. 산업에 대한 공부

다양한 산업들에 대한 공부가 필요합니다. 반도체산업, 2차전지산업, 식품산업, 미디어산업, 바이오산업 등 우리 사회를 구성하는 다양한 산업에 무엇이 있는지를 파악해야 하고, 이들 산업의 본질과 경쟁력에 대한 이해가 높아야 합니다.

6. 조직에서의 직장 생활

기업과 같은 조직에서 일해본 적이 없는 사람이 과연 기업에 투자를 할 수 있을까요? 공장과 사무실이 어떻게 구성되어 있고, 이들이 어떤 방식으로 돌아가는지 직접 또는 간접적으로 경험해보지 않는 이상 이를 파악하기는 불가능합니다. 기업이나 정부와 같은 조직에서 의사결정이 어떻게 이뤄지는지, 각 부서들의 역할은 무엇인지 등을 알아야 합니다. 과장급 이상의 업무 경력이 있다면 회사가 돌아가는 방식을 어렴풋이나마 이해할 수 있을 것입니다.

7. 투자시장에 대한 공부와 경험

부동산시장에 대한 공부, 주식시장에 대한 공부가 필요합니다. 별도의 학문이 있는 것은 아닙니다. 주로 시장 경험자들에 의해 이야기로 전해집니다. 직접 과거 뉴스를 찾아보고, 데이터를 직접 살펴보면서 시장에 대한 이해를 높여야 합니다.

8. 개별 투자상품에 대한 공부

주식이 무엇이고, 채권이 무엇인지, 선물은 무엇인지, 옵션은 무엇인지 개별 금융상품들의 특성과 로직을 알아야 합니다. 각 금융상품이 어떤 취지로 만들어졌는지, 언제 어떤 조건일 때 누가 이득을 보고 누가 손해를 보는지 알아야 합니다.

유명한 투자 서적과 월가의 투자 대가들은 너무 많은 지식은 투자에 별 도움이 되지 않는다고 충고합니다. 그들이 실전투자에 사용되는 지식은 거창하지 않다고 말하죠. 하지만 우리는 그들이 하는 말의 취지를 이해해야 합니다. 그들은 명문대 출신의 엘리트인데다가 공부할 만한 것들은 모조리 다 해본 사람들입니다. 이후 실전투자를 해보면서 자신만의 무기를 단순화하다 보니 실제 사용되는 지식들은 거창하지 않았다는 것입니다. 하지만 그들이 지식을 축적해온 과정이 정말 쓸모없던 과정이었을까요? 전혀 그렇지 않습니다. 기본적인 것들은 일단 알고 시작해야 그다음에 단순화한 자신만의 무기가 만들어질 것이기 때문입니다.

15 투자 경험을 극대화시키는 비법

투자와 관련한 기본적인 지식이 갖춰졌다면 그다음은 자신만의 노하우를 쌓아 올려야 합니다. 노하우는 당연히 경험에서 오는 것입니다. 똑같은 교과서로 경제를 공부하고 같은 시장을 경험했는데도 전문가마다 의견이 다른 것은 사람마다 경험이 다르고 그 경험에서 느꼈던 바가 다르기 때문입니다.

시장에서의 경험은 직접 경험해나가는 것이 제일 좋습니다. 하지만 주식시장은 데이터를 통해 과거 경험이 가능한 곳입니다. 데이터를 통해 과거를 경험한다는 말이 무엇일까요? 우리는 인터넷에 검색만 해봐도 과거 뉴스를 볼 수 있고, 과거의 거시경제 데이터, 과거의 주가 흐름을 알 수 있습니다.

주가가 움직이는 원리를 생각해봅시다. 주가의 움직임은 호재나 악재와 같은 정보가 노출될 때 수급 주체의 거래 행동에 따라 나타납니다. 나쁜 소식은 매도 행동을 이끌어 주가를 하락시키고, 좋은 소식은 매수 행동을 이끌어 주가를 상승시킵니다. 즉, 정보가 인간의 행동을 움직여 가격의 변동으로 이어지게 한다는 것이죠. 우리가 과거로 돌아가 경험한다는 것은 과거의 정보들이 어떻게 주가를 움직였는지를 분석하는 것입니다. 과거의 정보와 가격의 움직임을 분석한다는 것은 우리가 과거로 돌아가 경험을 하는 것과 다름없는 일입니다. 다행히 정보와 가격은 인터넷과 주가 차트에 고스란히 남아 있습니다. 인터넷에서 몇 번의 클릭만으로 과거로의 시간 여행이 가능합니다. 예를 들어 IMF 당시 주가는 어떻게 움직였는지, 주가의 회복은 어떤 방식으로 됐는지는 과거 뉴스 검색을 통해 알 수 있습니다. 특히 신문사마다 제공하는 뉴스 아카이브 기능은 우리가 과거 여행을 하는 데 도움을 줍니다. 증권사에서 제공하는 HTS나 Investing.com이나 TradingView.com과 같은 사이트는 오래전의 주가의 가격 차트를 제공합니다. 2008년 금융위기 당시의 이야기를 듣는 것보다 직접 차트를 보고, 당시 뉴스를 직접 찾아본다면 경제의 흐름을 읽을 수 있습니다. 이러한 시간 여행을 하다 보면 과거의 일들이 현재에도 지속적으로 반복되고 있다는 사실에 크게 놀라게 됩니다.

미래로의 여행은 불가능합니다. 미래학자, 교수, 투자전문가들은 앞으로의 미래를 예측하며 투자의 방향성을 제시해줍니다. 이들의 미래 예측은 다양한 근거를 제시하고 논리적이기 때문에 굉장히 설득력이 있지만 실제 미래가 예측한 대로 흘러가는 경우는 극히 드뭅니다. 도서관에서 몇 년 전에 발간된 미래 예측서들을 둘러보면 그들의 미래 예측이 얼마나 터무니없고 황당무계한 소리였는지 그 실체를 여실히 알 수 있습니다. 우리가 할 수 있는 공부는 과거로의 여행을 통한 경험 습득으로 현재와 미래에 유사한 일들이 펼쳐질 것임을 예상하는 것뿐입니다. 즉, 세상의 새로운 기술을 예측하는 것이 아니라 변하지 않는 인간의 행동을 공부해야 하는 것입니다. '전기차의 시대가 열릴 거야! 달나라에 가는 시대가 열릴 거야!'가 아니라 '2000년대 IT 버블 땐 인텔이 급등했었구나. 신기술에 열광하면 주식이 저렇게까지도 오르는구나. 그런데 버블이 무너지니 원위치로 갔네. 인텔은 지금까지도 돈 살 버는 우량주인데…… 테슬라도 저렇게 될지도 모르겠구나!', '2010년에는 타워팰리스가 반토막이 되었네? 그런데 왜 다들 강남불패를 외치는 거지?' 식의 분석만이 유효합니다. 'IMF 시절 삼성전자의 주가는 어땠을까?' '잘 오르던 현대차 주식은 왜 2014년부터 떨어진 것일까?' 스스로 다양한 물음을 던져보시고, 당시 차트를 살펴보며 당시의 뉴스를 찾아보면서 흥미롭게 경험을 늘려나가야 합니다.

투자업계는 늘 같은 시간, 같은 종목을 두고서도 전문가들의 의견이 엇갈립니다. '사야 된다, 팔아야 된다, 지켜봐야 된다' 등 전문가의 말이 이처럼 엇갈리는 분야도 없을 것입니다. 본인 스스로가 실력이 없다면 결국 말을 더 잘하는 사람, 인상이 좀 더 착해 보이는 사람의 말을 듣게 되는데, 그러한 투자는 실패로 이어집니다. 본인 스스로 과거 데이터를 분석해봄으로써 스스로의 결론이 나와야 다양한 전문가들의 의견들과 시너지를 발휘하며 흔들리지 않는 투자를 할 수 있습니다.

| PART 5 |

자본주의의
성공 마인드를
이해하는 3분

01 종교개혁과 청교도 정신의 탄생

모든 인간에게는 더 잘 살고 싶은 욕구가 있습니다. 더 부자가 되고 싶고, 더 행복해지고 싶고, 더 인기가 많아지고 싶습니다. 하지만 이런 생각들을 표출하게 된 시기는 그리 오래되지 않았습니다. 오랜 인류 역사를 살펴보면 더 잘 살기 위한 욕심은 거부되어야만 하는 생각이었기 때문이었죠. 동서양의 모든 종교, 도덕, 철학, 전통에서는 물질적 풍요를 좇으면 안 된다고 늘 경고했습니다. 돈 버는 데 탁월한 재주를 갖는다고 평가하는 유대인 정도를 제외하고 대부분의 사람들에게 돈을 벌기 위해 애쓰거나 욕심을 부리는 것은 금기시되었습니다.

왜 그랬을까요? 아마 인류 대다수가 오랜 기간 농경사회에 뿌리를 내려 생활했기 때문이라 생각됩니다. 비료가 발명되기 전까지는 땅을 아무리 효율적으로 사용해도 생산되는 작물의 양은 제한적이었습니다. 더 노력한다고 더 많은 수확을 거두는 게 아니었죠. 한 해의 작황은 그해의 일조량과 강우량에 달려 있었고 이는 사실상 하늘의 뜻이었습니다. 그런 사회에서 누군가 부자가 되기 위해 욕심을 낸다면 어떤 일이 일어날까요? 생산성 향상이 제한적인 상황에서는 남의 것을 가져와야만 합니다. 결국 갈등으로 번지고 사회체계는 무너지게 될 것입니다. 이런 시대적 상황에서 우리 인류는 욕심을 부리면 안 된다는 지혜를 종교, 도덕, 철학으로 발전시킨 것이었죠.

하지만 중세 이후에 사회는 변화했습니다. 십자군전쟁을 통해 이슬람 사회와의 교류가 늘어나면서 자연스럽게 상업이 발달합니다. 상업이 발달하게 되면서 여러 새로운 직업이 생겨났고, 도시의 발전이 두드러집니다. 이 무렵 중세 그리스도 교회는 쇠퇴하고 있었습니다. 십자군전쟁으로 궁핍한 재정을 해결하기 위해 면죄부를 팔았고 그렇게 교황의 힘은 약해졌으며 교회는 타락하고 맙니다. 이러한 배경에서 독일의 루터는 면죄부 폐단을 지적하는 95개 반박문을 내걸었고, 유럽 각지로 확대됩니다. 마찬가지로 유럽 각지에서는 가톨릭 세력과 싸우기 위한 새로운 종교 사상이 발현되었고, 칼뱅 역시 그들 중 하나였습니다.

칼뱅 교리의 핵심은 예정설이었습니다. 인간의 구원은 신에 의해 미리 예정되어 있고 인간은 스스로 자신의 운명을 바꿀 수 없다고 말했습니다. 이 말은 '**현재 너의 직업은 하나님의 뜻이므로 너의 직업에서 근면 성실을 다하면 구원받을 수 있다**'라는 의미였습니다. 돈만 밝힌다고 천시받던 상인과 금융업자들은 새로운 기독교의 논리를 받아들입니다. 칼뱅주의는 상인들의 집결지였던 네덜란드 도시에서 널리 퍼졌는데, 가까운 영국에도 영향을 미칩니다. 당시 영국은 영국성공회라는 기독교적 요소와 가톨릭적 요소를 둘 다 가지고 있는 자체적인 종교를 확립한 상태였습니다. 그리고 영국성공회 안에 있는 강경파 칼뱅주의자가 바로 청교도였죠. 즉, 청교도는 가톨릭적 요소에 저항하는 자들이었습니다. 이들 청교도 교인들은 영국성공회 주류 세력에 박해를 받았고, 결국 희망을 품고 신대륙 미국으로 건너갑니다. **금욕적이며 성실을 최우선으로 삼는 청교도 정신은 무에서 유를 창조해야 했던 험난한 미국 개척 과정을 성공적으로 이끌었죠.** 이후

20세기 초 독일의 사회학자 막스 베버Max Weber는 '프로테스탄티즘 윤리와 자본주의'라는 논문을 통해 현대 자본주의의 정신은 종교개혁 이후 생겨난 신교도들의 근면, 금욕 정신과 떼려야 뗄 수 없는 관계임을 주장하기도 합니다. 경제 환경이 변화하고, 자본주의가 탄생하면서 사람들의 삶이 변화해나가자 종교 역시 사람들의 변화에 적응하여 새로운 교리들이 만들어졌습니다. 사람들은 자신의 삶을 대변해주는 이러한 새로운 교리에 적응해나갔습니다.

자기계발의 원조:
벤저민 프랭클린의 13개 덕목

종교적 자유를 찾아 아메리카 대륙으로 떠난 청교도인들은 미국 땅에 자리 잡습니다. 그리고 미국인들은 **이신론理神論**을 받아들이며 미국만의 독특한 정신적 사상 체계를 구축됩니다. 이신론이란 하나님은 존재하지만 직접적으로 세상일에 관여하지 않는다고 믿는 기독교 신학의 변종입니다. 하나님이 세상을 창조했지만 피조물에는 개입하지 않는다는 의미로, 결국 세상은 자연의 섭리대로 움직인다는 것이죠. 쉽게 말해 **하나님은 세상이 돌아가는 원칙만 만들었을 뿐, 그 세상 안에서 삶을 만들어나가는 것은 인간의 몫**이라는 이야기였죠. 미국 건국의 아버지라 불리는 존 애덤스John Adams, 토머스 제퍼슨Thomas Jefferson, 벤저민 프랭클린Benjamin Franklin 등의 인물들은 대표적인 이신론자들이었습니다. 이렇게 청교도 정신과 이신론 사상은 서로 결합되어 미국만의 정신으로 재탄생합니다. 더 많은 일을 해내고, 더 많은 부를 일구는 것이 올바른 삶이라 여겨집니다.

벤저민 프랭클린은 가장 미국적으로 자수성가를 이룩한 전형적인 인물입니다. 그는 미국 100달러 지폐 속 초상화의 주인공이기도 할 만큼 미국인들이 존경하는 인물이기도 합니다. 그는 가난한 인쇄 견습공으로 청소년기를 보낸 후 출판업자, 작가, 신문 발행인, 외교관, 발명가에 이르는 다양한 영역을 개척해나간 초인적인 인물이었습니다. 그는 미국 최초의 공공도서관을 설립했고, 전기에 대한 이론을 확립해 피뢰침을 발명하기도 합니다. 미국 독립선언문 작성에 참여했고, 파리조약 당시 마국 대표로 파견되기도 했죠. 그는 철저한 시간 관리를 통해 정말 많은 일을 해냈습니다. 그는 자서전에서 밝힌, 평생을 실천하기 위해 노력했던 13개 덕목으로 스스로를 담금질하였는데, 하나씩 살펴볼까요?

1. **절제**   배부르도록 먹지 마라. 취하도록 마시지 마라.

2. **침묵**   자신이나 남에게 유익하지 않은 말은 하지 말라.

3. **질서**   모든 물건을 제자리에 정돈하라. 모든 일은 시간을 정해놓고 하라.

4. **결단**   해야 할 일은 하기로 결심하라. 결심한 것은 꼭 이행하라.

5. **검약**   자신과 다른 이들에게 유익한 일 외에는 돈을 쓰지 마라.

6. **근면**   시간을 허비하지 말라. 언제나 유용한 일을 하라.

7. **진실함**   남을 일부러 속이려 하지 말라. 순수하고 정당하게 생각하라. 말과 행동이 일치하게 하라.

8. **정의**   남에게 피해를 주거나 응당 돌아갈 이익을 주지 않거나 하지 말라.

9. **온건함**   극단을 피하라. 상대방이 나쁘다고 생각되더라도 홧김에 상처를 주는 일을 삼가라.

10. **청결함** 몸과 의복, 습관상의 모든 것을 불결하게 하지 말라.

11. **침착함** 사소한 일, 일상적인 일이나 불가피한 일에 흔들리지 말라.

12. **순결**   건강이나 자손 때문이 아니라면 성관계를 피하라. 감

각이 둔해지거나 몸이 약해지거나, 자신과 다른 평화
와 평판에 해가 될 정도까지 하지 말라.

13. 겸손함 예수와 소크라테스를 본받으라.

벤저민 프랭클린의 정신은 자기계발의 원조입니다. 미국인들에게 그의 정
신은 아직도 100달러 지폐에 남아 숨 쉬고 있습니다. 철저한 금욕적 마
인드를 통해 자신의 삶을 엄격하게 통제하는 강인한 정신력이 깃들어
있습니다. 미국이 지금까지 자본주의를 꽃피우고 지금까지 패권을 유지
할 수 있었던 것에는 미국인들에게 이러한 자기계발 정신이 강하게 자리
잡고 있어서가 아닐까 생각해봅니다.

미국인의 정신적 지주:
랩프 월도 에머슨

1830년대부터 1840년대까지 미국은 농업국가에서 산업국가로 전환하던 시기였습니다. 철도가 깔리기 시작했고 서부 개발이 시작되었습니다. 국부가 급격하게 늘어나던 시기로 돈만 생각하는 물질주의가 만연해 있었습니다. **세상이 변화하는 시기에는 필연적으로 그러한 시대정신에 맞는 새로운 사상이 등장**하는데, 이 시기에 등장한 사상이 바로 '초월주의'입니다. 초월주의는 낭만주의, 이상주의, 신비주의, 개인주의 등을 종합한 사상이었습니다. 칼뱅주의의 억압적 종교 교리에 대한 반발로 생겨난 것이었죠. 초월주의는 세상과 신은 하나이며, 신이 세상 안에 깃든 만큼 인간 내부에도 신성이 깃들어 있다고 보는 사상입니다. 미국의 청교도주의, 독일의 관념주의, 영국의 낭만주의, 신플라톤주의, 인도의 힌두교 등에서 온갖 지혜들이 혼합된 사상이었는데, 인간의 자유로운 발전을 저해하는 사회의 모든 요소에 비판을 가합니다.

초월주의의 창시자는 랩프 월도 에머슨Ralph Waldo Emerson입니다. 그는 자기계발 전도사는 아니었지만 그의 사상은 개척 시대의 미국인들에게 강한 독립적 자존감을 형성시켜주었습니다. 사상적, 문화적으로 영국에 종속되었던 미국이 새 시대를 만들기 위한 미국만의 정신을 만들기 위해 탄생한 사상이라 볼 수 있습니다. 그의 에세이 『자기신뢰Self-Reliance』를 읽다 보면 나약해진 마음이 다시금 불타오르는 것을 느낄 수 있습니다. 그래서인지 이 책은 지금까지도 자기계발서로도 많이 읽히며, 오바마 대통령이 즐겨 읽는 책으로 유명해져 현대에 이르러서는 자기계발서로 자리매김하고 있습니다.

자기 신뢰는 초월주의의 핵심적 사상을 다룹니다. 한마디로 '너 자신을 믿어라'라는 사상입니다. 인간은 자신의 직관적 지식을 믿으며 독립적이고 힘차고 담대하게 운명에 맞서 살아야 하는 존재라는 것입니다. **종교, 기존 학문, 전통으로 대변되는 사회에 순응하지 말고 '내 인생은 나의 것'이라는 강한 독립적 존재로 우뚝 서야 한다는 것이죠.**

자기 자신의 생각을 믿어야 한다. 하지만 사회는 자기 자신을 믿고 사는 자들을 혐오한다. 그럼에도 내 인생은 나의 것이지 남에게 보여주기 위한 것이 아니다. 사회에 순응하는 것은 당신의 잠재력을 흩어버리고 만다. 자신의 일을 하는 것이 자신을 더욱 강하게 만들어줄 것이다. 이렇게 자기 자신을 믿는 자가 천재들이다. 위대한 인물들은 남이 뭐라 하든 굳건한 자세로 자신의 직관을 믿고 나아간 자들이다. 삶은 지금 이 순간의 것이다. 과거는 지난 세월일 뿐이다. 지금 힘을 내 움직여야 하며, 가슴이 시키는 일을 해야 한다.

에머슨의 이야기는 동기부여를 자극하는, 자기계발서에서 흔히 보던 사유의 흐름임을 알 수 있습니다. 이렇게 남에게 얽매이지 말고 자신이 생각하는 바를 실천하라는 메시지는 누구에게 깊은 감동을 주었을까요? 아마도 자본주의하에서 자수성가를 통해 성공하려는 사업가들이 큰 감명을 얻었으리라 생각됩니다. 성공하기 전까지 아무도 인정해주지 않는 고독함을 자기 자신만을 믿으며 버텨야 하고, 헤쳐나가야 하기 때문이겠죠. 그렇게 자기 신뢰의 사상은 미국의 자본주의와 만나 수많은 혁신가와 창업가들을 배출했습니다. 지금도 남 눈치 안 보고 다양한 생각이 존중받으며, 혁신 사업가가 끊임없이 배출되는 미국에 뿌리 깊게 박힌 사상적 근원에는 바로 에머슨이라는 정신적 지주가 자리하고 있습니다.

04 최초의 자기계발서 등장: 자조론

'하늘은 스스로 돕는 자를 돕는다'는 말은 자본주의 시대를 열심히 살아가는 우리들이 정말 많이 듣는 격언입니다. 이 격언은 하나님이 열심히 노력하는 자를 도와준다는 의미로 많이 해석되지만, 사실 신학에서 유래된 격언이 아닙니다. 현대식 자기계발서의 시조라 불리는 새뮤얼 스마일스Samuel Smiles가 1859년에 쓴 『자조론 Self-Help』이란 책의 첫머리에 나오는 격언입니다. 『자조론』의 저자인 새뮤얼 스마일스는 의사 출신의 정치개혁가로 세상을 바꾸겠다며 정치에 가담했지만 이내 환멸을 느낍니다. 그가 가까이에서 보니 정치지도자들은 말만 번지르르한 게으른 부랑자들에 불과할 뿐이었고, 정작 사회를 움직이는 것은 성실하게 일하는 노동자들이라는 것을 알게 된 것입니다. 그리고 사회가 변화해나가기 위해서는 사람들이 자조 정신을 가지고 있어야 한다는 사실을 깨닫습니다. 즉, **제도나 사회개혁보다 중요한 게 개개인의 자기계발이고, 개개인들이 자기계발하는 사회는 결국 발전해나간다는 이야기죠.** 그의 이야기는 당시 사회주의자들에게 비난받곤 했지만, 역설적으로 자본주의사회에서 개인이 취할 수 있는 가장 적합한 사고방식임을 의미했습니다. 150년 전에 쓰인 책이지만, 책의 핵심 주제는 21세기의 자기계발서 내용과 크게 다르지 않습니다.

1. 국가는 개인의 삶을 책임져주지 않는다. 각자 자기계발에 정진하고 열심히 노력하는 것만이 성공에 이르는 방법이다.

2. 위대한 발명가, 도예 명장, 천재 예술가들의 성공 비결은 근면한 태도에 있다. 그들은 천재적인 두뇌가 아니라 반복과 인내 그리고 부지런한 노력을 통해 성공했다.

3. 명문 가문이 몰락하기도 하며, 시장 상인에 불과했던 자들이 근면과 끈기로 귀족이 되기도 한다.

4. 목적의식을 설정하고 용기를 내어 즉시 행동으로 옮겨라. 의지만 있다면 누구나 해낼 수 있다.

5. 사업에서도 슬기롭고 근면하게 실행하는 것이 성공에 이르는 큰 비결이다. 대박을 터뜨리는 것은 사람 파멸로 이끌 뿐이다.

6. 돈을 올바르게 사용하는 능력은 훌륭한 인격적 자질이다. 분수에 맞게 살아야 하며, 빚을 지지 마라. 사치와 유혹을 뿌리쳐라.

7. 자기 교육을 통해 스스로 학습하고 지속적인 성장을 해야 한다.

8. 부모로서 귀감이 되도록 모범을 보이고, 말과 행동은 일치해야 한다.

9. 인격은 힘이다. 고매한 인격의 핵심은 진실성, 성실성, 선량함이다.

『자조론』의 내용들은 어쩌면 누구나 알고 있는 지극히 당연한 교훈들입니다. 그럼에도 영국 최전성기의 베스트셀러였으며, 일본이 메이지유신 당시 자조론 사상을 수용해 근대화에 성공한 사실도 잘 알려져 있습니다. 다만, 다른 모든 자기계발서와 마찬가지로 성공한 자들의 사례만 각색되어 있을 뿐, 노력했음에도 실패한 자들의 이야기는 나오지 않습니다. 저자 역시 인정합니다. 실패한 사람들의 이야기는 교훈보다는 지나치게 좌절감을 안겨줄 우려가 있으며 어차피 대중들은 실패한 자들에게 아무런 관심도 주지 않다는 사실을 말이죠. 저자는 '인간은 성공을 자기 마음대로 거둘 수 없다. 그러나 더 노력하면 성공할 자격을 갖출 수는 있다'라고 주장합니다. 맞습니다. 자본주의사회에서 살아남고 성공하기 위해서는 자기계발 정신으로 노력이라도 해야 합니다. 노력이 성공으로 이어진다는 말이 꼭 진실은 아니더라도 말이죠.

05 신사고 운동과 자기암시법의 등장

에머슨의 초월주의에 영향을 받은 미국의 기독교사상은 내면과 정신의 중요성이 강조되기 시작합니다. 이런 시대적 배경하에 변종 사상이 등장하는데, 바로 최면술사였던 피니어스 큄비Phineas Parkhurst Quimby에 의한 **신사고 운동**New Thought이었죠. 그는 질병이 마음의 문제라고 주장했는데, 모든 질병은 생각에 의해 생기는 것이고, 잘못된 생각을 고치면 질병이 치료된다고 주장합니다. 결국 모든 것은 마음먹기에 달려 있다는 것이었습니다. 이런 시대적 변화는 성공과 부를 얻는 것 역시 자기 자신의 마음에 달려 있다는 이야기로 변형되어 유행하기 시작합니다.

여기에 무의식의 힘을 강조하는 자기암시법이 큰 히트를 칩니다. 자기암시법의 창시자는 프랑스의 약사 에밀 쿠에Émile Coué로 알려져 있습니다. 어느 날 저녁, 시간이 늦어 병원에 가지 못한 지인이 통증을 느껴 그를 찾아왔는데, 그는 다음 날 병원에 꼭 가보라고 권하며 인체에 무해하지만 아무 약효가 없는 포도당 알약을 처방해줍니다. 그 후 며칠 뒤 지인은 그 약을 먹고 깨끗이 나았다며 감사 인사를 합니다. 환자가 치료에 대한 믿음 자체만으로 병을 스스로 치료한 것입니다. 이는 우리에게 플라시보 효과placebo effect로 잘 알려져 있습니다. 또, 에밀 쿠에는 약국을 경영하던 중 신약을 찾는 고객들이 내용보다는 포장이나 선전에 따라 보다 강한 효과를 받고 있다는 사실을 발견하였고 그렇게 최면술에 흥미를 가집니다. 그는 인간 무의식에 잠재된 힘에 매료되었죠. 1920년 그는 플라시보 효과를 바탕으로 자기암시법을 창시하며 『의식적인 자기암시를 통한 자기 정복Self Mastery Through Conscious Autosuggestion』이라는 책을 출간합니다. 난치병 치료에 자기암시법을 도입하고, 우리의 삶 자체도 자기암시를 통해 더 나아질 수 있다고 주장합니다. 그는 인간의 자아는 의식과 무의식으로 이루어져 있는데 무의식에 속한 우리의 정신력은 무척 강하기 때문에 우리는 무의식에 긍정적인 마인드를 주입하면 삶이 달라질 수 있다고 이야기했죠.

그렇게 그가 만든 비법 공식은 바로 **"모든 면에서 나는 나날이 점점 좋아지고 있다(Everyday, in every way, I'm getting better and better)"라는 주문을 반복해서 말하는 것**입니다. 계속 말하다 보면 우리의 잠재의식 즉 무의식 영역에 긍정적인 힘을 불어넣을 수 있다는 주장입니다. 허무맹랑한 이야기처럼 들렸기에 당대 학자들이나 종교인들에게 비판을 받았지만, 대중들에게는 누구나 공감할 만하면서 희망찬 메시지였기에 그의 책은 폭발적인 반응을 얻게 됩니다. 그리고 이러한 그의 관점은 현대에는 지극히 상식적인 이야기로 자리매김하죠.

이런 생각들이 유행하던 1910년~1920년대는 자본주의라는 기차가 폭주하고 있던 시기였습니다. 사회와 과학기술은 급격히 발전했지만 노동현장은 매우 열악했습니다. 그로 인해 파업도 많았고 사회주의운동이 널리 퍼지던 시기였죠. 거대 재벌이 탄생하면서 빈부격차는 벌어졌고, 누구나 부자는 될 수 있지만 부자가 되는 사람은 극소수인 시대였습니다. 사회주의운동이 맹렬하던 시기였지만 한편으로는 자기암시법이 큰 인기를 끌었다는 것은 흥미롭습니다. 자기암시법은 희망이 없던 무기력한 대중들에게는 달콤한 안식이자 희망이었을 것이니 대히트를 칠 수 있었을 것이라 생각됩니다. 자기암시법은 그렇게 자기계발 분야에 새로운 지평을 열었고 100년이 지난 현재에도 자기암시법은 여전히 살아남아 존재합니다.

06 대공황 시대와 함께 탄생한 성공학, 성공의 방법

1929년 월가의 주가 폭락을 시작으로 미국 사회는 10년간 경제 대공황으로 이어집니다. 기업이 파산하고, 은행은 문을 닫았습니다. 실업자는 줄어들 기미가 보이지 않았죠. 그렇게 1929년부터 1939년까지는 끔찍한 불황의 시기였습니다. 모든 사람들은 좌절했고 사회 분위기에는 비관이 넘쳤습니다. 하지만 희망이 안 보이는 시기는 역설적으로 희망을 제일 갈구하는 시기이기도 합니다. 불황기에 던져지는 희망의 메시지는 마치 극심한 갈증을 해소시켜주는 시원한 음료 한 잔과도 같습니다. 그렇기에 경제 상황이 좋지 않고 서민들의 경쟁이 더욱 치열해지는 시기일수록 희망을 부르짖는 자기계발서들이 대거 출간됩니다.

대공황 시기에 등장한 가장 유명하고 가장 성공한 자기계발서 작가는 나폴리언 힐Napoleon Hill입니다. 그는 『성공의 법칙The Law of Success』과 『생각하라 그러면 부자가 되리라Think and Grow Rich』의 책을 통해 당시 유행했던 자기암시의 힘과 성공한 사람들의 공통점들을 분석하면서 **성공학이라는 새로운 장르를 탄생**시켰죠. 그의 책은 100년이 훨씬 지난 지금에 까지도 널리 읽히며 자기계발서의 고전으로 여겨집니다. 그리고 현대의 모든 자기계발서의 대부분이 나폴리언 힐의 변형에 불과할 정도로 지금과 메시지가 크게 달라지지 않습니다. 사람들은 희망의 메시지를 원했고, 나폴리언 힐은 희망을 제시합니다. 그는 책 제목처럼 '생각하면 부자가 된다'는 결론을 도출했고, 성공을 통해 부를 축적하는 원리를 설명합니다.

1. 간절한 소망은 야망을 만들고, 야망은 확고한 신념에서 나온다.
2. 확고한 신념하에서 명확한 목표를 세운 다음, 구체적인 계획을 통해 신속한 결정을 내린다.
3. 부는 상상력(아이디어)을 실현시킬 때 찾아오며, 이때 전문 지식을 활용해야 한다.
4. 실패가 오더라도 참고 견뎌내야 한다. 성공에는 협력자의 도움이 필요하다.
5. 번뜩이는 아이디어와 성공에 대한 확인은 잠재의식을 통한 지성의 힘을 끌어내야 가능하다.
6. 잠재의식을 끌어올리기 위해서는 긍정적인 감정이 마음을 지배하도록 만들어야 한다.
7. 그러기 위해서 돈을 벌기 위한 야망과 자신의 계획을 큰 소리로 읽고 '부자가 된다'는 자기암시를 건다.

성공은 창의적인 아이디어를 현실 세계에서 실현시켜 부를 만들어내는 것입니다. 그러기 위해서는 명확한 목표를 정하고, 구체적인 계획을 세운 후 신속하고 명확한 결정을 내려야 합니다. 그리고 시련이 와도 참고 견뎌야 하고 좋은 사람들과 협력하며 목표를 달성해나가야 합니다. 여기까지는 누구나 알고 있는 성공에 대한 방정식입니다. 하지만 대부분의 사람들은 위와 같은 성공 방정식을 제대로 따르지 못합니다. 나폴리언 힐은 우리가 성공에 이르게 하는 진짜 핵심은 우리의 잠재의식에 달려 있다고 말합니다. 그리고 **잠재의식을 끌어 올리기 위해서 자기암시를 통해 부자가 될 수 있다는 상상을 할 것**을 주문합니다. 이렇게 되면 가슴이 웅장해지고 열정이 끓어오르기 시작하죠. 이런 강한 에너지가 성공을 위한 발판이 되도록 우리가 계획한 것들을 실행에 옮기게 만든다는 것입니다. 간절히 원한다면 성공한다는 말은 허무맹랑한 말처럼 느껴집니다만, 그러한 성공에 대한 간절함이 성공을 만드는 원동력이 될 수 있다는 사실에는 누구도 반박할 수 없을 것입니다.

07 대공황 시대와 함께 탄생한 성공학, 실패의 원인

'간절히 생각하면 부자가 된다'라는 핵심 개념은 절망 속에 있던 사람들에게 희망의 메시지를 던졌습니다. 그리고 용기를 내어 실제 성공한 자들도 수도 없이 배출해냈죠. 하지만 비판의 대상도 됩니다. 현실 세계는 뜻대로 되지 않는 경우가 많고, 원대한 꿈과 비전을 갖고 열정을 다했지만 성공하지 못한 자들도 수도 없습니다. '열심히 안 사는 사람이 어디 있나?', '부자가 되기 싫은 사람이 어디 있나?', '모두가 이런 책을 읽었지만 현실적으로 소수의 사람만 성공했다'의 의문을 던집니다. 이런 비판에 대해 자기계발 철학에서는 '당신이 실패한 이유는 정말 간절하게 원하지 않았기 때문'이라는 잘못된 결론을 내립니다. 객관적으로 측정될 수 없는 '간절함', '노력'이 실패를 정당화하는 원인으로 사용된다는 점은 '간절히 생각하면 부자가 된다'를 이야기하는 성공학의 치명적인 오류입니다.

열심히 노력했지만 실패하는 것은 인생에서의 큰 비극입니다. 실제 98%의 사람들은 성공하지 못합니다. 나폴리언 힐은 성공의 방법도 제시했지만 거꾸로 실패의 원인도 정리했습니다.

1. 불리한 유전적 배경
2. 어린 시절의 좋지 않은 환경적 영향

3. 불충분한 교육: 지식은 채울 수 있으며, 지식을 활용하는 게 중요한 것

4. 명확한 목표나 야망이 없음

5. 절제 부족: 감정 조절 실패, 성적 문란, 도박, 폭음, 폭식, 낭비 등은 실패의 지름길

6. 질병: 질병의 주요 원인(폭음, 폭식, 운동 부족 등)은 자기 관리 부족이다

7. 미루는 습관, 결단력 부족, 소심함, 끈기 부족, 집중력 부족, 열정 부족

8. 배타적인 성격, 협동 정신의 결여, 잘못된 동료의 선택 : 성공은 융화와 화합을 통해 이뤄진다

9. 공포심, 미신과 편견, 편협함

10. 좋아하지 않는 잘못된 직업 선택

11. 노력 없이 얻은 재산이나 권력: 스스로 노력해 얻은 게 아니라면 때로는 파멸을 초래한다

12. 거짓말: 모두가 떠나버린다

13. 이기주의와 허영심: 다른 사람들로부터 외면당한다

14. 억측에 의한 판단: 정확한 사실을 수집하려는 노력을 하지 않고, 이기적인 판단을 내리게 됨

15. 자금 부족: 사업 실패 시 재기 불능하는 경우 많음

자기암시로 인한 성공 방법에 대해서는 공감하지 않더라도 위의 실패의 원인들에 대해서는 딱히 비판의 요소가 있어 보이지는 않습니다. 나

폴레온 힐의 성공 방법에 대해 부정적인 견해를 가지고 있다면 그가 제시하는 실패의 원인을 보면서 나 자신에 해당하는 사항은 없는지 스스로를 돌아보는 것도 좋은 방법일 것입니다. 나의 약점과 단점을 보완한다면 이 역시 성공과 부를 가질 확률을 높일 수 있을 것입니다.

대공황 시대를 이겨낼 처세술의 탄생

대공황의 아픔이 강타한 1930년대 미국은 성공학의 대부인 나폴리언 힐과 더불어 자기계발 분야에서 또 하나의 거목을 배출했습니다. 바로 현대적인 처세술을 탄생시킨 데일 카네기Dale Carnegie입니다. 그는 **성공한 사람들의 비결에는 전문적 기술이나 특정 지식이 아니라 결국 사람과의 관계에서 창출된다는 사실을 발견하고, 『인간관계론』을 집필**합니다. 사람과의 관계를 어찌 책을 통해 배우냐고 비판하는 자들도 있지만, 실제 책을 읽으면 고개가 절로 끄덕여지고, 자신의 삶을 돌아보게 되는 내용으로 가득 차 있습니다. 또 인간관계가 좋은 사람들은 그들의 타고난 기질과 성향 때문으로 생각하지만, 인간관계를 좋게 만드는 일은 생각보다 쉽고 학습과 원리를 이용하면 누구나 습득할 수 있음을 주장했습니다. 그가 말하는 인간관계의 기본 원칙은 다음의 3가지입니다.

원칙 1. 다른 이들에 대한 비판과 비난, 불평을 삼가라.
· 사람은 논리적인 동물이 아니다. 감정적이고 편견에 가득 차 있기 때문에 비판은 자존심이라는 화약고에 폭발을 일으키기 쉬운 불씨이다. 타인을 비판하고, 불평하고, 잔소리하는 것은 쉽다. 바보들은 늘 그렇게 한다. 그러나 타인을 이해하고 용서하는 것은 고결한 인격과 자제력을 지닌 사람만이 할 수 있는 것이다.

원칙 2. 솔직하고 진지하게 칭찬하라.

· 누군가에게 무엇인가를 시키는 방법은 단 한 가지 방법뿐이다. 바로 그 사람이 원하는 것을 주는 것이다.

· 사람은 누구나 인정받기를 원한다. 그러므로 사람을 진정으로 인정해주면 그 사람은 당신을 위해 일을 할 것이다.

원칙 3. 상대방의 마음 속에 강한 욕구를 불러일으켜라.

· 사람의 마음을 움직이는 방법은 그 사람이 원하는 것에 관심을 기울이고, 그것을 얻을 수 있는 방법을 보여주는 것이다.

· 세상 모든 사람은 자신이 원하는 것에만 관심을 기울인다. 하지만 어느 누구도 당신이 원하는 것에는 관심이 없다. 성공의 비결은 자신의 관점이 아니라 타인의 관점에서 사물을 보는 능력이다.

인간관계의 핵심은 상대의 기분을 좋게 하고, 상대가 원하는 방향으로 맞춰주는 것입니다. 그렇게 되면 상대는 나에게 호감을 갖게 되고, 상대와 좋은 관계를 지속할 수 있게 됩니다. 상대에게 관심을 주고, 웃어주며, 상대의 말을 잘 들어주며, 상대를 인정해주는 것은 상대에게 호감을 얻는 지름길입니다.

자본주의는 자유롭게 경쟁하는 사회입니다. 남들보다 나은 기술을 쌓아 경쟁에서 승리하는 것이 유일한 길처럼 보이지만, 사실 누군가가 판매하는 제품이나 서비스는 거기서 거기인 경우가 대부분입니다. 그런데 결국 부자가 되는 사람은 누구나 파는 비슷비슷한 제품일지라도 고객에게 잘 판매하는 사람입니다. 즉, 인간들 간의 상호작용 속에서 부가 탄생하는 것입니다. 통솔력과 리더십으로 주변 사람을 잘 이끌고, 고객과 좋은 관계를 맺으며 매출을 신장시키는 것이죠. 부를 축적하는 원리 중 가장 중요하다고 할 수 있는 인간관계라는 주제는 그 자체가 자기계발 분야의 하나의 분야로 자리 잡게 됩니다.

09 기독교와 긍정주의의 만남

1950년대 미국에서는 번영신학이라는 새로운 장르의 기독교 사상이 유행합니다. 이는 기존의 기독교 신학, 믿음에 의한 치유를 강조하는 신사고 운동, 성공을 다루는 자기계발 담론이 결합되어 탄생한 새로운 형태의 기독교 사상이었습니다. 가장 대표적인 인물은 노먼 빈센트 필Norman Vincent Peale 목사입니다. 그는 인기 있는 목사였으며, 정치권에서도 그가 어떤 후보를 지지하는지가 선거 결과에 영향을 줄 정도로 영향력을 가졌습니다. 그의 메시지는 그의 저서『긍정적 사고방식The Power of Positive Thinking』에서 명확하게 확인됩니다. 믿음만 있다면 무엇이든 이룰 수 있다는 이야기이죠. 본래 종교는 윤리, 도덕, 사회적 가치로만 다뤄지곤 하는데, **그는 종교를 성공이나 성취와 연결 짓는 논리를 전개했고, 이는 대중들이 원하는 메시지였기에 큰 성공을 거둘 수 있었습니다.** 기독교적 긍정주의는 개인의 자신감을 찾고, 잠재 능력을 일깨우고, 마음의 평화를 유지하기 위해 성경에서 인용한 구절들을 씁니다.

> 삶의 일상적인 문제들로 참담한 좌절을 맛보는 사람들은 셀 수 없이 많다. 그들은 '불운'으로 치부되는 수많은 일에 대해 막연한 분노를 느끼며, 더 나은 인생 살기 위해 몸부림치면서 하루하루를 산다. 어떤 일에도 좌절하지 않고 마음의 평화와 건강, 그리고 끊임없이 솟아오르는 삶의 활력을 누리며 살기 위해서는 어떻게 해야 할까?

자기 자신을 믿어야 한다. 자신이 가진 힘과 능력을 믿어야 성공할 수 있다. 자신에 대한 긍정적인 신뢰, 즉 자신감이 당신의 자아와 소망을 성취시킬 것이다.

부정적인 마음을 이겨내기 위해 긍정적이고 적극적인 관념을 주입해야 한다. 긍정적인 생각은 부정적인 생각을 완전히 몰아낼 것이다. 하나님에 대한 믿음과 기도는 두려움과 열등감을 없애주며, 자신감을 끌어 올려준다.

그리고 자신감을 충만하게 하는 역동적인 성경 말씀을 매일 열 번씩 큰소리로 읽어라.

"만일 하나님이 우리를 위하시면 누가 우리를 대적하리요."(로마서 8장 31절)

"내게 능력 주시는 자 안에서 내가 모든 것을 할 수 있느니라."(빌립보서 4장 13절)

기독교적 긍정주의를 표방한 번영신학은 많은 서민들과 중산층에게 희망의 메시지를 던져주었고, 대중적으로 큰 성공을 거두기도 합니다. 로버트 슐러Robert Schuller(『불가능은 없다』 저자), 조엘 오스틴Joel Osteen(『긍정의 힘』 저자), 조용기(여의도 순복음 교회 목사) 등의 유명 목사들은 이러한 긍정적 사고방식을 현세의 성공과 연결 지었고 대중적으로 큰 성공을 거둡니다. 하지만 정통 신학계에서는 이러한 변형된 기독교 신학을 두고 '기독교는 현세의 성공을 바라는 종교가 아니다'라는 비판을 하기도 합니다. 종교적 관점은 뒤로하더라도 긍정주의는 자본주의에서 살아남기 위해 꼭 필요했기에 인기를 얻었다고 봅니다. 긍정주의는 도전을 가능하게 하고, 실패를 딛고 일어서는 용기로 연결됩니다. 그리고 이러한 도전과 용기는 자본주의에서 살아남기 위해 필수적인 덕목이며 만약 긍정주의가 없다면 우리는 늘 냉소적인 자세로 세상의 부조리함을 욕하고 비관하며 우울한 하루하루를 살 것입니다. 내 인생이 바뀔 수 있다는 희망의 긍정주의가 우리 삶을 실제 바꾸게 만들고 우리 사회 역시 계속 발전해나갈 수 있었던 원동력이 되지 않았나 생각해 봅니다.

10 맥스웰 몰츠의 성공 방정식

기독교가 긍정주의와 결합해 성공을 위한 자기계발 담론을 제시하였다면, 이와 대조적으로 과학적 연구 결과들을 엮어 성공을 다룬 자기계발 이야기도 유행하기 시작합니다. 신비주의적인 기독교적 성공 철학과 완전히 상반되는 관점에서 자본주의에서의 성공을 다룬 것이었죠. 결론은 거의 동일하지만, 결론에 도달하는 과정을 설명하는 방식이 완전히 달라집니다. 맥스웰 몰츠Maxwell Maltz는 뉴욕에서 활동하던 성형외과 의사였는데, 많은 상담과 수술을 하면서 '외모를 고치는 것보다 중요한 것이 마음을 바꾸는 것'이란 사실을 깨닫습니다. 그는 얼굴을 고쳐 새 인생을 사는 사람도 많이 보았지만, 얼굴을 고쳐도 삶이 개선되지 않는 소수의 환자에 집중합니다. 그리고 그는 의학을 포함하여, 생리학, 심리학, 유도미사일 기술 등의 광범위한 분야의 연구를 바탕으로 성공하는 사람들의 조건에 대한 분석 결과를 책으로 씁니다. 바로 1960년에 출간한 『사이코-사이버네틱스Psycho-Cybernetics』입니다.

사이버네틱스는 자동조절을 통해 목표에 도달하는 시스템을 말합니다. 대표적인 예가 전투기를 떨어트리는 미사일 시스템입니다. 미사일이 전투기를 포착하면 목표물을 향해 날아가 격추시킵니다. 그런데 전투기는 움직임이 계속 변하기 때문에 미사일은 직선으로 날아가는 것이 아니라 지속적인 피드백과 자체적인 소통을 통해 속도와 방향을 보정하면서 목표물을 향해 날아갑니다. 사이버네틱스에 정신을 의미하는 사이코 Psycho를 붙이면 **사이코-사이버네틱스**Psycho-Cybernetics, 즉 **정신적인 자동유도장치**를 의미합니다. 이는 우리의 정신도 미사일 시스템처럼 자동유도 시스템을 가지고 있다는 의미입니다. 인간의 뇌도 목표를 설정하면 그 목표를 향해 미사일의 자동유도장치 기능처럼 나아간다는 개념입니다. 주변 상황이 변하더라도 그 방향과 방법을 수정하면서 결국 목표를 향해 나아간다는 것입니다. 여기서 중요한 개념은 우리가 의식적으로 목표를 향해 도달하는 것이 아니라 그냥 기계적, 맹목적인 방식으로 목표를 향해 간다는 것입니다. 미사일은 '속력'과 '방향'을 생각하지 않고, 그저 앞에 있는 목표물을 향해 날아갈 뿐입니다. 그렇다면 목표를 설정해야 하겠죠. **목표만 잘 설정해놓으면 우리의 정신은 자동유도 기능을 통해 목표를 향해 나아가게 됩니다. 다만, 여기서의 목표는 의식적인 수준이 아닌 무의식을 지배할 정도로 강력한 수준이어야 합니다.** 그러기 위해서는 자아 이미지를 잘 이해하고 자신의 목표에 맞게 이를 변화시켜야 합니다. 자아 이미지란 '나는 어떤 부류의 사람'이라는 개인적인 생각입니다. 자기 자신이 '나는 뚱뚱한 사람이다', '나는 가난한 사람이다', '나는 인기가 없는 사람이다', '나는 발표를 잘 못하는 사람이다'와 같은 생각을 한다면, 먹는 것을 더 합리화하고, 가난에서 벗어날 생각을 하지 않고, 대인관계에 자신감이 없으며, 발표 자리를 회피할 것입니다. 그런데 이런 자아 이미지는 과거의 경험에서 형성되는 경우가 많습니다. 실패 경험이 많으면 늘 자신을 실패자라 여겨 새로운 도전을 하지 않고, 성공 경험이 많은 자는 또 새로운 분야에서 성공을 거듭합니다. 내면에 자리 잡은 자아 이미지대로 인생이 전개된다는 것입니다. 하지만 문제될 것은 없습니다. 자아 이미지가 통상 과거 경험에 의해 만들어지기도 하지만 '경험' 그 자체 역시 '생각'에 불과합니다. 실제 뇌와 신경계는 실제 경험과 상상 경험을 구분하지 못하기 때문에 우리는 생각을 통해 자아 이미지를 바꿀 수 있는 것입니다. 매일 시간을 내어 자신의 목표를 생각하고, 긍정적인 자아 이미지를 구축해나가는 노력이 필요합니다. 자아 이미지가 변화한다면 그 이후는 자동 조절 시스템에 의해 목표를 향해 움직여지는 것 입니다. 이게 바로 사이코-사이버네틱스입니다.

11 성공하는 사람들의 일곱 가지 습관

1989년 출간된 스티브 커비Stephen Covey의 『성공하는 사람들의 7가지 습관 *The Seven Habits of Highly Effective People*』은 자기계발의 교과서라 불리는 책입니다. 저자는 과거 200년간 출간된 거의 모든 자기계발서를 읽고, 성공의 비밀을 정리하여, 7가지 습관을 통해 훌륭한 인격체가 되는 것을 목표로 합니다.

첫 번째 습관, 자신의 삶을 주도하라.

우리는 삶이 유전적으로 결정되거나 환경적으로 결정된다고 생각합니다. 하지만 인간은 유일하게 자신의 삶을 주도적으로 바꿔나갈 수 있는 존재입니다. 지금의 내 삶이 이러한 이유는 모두 부모 때문이고, 나라 때문이며, 세상이 부조리해서라고 생각한다면 성공과 멀어지게 됩니다. 누구나 주도적으로 살 수 있으며 삶에 대한 책임은 모두 나에게 있는 것입니다. 내가 통제할 수 없는 것에 매몰되지 말고 당장 내가 통제할 수 있는 것에 집중해야 합니다.

두 번째 습관, 끝을 생각하며 시작하라.

시간은 영원하지 않은데 그 소중한 시간을 막상 소중하게 사용하지 못할 때가 많습니다. 성공한 사람들은 그 끝에 비전이 있기 때문에 시간을 허투루 사용하지 않습니다. 자신의 인생철학이 무엇인지 생각해보고,

어떤 목적으로 살아야 하는지를 생각합니다. 최후의 순간을 마음속에 분명하게 간직하면 어느 날 어떤 일을 하게 되어도 우리가 가장 중요하다고 생각한 기준을 위반하지 않게 됩니다. 나아가 전체적인 삶의 비전을 실현하기 위해 하루하루의 생활을 의미 있게 보낼 수 있습니다.

세 번째 습관, 소중한 것을 먼저 하라.
우리가 해야 할 일들은 4가지 매트릭스로 나눠볼 수 있습니다.

	긴급함	긴급하지 않음
중요함	어차피 하게 되는 활동	중요하지만 미루게 되는 활동 (★)
중요하지 않음	중요하지 않지만 하게 되는 활동	습관적으로 시간 낭비되는 활동

여기서 중요하고 긴급한 일을 어차피 하게 되어 있습니다. 그러니 이것은 신경 쓸 필요가 없습니다. 중요하지도 않고 긴급하지도 않는 일들은 습관적으로 시간이 낭비되는 활동입니다.

우리는 중요하지만 긴급하지 않은 일에 집중해야 합니다. 운동, 건강관리, 건강한 식단, 독서, 자기계발, 대인관계, 명상, 가족 등은 중요하지만 긴급한 것이 아닙니다. 미래를 위해 신경 써서 우선순위에 두어야 할 일들이 바로 이런 것들이죠. **반면, 우리가 함정에 빠지는 것은 긴급하지만 중요하지 않은 것들입니다.** 손흥민 축구 경기는 일주일에 한 번밖에 안 하니 긴급하지만, 사실 내 인생에서 중요하지는 않습니다. 친구들의 쓸데없는 카톡 메시지는 긴급하지만 중요하지 않은 것들이죠. 지금 내가 하고 있는 일이 중요한 것인지 늘 생각해보면서 우선순위를 정할 필요가 있습니다.

네 번째 습관, win-win 관계를 생각하라.

대인관계에서는 win-win 관계로 이어나갈 수 있도록 협상하여야 하며, 만약 win-win 관계가 형성되지 않는다면 거래하지 않도록 합니다. 상대를 이기는 것이 성공이 아닙니다. 내가 이기기 위해서는 상대방이 져야한다는 생각은 성공과 연결되지 않습니다. 성공은 내가 이기고 상대방도 이길 때만 가능해집니다. 매번 자신의 관점에서만 비즈니스 관계 혹은 인간관계를 구축하고자 하고, 이러한 일이 반복된다면 결국 상대에게 원한을 사게 될 수 있고 사람이 떨어져나가게 되어 있습니다. 승-승을 이끌어내는 자세는 개인이 삶에서 대인관계의 성공과 협동을 구할수 있게 되며, 이렇게 형성된 인간관계를 통해 성공을 이끌어낼 수 있습니다.

다섯 번째 습관, 먼저 이해하고 다음에 이해시켜라.

다른 사람과 좋은 관계를 맺고 싶다면 상대방에게 공감해야 하고 경청할 줄 알아야 합니다. 우리는 보통 먼저 남에게 먼저 이야기하고 이해받고 싶어 합니다. 또한 대부분의 사람들은 이해하려는 의도를 갖고 듣는 것이 아니라 대답할 의도를 갖고 듣습니다. 따라서 사람들은 말을 하고 있거나 말할 준비만 하고 있습니다. 공감적 경청은 고차원적인 듣기입니다. 자신의 경험에서 상대방을 바라보는 것이 아니라 상대방의 내면에 들어가 상대방을 이해하는 것입니다.

여섯 번째 습관, 시너지를 내라.

시너지는 전체가 각 부분의 합보다 크다는 것을 의미합니다. 시너지의 본질은 차이점을 서로 인정하는 것, 서로의 차이점을 존중하고 강점을 활용하며, 나아가 약점에 대해 서로 보완하는 데서 나옵니다. 시너지를 내기 위해서는 사람들 사이에 '신뢰'라는 촉매제가 있어야 합니다. 신뢰 수준이 높을수록 훨씬 더 해결 방안을 만들어낼 수 있습니다.

일곱 번째 습관, 끊임없이 쇄신하라.

끊임없이 자기 쇄신을 해야 합니다. 자기 쇄신은 4가지 차원에서 모두 단련해야 합니다.

1. 신체적 차원: 영양가 있는 음식 섭취, 휴식, 운동 등을 통해 주도성이라는 습관을 얻는다.
2. 영적 차원: 명상, 신앙생활, 문학, 자연과의 대화 등을 통해 진리를 깨닫는다.
3. 정신적·지적 차원: 독서, 글쓰기 등을 통해 정보를 얻고 마음을 넓힌다.
4. 사회적·감정적 차원 : 내면적 안정이 가장 중요하다. 내면적 안정은 우리의 심오한 가치관을 반영해주는 '언행일치 생활'에서 나온다. 봉사를 통해서도 가능하다. 다른 사람을 도와줄 때 자존감이 높아지면 내면의 안정에 도움을 준다.

12 자기계발에 결합된 NLP기법

자본주의와 함께 성장한 자기계발 사상의 내용은 예나 지금이나 크게 변하지 않았습니다. 자기계발서의 내용들은 일반적으로 두 가지 형태로 구성됩니다. 하나는 본인의 경험담을 토대로 성공을 말하는 방식이고, 다른 하나는 과거 성공한 사람들의 공통점을 찾아내 정리하는 방식입니다. 어떤 형태로 구성되든 결론은 거의 같습니다. 그래서인지 한 번도 자기계발서를 읽어본 적 없는 사람들이 성공하는 법을 다룬 책을 읽으면 무척 감명을 받지만, 이미 자기계발서를 몇 권 읽은 사람들은 성공하는 방법은 결국 뻔하고 책마다 같은 이야기만 반복된다고 비판하죠. 후기 자본주의, 미국식 자본주의가 자리 잡은 지도 100년이 훌쩍 넘었습니다. 그렇게 자본주의 체제가 오래 지속되어오다 보니 이제는 누구나 성공하는 방법을 알고 있습니다. 문제는 행동인데, 인간은 타고난 습성상 성공에 유리한 방식으로 생활하기 어렵습니다. 본능적으로 새로운 도전을 두려워하고, 긍정적인 생각보다 부정적인 생각이 앞섭니다. 또 인내심을 갖고 꾸준히 어떤 일을 하는 것도 싫어합니다. 그래서 대부분의 사람들이 방법은 알아도 성공하지 못하는 것이죠. 그렇게 자기계발 시장도 성공 방법을 깨우쳐주기보다는 성공을 향해 당장 움직일 수 있도록 동기부여를 중요시하는 방향으로 진화하기 시작합니다.

동기부여 분야에서 세계적인 성공을 거둔 자는 『네 안의 잠든 거인을 깨워라*Awaken the Giant Within*』의 저자 앤서니 라빈스Anthony Robbins입니다. 그는 자기계발 분야에 신경언어프로그래밍NLP, Neuro-Linguistic Programming 를 적용하여 자기계발 분야에 큰 반향을 일으킵니다. **NLP란 사람의 마음과 행동의 과정을 체계적으로 분석하는 모델링을 기반으로, 뛰어난 사람들의 행동을 분석하거나, 분석하여 얻은 사고나 행동 방식을 따라 하는 방법입니다.** 1960년대 베트남전쟁에서 귀환한 미군들의 심리 문제를 해결하기 위해 개발된 심리치료 방법인데, 이 방법이 자기계발 분야에 적용되기 시작한 것입니다. NLP 기법에 따르면 우리는 세상을 주관적으로 해석하고 있는 것이라 합니다. 즉, 내가 어떻게 해석하느냐에 따라 세상에 대한 반응이 나온다는 것입니다. **이는 만약 다른 누구가 할 수 있는 일이라면 나도 할 수 있는 일이라 결론으로 도출됩니다.** 두 대의 컴퓨터 하드웨어(육체)에 어떤 소프트웨어(사고 체계)를 인스톨install하느냐에 따라 서로 같은 컴퓨터가 되기도 하고 다른 컴퓨터가 되기도 하니 말이죠. **이런 원리라면 성공한 자들의 정신을 모델링(흉내 내기)함으로써 변화를 이끌어낼 수 있다는 것입니다.** 그렇게 성공한 자들의 비언어적 행동, 정신적 이미지 등을 복사하다 보면 결국 우리도 바뀔 수 있다는 것임을 의미합니다. 앤서니 라빈스이 전하는 변화 방법에 대해 간단히 살펴볼까요?

1. 지속적인 변화를 이끌어내는 원칙

1단계 자신의 기준을 높인다.

2단계 부정적인 신념을 바꾼다.

3단계 전략을 바꾼다.

2. 지금 당장 변화하는 방법

1단계 그동안 행동으로 옮기지 못한 채 미뤄왔던 일을 네 가지 적는다.

2단계 네 가지 일에 대해 다음과 같이 질문하고 답을 적는다. 왜 행동을 취하지 않았을까? 과거에 나는 이 행동과 어떤 고통을 연결했을까?

3단계 부정적인 패턴에 빠져 느낀 과거의 즐거움에 대해 적는다.

4단계 지금 당장 변화하지 않으면 어떤 대가를 치르게 될지 적는다.

5단계 지금 새로운 행동을 취해서 얻게 될 즐거움을 모두 적는다.

2016년 그의 자기계발 세미나를 다룬 다큐멘터리가 넷플릭스에 있습니다. 그 어떤 교회 부흥회보다도 열정적이고, 슈퍼스타의 콘서트장처럼 대중은 열광합니다. 일주일마다 열리는 세미나 비용은 무려 1,000달러, 일주일간 열리는 특별 세미나 비용은 무려 5,000달러라고 합니다. 이는 자본주의를 사는 대중들에게 삶의 희망과 위로를 주는 대가이겠지요. 앤서니 라빈스는 세미나를 통해 고통과 고민에 억눌린 사람들이 새로운 삶을 시작할 수 있게 도와줍니다. 그의 열정은 대단하며, 이 사업을 통해 돈도 크게 벌었습니다.

자기계발 산업 및 동기부여 컨설팅은 이제 자본주의 세상에서 하나의 새로운 산업으로 자리합니다. 과거에는 기독교 신앙 활동에 자기계발 사상이 들어와 결합되었습니다만 이제는 종교적 색채가 사라졌습니다. 그러니 이단이니 뭐니 하는 논쟁의 대상도 되지 않습니다. 다만 그들의 자기계발 세미나를 보면 예배를 드리고, 함께 모여 성경 공부를 하는 종교인들과 비슷한 모습을 보입니다. 자기계발 사업에 종교적인 의식들과 종교적 행동들이 이식된 모습입니다. 신에게 의지하던 신도들처럼 자기 계발 강연가들에게 의지하며 힘을 얻는 사람들이 그 어느 때보다 많은 듯합니다. 자기계발 강연가들은 그렇게 천문학적 부자가 되었습니다. 그들을 따르는 수많은 사람들은 자기계발 강연가로부터 강한 위로를 받고 용기를 얻었습니다. 하지만 그들의 삶이 진정으로 나아졌을지 아니면 그때 잠깐뿐이었는지는 알 수 없습니다.

13 ▸ 자기계발과 우주의 기운이 만나다, 시크릿

1968년은 전 세계에 사상적 변화가 일어나던 원년입니다. 파리에서 시작된 68운동이 그 시작이었죠. 68운동은 베트남전쟁에 대한 반대 시위였는데, 기존 체제에 대한 저항운동으로 발전합니다. 젊은 대학생들을 중심으로 반자본주의, 반기독교주의가 널리 퍼졌으며, 신좌파가 탄생한 시기였죠. 또 기독교에 대한 반발도 커지면서 동양 종교, 즉 힌두교, 티베트불교, 선불교 사상이 본격적으로 서구 사회에 소개되면서 각광받기도 했습니다. 이를 계기로 서구 사회에는 뉴에이지New Age 열풍이 붑니다. 말 그대로 새로운 시대적 가치를 추구하는 영적 운동이 펼쳐지죠. 기존의 사회, 문화, 종교에서 영적 공허를 느낀 사람들이 이를 탈피하려는 움직임으로 전개되기 시작합니다. 내면을 바라보며 요가와 명상과 같은 수련을 일삼는 동양의 종교에 심취하게 된 것입니다. 초월적 존재와 소통한다거나, 우주의 기운을 받는다는 등의 영적 관점을 가집니다. 최근 실리콘밸리의 CEO들이 요가와 명상을 즐겨 한다는 이야기를 들어봤을 것입니다. 바로 이 시기에 퍼져나간 문화가 지금까지 이어져 온 것이죠.

 기어코 뉴에이지를 접목한 자기계발서가 등장합니다. 자기계발서는 그 사회의 시대상에 맞게 각색되어 등장합니다. 물론 자본주의 체제이기에 말이죠. 2006년 『시크릿*The Secret*』이란 책이 출간됩니다. 호주 TV 프로듀서인 론다 번이 오래전부터 성공한 사람들의 공통점을 연구하여 발견한 비밀을 공유한다면서 쓴 책이었습니다. 그는 TV 프로듀서였던 만큼 대중들이 원하는 것이 무엇인지 아는 사람이었습니다. 때마침 2007년 경제가 꺾이기 시작했고 2008년 금융위기가 터지면서 시크릿은 그야말로 사람들의 희망이 됩니다. 책의 부제는 '인구의 1%만 알았던 부와 성공의 비밀'입니다. 요즘으로 치면 흔한 제목이지만, 당시에는 파격적이었습니다. 책의 표지는 마치 중세의 비밀문서를 연상시킵니다.

그렇다면 **책에서 말하는 시크릿(비밀)은 무엇일까요? 바로 끌어당김의 법칙입니다.** 생각이 현실이 된다는 것을 의미합니다. 나에게 일어나는 모든 일들은 내가 하는 생각에서 비롯되었다고 말합니다. 긍정적인 생각은 긍정적인 것들을 끌어당기고, 부정적인 생각은 부정적인 생각들을 끌어당긴다는 것이죠. 그리고 내 감정은 내가 뭘 생각하는지에 대한 지표입니다. 기분이 좋으면 좋은 생각을 하고, 기분이 나쁘면 나쁜 생각을 하니 우리는 늘 감정을 관리해야 합니다. 늘 감사하고 하루하루를 긍정적으로 받아들이면 나에게 좋은 일이 생깁니다. 마음속에 나의 꿈과 희망을 구체적으로 그려봅니다. 그렇게 간절히 원하면 내가 꿈을 이루는 데 원동력이 되어줍니다.

결국, 긍정적으로 생각하자, 목표를 뚜렷하게 설정하고 늘 강렬하게 소망하라는 이야기인데, 지금까지 살펴본 자기계발서의 내용과 다를 바가 없습니다. 다만 이 책의 논리 전개는 신비주의적으로 접근한다는 차이가 있죠. 책에서 말한 대로 성공한 사람들은 긍정적으로 생각하고, 목표를 뚜렷하게 설정하며 간절했기에 성공했을 것입니다. 하지만 긍정적으로 생각하고, 목표를 뚜렷하게 설정한다고 해도 모두가 성공하지는 못합니다. 능력이 부족할 수도 있고, 운이 나빴을 수도 있습니다. 하지만 시크릿과 같은 류의 책에서는 성공하지 못한 이유를 끌어당김의 법칙이 간절하지 못했기 때문으로 단정 짓습니다. 하지만 간절하지 않은 사람이 어디 있을까요? 잠을 6시간 자면 간절하지 않고, 4시간씩 자면 간절한 것인가요? 결국 무엇을 하든 잘해야 성공하는 것입니다. 물론 간절한 사람이 더욱 열심히 할 것입니다. 하지만 간절하다고 모두가 잘할 순 없습니다. 시험에 합격하는 건 공부를 잘하는 사람이지, 간절한 사람이 아닙니다. 당신의 물건을 사주는 것은 그 물건이 필요한 사람이지, 당신의 간절함을 보고 사주는 게 아니죠. 그래서 시크릿은 늘 비판의 대상이 되는 책입니다. 그럼에도 시크릿은 자기계발서 중 굉장히 성공한 책입니다. 그 이유는 저자가 대중들의 심리를 꿰뚫어 보았기 때문입니다. 앞선 자기계발서들과는 다르게 내용도 짧고 핵심 메시지도 간결합니다. 또 공감할 만한 내용도 많으면서 희망을 제시합니다. 그렇게 누구나 한 번쯤은 읽어본 책이 되었고, 베스트셀러로 등극할 수 있었습니다.

14 현명하게 자기계발서를 활용하는 방법

자본주의에서의 성공학은 결국 하나의 물줄기로 통합니다. 설명하는 방법이 각자 다를 뿐, 결국 동일한 메시지입니다. 바로 스스로 꿈을 가지라는 것입니다. 꿈이라는 자신의 장기적 목표가 생기면, 단기적으로 해야할 일들이 만들어지고 이를 하나하나 수행하다 보면 결국 꿈에 이른다는 것이 성공학의 핵심이자 전부입니다. 정말 간단합니다. 하지만 현대를 사는 대부분의 사람들의 삶은 성공과는 거리가 멉니다. 여기서의 성공을 자본주의사회에서의 물질적 성공에 한정해 말한다면, 우리 사회의 구성원 대다수는 대부분 가난에 가까운 쪽에 속해 있기 때문입니다. 모든 사람들이 부자가 되고 싶어 하지만 대다수의 사람들은 하루하루를 어떻게 먹고살아야 하는지에 대한 고민만 가득할 뿐이죠. 왜 이런 일이 일어날까요?

첫 번째, 어릴 적부터 꿈이 없던 경우가 절대다수입니다. 주변에 동화되어 흘러가는 삶을 살아갑니다. 고민 자체가 '저는 꿈이 없어요'입니다. 딱히 하고 싶은 일이 없습니다. 모든 일을 할 때 적당히 할 뿐이며, 장기적 플랜이 하나도 없으니 자기계발을 하지 않습니다. 막연히 부자가 되고 싶을 뿐 무엇을 통해 부자가 될지 생각하지 않죠. 하지만 사람들마다 가슴 뛰게 하고 싶은 일이 생기는 시기는 다릅니다. 그런 꿈이 어린 시절부터 강하게 형성된 사람들은 먼저 시작하고 노력했기에 남들보다 먼저 성공으로 이어지죠. 의사가 되겠다는 꿈이 초등학교 때 강하게 생겼다면 의대 진학을 위해 노력하겠지만, 의사가 되겠다는 꿈이 서른 살 이후에 생겼다면 꿈이 늦게 생겼다는 이유 그 자체로 꿈을 이루기 힘들어집니다. 의사가 되는 것은 의대 진학을 해야만 가능한 것이기 때문이죠. 이처럼 언제 하고 싶은 꿈이 생기느냐는 개인의 성공 여부를 강력히 지배합니다. 하루라도 어릴 때 자신의 꿈이 확고하게 만들어질수록 그 꿈이 성사될 확률이 높겠죠.

두 번째, 꿈이 있었지만 현실에 의해 꿈이 좌절되었기 때문입니다. 능력과 운 그리고 노력이 조화롭게 작용하여 꿈을 실현시킨 사람들도 있지만, 그렇지 않은 사람들도 많습니다. 내 꿈이 의사가 되는 것인데, 의사의 정원은 매년 3,000명에 불과합니다. 전국에서 공부로 3,000명 안에 들어야 합니다. 의사가 되고 싶은 강렬한 꿈을 가진 사람이 1만 명이라고 하면 7,000명은 아무리 간절하다고 해도 애초에 그 꿈을 이룰 수 없는 것입니다. 2022년 기준 전국에 고등학교는 2,373개입니다. 애초에 의대 진학은 전교 1등만 할 수 있습니다. 전교 1등을 하지 못했다는 것을 간절함이 부족했음으로 치부하는 것은 심각한 오류입니다. 전교 1등은 노력뿐 아니라 재능이 받쳐줘야 하는 영역임을 학창 시절을 겪어본 사람들은 모두 인정할 것입니다.

모든 자기계발서에서는 현실을 말하지 않습니다. 참혹한 현실을 굳이 팩트로 이야기해봤자 서로에게 좌절만 남길 뿐입니다. 또 대중적으로 공감하지 못하는 자기계발서는 서점에서 사라지고 맙니다. 그렇기에 당연히 우리가 듣고 싶은 말만 해줄 뿐입니다. 누군가는 자기계발 사상이 꿈과 희망으로 가득 차 있고 현실성 없다며 비판합니다. 거짓말투성이에 하나의 거대한 사기극이라고 말하죠. 물론 허황된 미래를 제시하면서 부를 갈취하는 자기계발 사업가들도 분명 존재합니다. 또 삶을 기적적으로 바꿔줄 마법과도 같은 레시피는 존재하지 않습니다. 그렇다면 이러한 자기계발과 성공 이야기들은 정말 쓸모없는 것일까요? 그렇지 않습니다. 자기계발 사상은 꿈을 잃고 절망적인 세상에서 좌절하지 않는 힘을 줍니다. 꿈을 향해 나아가는 과정에서 앞이 보이지 않을 때 지속해 나갈 용기를 선사해줍니다.

자기계발은 결국 자본주의와 떼려야 뗄 수 없는 관계입니다. 어려움을 극복하고 결국 성공했다는 뻔한 이야기는 자본주의가 유지되는 한 결코 사라지지 않을 것입니다. 왜냐하면 이러한 뻔한 이야기가 불확실하고 힘들고 고된 삶 속에서 우리가 지탱할 수 있는 용기를 주기 때문입니다. 최근 성공에 절박한 사람들의 지갑을 노리는 자기계발 사업가들이 많습니다. SNS 시대다 보니 그들에게 현혹되어 돈과 시간 낭비만 하는 사람들이 많습니다. 자기계발 사상이 삶에 있어서 힘든 시기에 분명 큰 용기가 됨은 부정할 수 없지만, 자기계발 사상에 대한 과도한 몰입으로 시간에 뺏기는 것에 유의해야 할 필요가 있습니다. 결국 자기계발의 한계와 그 유용성을 모두 인지하여 자신의 삶에 적절히 접목시킬 줄 아는 유연한 자세가 진정 자기계발 시대를 살아가는 지혜가 아닐까 생각해봅니다.

PART 6

자본주의에서
부의 축적 원리를
이해하는 3분

01 부자가 되는 사고방식 : 유목민적 화폐관

부를 축적한다는 것은 싸게 산 것을 비싸게 팔아 이익을 남기는 일을 계속 누적시키는 것을 말합니다. 해외에서 물건을 싸게 사서 국내에 비싸게 팔거나, 배운 지식을 응용하여 새로운 부가가치를 창출하는 행위 모두 같은 원리입니다. 이러한 원리는 매우 간단합니다만 누구는 태어나면서부터 배우고, 누군가는 평생 이 원리를 모르고 산다는 것입니다. 물론 이 원리를 안다고 누구나 부자가 되는 것은 아닙니다. 싸게 사서 비싸게 파는 일은 말이 쉽지 알고 보면 세상에서 가장 어려운 일이기 때문이죠. 하지만 누구는 당연하게 체득되어 있는 이 원리가 누구에게는 전혀 그렇지 못한 것을 보면 이는 돈에 대한 세계관이 서로 다르게 형성되어 있기 때문일 것입니다. 돈에 대한 세계관은 두 가지 형태로 구분해볼 수 있습니다. 정착해서 사는 농민과 떠돌아다니는 유목민으로 말이죠. 이 중 **유목민의 돈에 대한 사고방식이 자본주의 세상에 부를 축적하는 데 보다 유리합니다.** 그래서인지 대표적인 유목민인 유대인들은 세계경제를 주무르고 있다고 해도 과언이 아니며, 특히 이들이 쥐락펴락하는 금융자본의 규모는 상상을 초월합니다.

유목민은 양이나 말을 데리고 초원을 누비며 살아갑니다. 그들에게 양은 먹고살기 위해 꼭 필요한 자산입니다. 양은 우유와 고기를 줍니다. 그리고 시간이 지나면 새끼를 낳죠. 양을 잘 관리하면 양은 점점 늘어나게 됩니다. 이러한 원리는 자본을 잘 관리하면 이자나 배당과 같은 식으로 점차 불어나는 것과 같습니다. 결국 유대인의 재산은 양의 머릿수가 됩니다. 양을 먹어 치우는 속도보다 양을 번식시키는 능력이 탁월하다면 시간이 흐르면서 부가 축적됩니다. 반면 정착 농민에게 중요한 자산은 토지입니다. 농민들은 토지에서 곡물을 만들어냅니다. 하지만 곡물은 토지가 될 수 없습니다. 그저 창고에 모으는 게 전부입니다. 하지만 그러한 곡물은 기껏해야 수년이면 썩어 없어지고 말죠. 흉년이 들 때 창고에 모은 곡물로 남의 땅을 사 오는 경우가 있긴 합니다. 그럼에도 전체적으로 보면 토지의 전체 총량은 늘어나지 않습니다. 토지는 매년 일정한 곡물을 만들어낼 뿐 토지가 스스로 늘어나는 것과 같은 자본의 역할을 하지 않는 것입니다. 한편 유목민들의 재산인 양들은 전염병 또는 늑대의 습격을 만나면 한순간에 없어지기도 합니다. 그만큼 평생 이룩한 재산이 한순간에 사라질 수 있으니 위험하기도 합니다. 반대로 농민의 재산인 토지는 쉽게 없어지지는 않습니다. 풍년과 흉년으로 생산물의 수준이 달라질 수 있지만 토지는 변하지 않는 채로 대대손손 대물림됩니다.

불과 150년 전만 해도 한반도는 전형적인 농경사회였습니다. 국민 대다수가 직접 농사를 짓거나, 노비나 소작농으로 땅에서 나오는 작물에 의존하며 살아왔습니다. 정착 농민은 노동력을 투입하고 일정한 결과물을 얻습니다. 농사일은 땅에 노동력을 투입하고 농작물을 얻으며, 정부 관리들은 나랏일에 노동력을 투입하여 그에 대한 녹봉을 받아 갑니다. 직장인들도 마찬가지입니다. 회사에 노동력을 투입하여 일정한 월급을 받습니다. 우리는 노동력을 투입하면 일정한 성과물이 나오게 된다는 생각에 익숙합니다. 주어진 성과물을 재투자하여 자본을 굴려나가는 생각을 해보지 않았습니다. 우리는 유목민적 화폐관이 낯섭니다. 당연히 부의 축적의 원리는 천하게 여겼던 장사하는 사람들 일부만 알고 있었을 뿐입니다. 유목민적 화폐관은 사업을 하고 투자를 하는 사고방식입니다. 모두가 아는 부자 되는 방법들이죠. 이러한 사고방식은 집안에서 밥상머리 교육으로 어릴 적부터 행해져야 하는데 대부분의 집안에서는 정착 농민의 사고방식만이 이어져 내려왔던 것입니다. 땀 흘린 만큼 정직하게 돌아온다는 생각은 전형적인 정착 농민적인 발상입니다. 양이 양을 낳으면서 점점 양이 불어나는 것은 내가 흘린 땀의 양과 정비례하지 않습니다. 자본주의에서의 부의 축적은 바로 이러한 원리입니다. 나의 자본이 계속 스스로 불어나도록 관리하는 것이 진짜 부를 축적하는 원리가 됩니다.

02 도박을 좋아하면 정말 패가망신?!

강원랜드에 가면 도박으로 인생을 허비하는 자들이 줄을 잇습니다. 담배 냄새가 쩐 오리털 점퍼에서 나는 쾨쾨한 냄새가 진동합니다. 도박은 인생을 망치는 지름길이지만, 반대로 도박의 원리를 이해하지 못한다면 절대 부자가 될 수 없습니다. 투자와 사업과 도박, 그 본질에는 아무런 차이가 없습니다. 자신의 자원(돈)을 걸고, 승패의 확률에 따라 돈을 벌거나 잃습니다. 도박을 사업과 투자와 구분하는 단 한 가지는 내가 노력하는 것에 따라 승률을 높일 수 있느냐인 것입니다. 투자는 돈만 걸고, 일은 타인에게 맡기는 것입니다. 노력을 해서 어떤 분야가 유망할지 사업하는 사람의 자질을 판단하여 미래를 가늠해보면서 실패에 대한 리스크를 줄일 수는 있지만, 그렇다고 모든 리스크를 내가 통제할 수 없습니다. 사업은 직접 자신이 일에 개입하는 만큼 자신의 능력과 노력에 따라 승률을 높일 수 있습니다. 직접 사업을 수행하기 때문에 리스크가 줄어들지만 스스로의 능력이 부족하면 실패 확률은 높아집니다. 그렇다면 도박은 어떨까요? 도박은 성공 확률을 알 수 없으며, 플레이어가 불리하도록 설계된 곳입니다. 또 플레이어는 게임에 관여하지도 못합니다. 주어진 확률에 따라 결과만을 받아들여야 하고, 그 결과에 따른 나의 감정만이 변화합니다. 도박은 중독으로 이어집니다. 돈을 따게 되면 도파민이 분출되어 행복해지기 때문에 그 기분을 계속 느끼고 싶어 중독되고 맙니다. 야금야금 내 재산이 줄어들고 있음에도 돈 땄을 때의 즐거움을 느끼고 싶어 계속 도박장을 떠나지 못합니다. 도박장은 하우스, 카지노만 있는 게 아닙니다. 스포츠 토토, 모바일게임은 물론이고, 주식투자와 선물투자에도 동일하게 접목됩니다.

앞서 살펴본 정착 농민의 화폐관에서는 도박성 짙은 행동은 패가망신의 지름길입니다. 실제 도박에 빠져 논과 밭을 날려먹으면 이후 생존 자체가 불가능한 지경에 이릅니다. 논과 밭은 대대손손 삶을 이어줄 유일한 생산수단이기 때문이죠. 그렇기 때문에 우리 사회에는 도박과 같은 것에는 얼씬도 하지 말라는 가르침이 오래전부터 이어져 내려온 듯합니다. 그래서 무언가를 걸고 도박을 한다는 것 자체에 대해 무조건적인 비판을 합니다. 그러다 보니 삶의 태도에 차이를 보입니다. 어릴 적부터 스포츠 내기, 당구 내기, 딱지치기를 하며 놀 때조차 도박성 게임으로 나의 자원을 잃는 것이 싫어 게임을 거부합니다. 반면 승리의 쾌감을 얻기 위해 실력을 갈고닦아 승률을 높이려는 친구들도 분명 존재하죠.

자본주의 시대에서 도박을 하지 말라는 것은 부자가 되기를 포기하라는 말과 같습니다. 사업과 투자는 그 자체가 도박입니다. 실제 사업 잘하기로 유명한 재벌 회장님들도 한때 도박에 빠져 있던 시절이 있었습니다. 삼성 창업주인 이병철 회장이 젊은 시절 도박에 빠져 살았다는 일화는 유명합니다. 또 SK하이닉스를 인수하는 탁월한 투자를 했던 SK 최태원 회장 역시 회삿돈을 횡령해 도박성 짙은 투자인 선물거래를 하여 큰 손실을 낸 적도 있죠. 정주영 회장이 한국 땅에 조선소를 짓겠다고 한 것도 따지고 보면 도박이나 다름없는 행위입니다. 불공정하게 설계된 도박판에 들어가서 도박을 하라는 이야기가 아닙니다. 자기 돈을 걸고 승부를 본다는 것은 철저하게 공부하고 노력해서 그 확률을 최대치로 끌어 올려야 한다는 것입니다. 또한 그 승부 속에서 흔들리지 않는 뚝심도 있어야 하며, 리스크관리 역시 필수적입니다. 불확실한 상황 속에서 도파민 분출만을 갈구하는 도박 중독자가 되는 것은 최악입니다. 하지만 불확실한 상황이라는 이유로 승부를 회피하는 행위는 자본주의 세상에서 부자가 되기를 포기하는 것입니다. 모든 의사결정은 불확실한 상황에서 이뤄집니다. 그러한 불확실성에서 내 감정을 잘 컨트롤하고 승률 높이려는 적극적 태도만이 부의 축적을 가능하게 할 것입니다.

03 부자로 만들어주는 재무제표

부자가 되기 위해서는 부를 측정하고 평가할 줄 알아야 합니다. 부의 측정 방식은 기업의 평가 방식과 동일하게 STOCK과 FLOW로 나눠서 살펴볼 수 있습니다. 그리고 이를 표 형태로 보기 쉽게 그린 것이 바로 재무상태표와 손익계산서입니다. 재무상태표는 현재 시점의 자산 상태를 나타내는 STOCK의 개념이며, 손익계산서는 일정 기간의 수익과 비용을 나타내는 FLOW의 개념입니다.

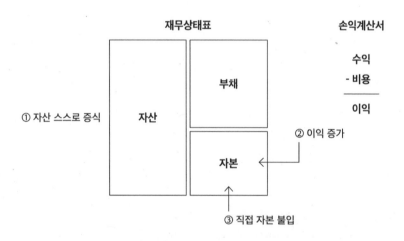

재무상태표의 가장 큰 줄기는 자산, 부채, 자본입니다. 자산은 현금, 자동차, 건물, 주식, 채권 등 내가 소유권을 가진 것입니다. 부채는 빌린 돈, 담보대출 등 미래에 갚아나가야 할 의무를 의미하죠. 자산에서 부채를 차감하면 자본이 됩니다. 손익계산서의 가장 큰 줄기는 수익, 비용, 이익입니다. 수익은 말 그대로 내가 벌어들이는 돈이고, 비용은 수익을 벌기 위해 지출되어 나가는 돈입니다. 수익에서 비용이 차감되면 이익이 되고, 이익은 나의 자산을 늘려주거나 부채를 줄여주어 궁극적으로 자본이 늘어나게 됩니다.

부를 축적한다는 것은 자본을 늘려나간다는 것과 동일한 말입니다. 그리고 자본이 늘어나는 방법은 통상 세 가지 방법 외에는 없는데 하나씩 살펴보겠습니다. 첫 번째 방법은 '자산'이 스스로 증식하는 경우입니다. 내가 가진 부동산의 가격이 오르거나, 내가 사둔 샤넬백의 가격이 오르는 경우 나의 부는 증대됩니다. 두 번째 방법은 수익이 늘거나 비용이 줄어들어 이익이 증가하는 경우입니다. 월급이 오르거나, 소비가 줄어든다면 이익이 늘어납니다. 그렇게 늘어난 이익은 자본을 늘려줍니다. 세 번째 방법은 누군가 자본을 직접 불입해주는 것입니다. 부모가 증여나 상속을 통해 부를 직접 이전해주는 경우입니다.

부를 증대시키기 위해서는 두 가지에 초점을 맞춰야 합니다. '자산'이 스스로 증식하도록 하고, 수익에서 비용을 차감한 '이익'이 늘어나도록 해야 합니다. 자산부터 살펴보겠습니다. 자산의 가격은 오르기도 하고, 내리기도 합니다. 대부분의 자산은 시간이 흐를수록 가치가 하락합니다. 의류, 안경, 자전거, 자동차 등은 시간이 흐를수록 낡으면서 가치가 하락합니다. 이런 자산군들은 시간이 흐르면서 부를 감소시키기 때문에 부를 축적하는 데 방해가 됩니다. 하지만 채권, 주식, 부동산은 시장 상황에 따라 가격이 오르기도 하고, 하락하기도 합니다. 일부 재테크 전문가들은 부동산이나 주식은 무조건 오른다는 식으로 이야기하는데, 이는 전혀 근거가 없으며 무척이나 위험한 발상입니다. 이러한 자산군들은 늘 오르고 내리며 등락한다는 게 진실입니다. 이러한 자산의 특징을 볼 때 두 가지 원칙이 도출됩니다.

첫 번째 원칙: 시간이 흐를수록 낡으면서 가치가 하락하는 자산군들 (의류, 안경, 자전거, 자동차 등)은 최대한 매수하지 않는다.

두 번째 원칙: 가격이 등락하면서 움직이는 자산군들(주식, 채권, 부동산 등)은 철저한 공부를 통해 가격변동 흐름을 이해하여 매수 매도를 반복해야 한다.

다음은 수익에서 비용을 차감한 이익에 대해 살펴보도록 하겠습니다. 수익은 늘어나면 늘어날수록 좋은 것입니다. 수익을 늘리기 위해서는 내 능력을 더 키워서 더 많은 월급을 받거나, 고객을 늘려서 더 많은 수입을 얻는 노력이 필요합니다. 내가 축구선수라면 공을 더 잘 차야 하고, 내가 의사라면 환자들의 병을 잘 고쳐야 하며, 내가 학원강사라면 학생들의 성적을 올려야 합니다. 그리고 이익을 늘리기 위해서는 비용을 줄여야 합니다. 하지만 여기에는 함정이 있습니다. 비용은 수익을 만들어내기 위해 지출된다는 점입니다. 비용을 너무 아끼기만 한다면 수익 창출에 방해가 될 수 있습니다. 짜장면을 파는데 값싼 재료로만 만든다면 짜장면 한 그릇을 팔아 얻는 이익은 커지겠지만, 당연히 손님은 줄어들어 전체 수익은 줄어들 것입니다. 돈이 아까워 옷도 안 사고, 머리도 다듬지 않는 등 외모에 전혀 신경을 안 쓰면 대인관계에서 불리해져 성과 창출에 방해가 될 수도 있습니다. 핵심은 수익을 늘리고 비용을 줄이는 게 아닙니다. 수익에서 비용을 차감한 이익을 늘리는 것입니다. 여기서 또 두 가지 원칙이 추가로 도출됩니다.

세 번째 원칙: 수익은 최대한 늘리도록 노력한다.

네 번째 원칙: 비용은 줄인다. 단, 비용 통제가 수익을 감소시키면 안 된다.

부자 아빠가 말하는
진정한 자산

1997년에 출간한 로버트 기요사키Robert Toru Kiyosaki의『부자 아빠 가난한 아빠*Rich Dad Poor Dad*』는 지금까지 서점가의 베스트셀러 목록에 포함될 만큼의 메가히트를 쳤습니다. 이 책에서는 두 가지 가르침을 전하고 있는데요. 첫 번째 가르침은 돈이나 부자에 대한 나쁜 선입견을 버리고 스스로 부자가 되어야 함을 말합니다. 두 번째 가르침은 금융 지식을 쌓아 돈을 불리는 메커니즘을 이해해야 한다고 말하죠. 두 가지 메시지는 많은 사람들에게 꿈과 희망을 주었습니다. 부자가 된다는 것은 내 인생에서 불가능했기에 그동안 부자들에 대해 침을 뱉고 욕해왔었는데, 이 책을 통해 나 같은 평범한 사람도 부자가 될 수 있다는 사실을 깨닫게 해준 것입니다. 이제부터 부자를 비난하는 것은 미래의 나에 대한 비난이 됩니다. 자연스럽게 부자에 대한 비난을 멈추고, 그들을 찬양하는 방식으로 생각을 전환하게 됩니다. 그리고 부자가 되는 것을 삶의 목표로 삼으며 언젠가는 반드시 경제적 자유를 이룰 것임을 다짐합니다.

로버트 기요사키는 부자가 되는 방법은 '진정한 자산'을 모아가는 것이라고 말합니다. 그리고 '진정한 자산'을 7가지로 정리합니다.

1. 내가 없어도 되는 사업. 소유자는 나지만 관리나 운영은 다른 사람들이 하고 있다. 내가 직접 거기서 일을 해야 한다면 그것은 사

업이 아니라 내 직업이다.

2. 주식

3. 채권

4. 수입을 창출하는 부동산

5. 어음이나 차용증

6. 음악이나 원고, 특허 등 지적 자산에서 비롯되는 로열티

7. 그 외에 가치를 지니고 있거나 소득을 창출하거나 시장성을 지
   닌 것

'진정한 자산'은 스스로 현금을 창출하면서 부를 증식시킨다는 공통점이 있습니다. 그러니 사놓기만 하면 부자가 될까요? 절대 아닙니다. 재테크 전문가들이 늘 말하지 않는 핵심은 내가 사놓은 자산이 스스로 부를 증식시키려면 저런 자산을 싸게 살 수 있을 때만 유효하다는 것입니다. 그런데 자산을 싸게 산다는 것은 결코 만만한 일이 아닙니다.

비교적 안전자산이라고 하는 채권에 대해 생각해보겠습니다. 채권에 투자하면 정기적으로 정해진 이자를 받고, 만기에는 원금을 돌려받습니다. 시장 금리가 2%인 상황에서 현금 1억 원을 금고에 두는 것보다 2%의 이자를 지급하는 채권을 산다면 매년 200만 원의 수익을 얻을 수 있습니다. 물론 만기에 1억 원을 돌려받을 수 있고요. 하지만 채권가격은 시장금리에 따라 변동됩니다. 시장 금리가 오르면 기존에 발행된 채권 가격은 하락합니다. 당연합니다. 시장금리가 5%가 되면 시장에는 5% 채권이 발행됩니다. 남들은 죄다 5% 이자를 받는 시장 환경이 조성되었는

데, 나만 2% 이자를 받아야 하니 내 자산의 가치가 하락하는 것이죠. 내 자산을 2%씩 늘이기 위해 채권에 투자했지만 금리가 오르고 부도 위험이 높아져 채권 가격이 30~40%나 하락해버리는 일이 발생합니다.

월세 받는 부동산도 마찬가지입니다. 3억 원을 투자하면 매달 150만 원의 월세를 받을 수 있다고 해서 그동안 열심히 모은 돈으로 부동산에 투자했습니다. 매달 현금흐름이 150만 원씩 추가됩니다. 부자가 될 것 같죠? 갑자기 금리가 오르더니 부동산 가격이 하락하기 시작합니다. 그렇게 부동산 가격이 20%만 하락해도 6,000만 원 손해입니다. 매달 150만 원씩 월세 받았음에도 한순간에 6,000만 원 날린 것입니다.

내가 사면 폭락하는 것 아닌가 하는 막연한 두려움은 분명 이겨내야 하는 감정입니다. 재테크 전문가들은 이러한 두려움을 깨기 위해 사람들의 욕망을 자극합니다. 욕망이 두려움을 넘어서야 자신감을 얻고 적극적으로 투자자산을 매수하게 되죠. **중요한 것은 투자활동을 하는 게 아니라, 투자를 잘해야 한다는 것입니다.** 부동산투자도 마찬가지고 주식투자도 마찬가지고, 채권투자도 마찬가지입니다. 쌀 때 사서 비싸게 팔아야 합니다. 그런데 이게 가장 어려운 것입니다. 지금도 전 세계 최고 브레인들은 투자업계에 종사하며 무엇을 사고 무엇을 팔지 고민합니다. 그런 그들 중에서도 일부만 성공하는 게 투자죠. 부자가 될 수 있다는 희망의 끈을 놓지 말아야 함은 극히 공감합니다. 부자가 된다는 것은 결코 쉬운 일이 아님도 인지하여야 합니다.

05 부채로 성공하는 것은 결과론적 이야기다

지난 몇 년 동안 저금리 기간이 꽤 오래 이어지다 보니 빚을 내서 투자하는 것이 크게 유행했습니다. 사람들은 빚을 내서 투자하지 않는 것이 스스로 부자가 되기를 포기하는 행동이라며 한심하게 바라보았죠. 하지만 부채를 활용할 때는 매우 신중해야 합니다. 부채를 활용하여 부를 늘린다는 것은 부채에서 발생하는 이자보다 자산의 증식 속도가 더 빠를 때만 적용되는 이야기입니다. 예를 들어 매매가 2억 원짜리 상가의 월 예상 수익률이 5%이고, 상가를 담보로 은행에서 1억 6,000만 원을 빌렸을 때 이자율이 3.5%라면 월 수익은 1,000만 원, 월 이자비용은 560만 원이니 월 순이익은 440만 원이 됩니다. 실투자금은 4,000만 원이므로 수익률은 440만 원/4,000만 원 = 11%가 되죠. 많은 재테크 전문가들은 이런 식의 계산을 통해 단돈 4,000만 원으로 월 추가 수익 440만 원을 거둘 수 있다며 부자가 되고자 하는 욕망을 자극합니다.

세상만사가 늘 평온하고 변동 없이 흘러간다면 위와 같은 구조의 투자는 매우 매력적인 투자입니다. 하지만 **세상은 늘 요동치고 변화하며, 예상치 못한 리스크가 늘 발생합니다.** 만약 상가에 공실이 발생한다면 매달 이자비용만 560만 원의 손실을 보게 됩니다. 또 금리가 급격하게 상승하여 이자율이 8%가 된다면 매달 이자비용 1,280만 원이 빠져나가니, 매달 280만 원의 손실을 보게 됩니다. 또 주변에 상가 공급이 늘어나 상가 매매가격이 하락할 수도 있습니다. 매달 440만 원 벌어도 상가 매매가격이 수천만 원 하락하면 돈 버는 게 아니라 돈 잃는 것입니다.

이렇게 예상치 못한 일들이 발생하면 전문가들은 늘 이렇게 말합니다. '이렇게 금리가 오를 줄 누가 알았겠냐.' '갑자기 전쟁이 날지 누가 알았 겠냐.' '갑자기 정권이 바뀌고 정책이 바뀔지 누가 알았겠냐.' 전문가들이 좋은 물건이 나왔음에도 본인이 투자하지 않고 여러분에게 수수료 받고 넘기는 이유입니다. 투자에서 오는 리스크가 언제 어디서 튀어나올지 모 른다는 것을 알기에 본인들은 무리한 투자를 하지 않고 있는 것입니다.

경제학에서의 분석은 '다른 모든 조건이 동일하다면'이라는 가정에서 시작됩니다. 이를 라틴어로 세트리스 파리부스ceteris paribus라고 합니다. 하지만 현실 세계는 늘 '다른 모든 조건들'이 동일하게 유지되지 않습니 다. 지난 몇 년간 기준금리가 2% 아래였다고 해서 계속 2%를 유지하는 게 아닙니다. 시계열을 길게 늘여보면 기준금리는 20%에 달했던 순간도 있고, 0%에 달했던 순간도 있었습니다. 코로나가 발생하자 유가 선물은 0원 아래로 떨어져 마이너스 금액으로 거래되기도 했죠. 이렇게 이 세상 은 예상치 못한 일들이 계속 일어납니다. 지금도 지구촌 곳곳에서는 늘 전쟁과 시위가 끊임없이 일어나고 있습니다. 이로 인해 정치적 변화가 발생하고, 정치인들은 새로운 정책 변화를 모색하며, 변화된 정책은 금 융 환경을 송두리째 바꿔버립니다. 그럼에도 **우리는 늘 미래를 예상할 때 과거 몇 년을 분석한 현재의 조건으로 계산하는 실수를 합니다.** 누군가는 부 채를 활용한 투자를 통해 큰돈을 벌 수 있습니다. 하지만 이는 투자 기간 별다른 일이 없었던 것이고, 굉장히 운이 좋았던 케이스입니다. 반면 내가 부채를 활용한 투자를 하면 꼭 큰 문제가 발생합니다. 이건 필연적입니다. 왜냐하면 내가 빚투를 감행하게 한 자신감이 나보다 먼저 빚투를 통해 성공한 자들로부터 나온 것이기 때문입니다. 경제는 사이클로 움직인다고 했습니다. 빚투에 성공한 사람이 나타났다는 것은 그들이 상승 사이클을 잘 올라탔고 이러한 상승 사이클은 이제 변곡점을 향해 가고 있다는 이야기입니다. 타인의 성공을 확인하며 스스로 자신감을 얻게 된 이 순간이 바로 투자에 있어서 가장 위험한 순간이라는 것입니다. 내가 고수가 아니라면, 신중하게 결심을 하는 이 순간이 바로 사이클의 정점일 가능성이 높으니 조심하시기 바랍니다.

06 종잣돈을 모으는 세 가지 전략

부를 축적한다는 것은 자신의 능력을 올려 돈을 차곡차곡 쌓고, 그 돈을 재투자하여 불려나가는 과정으로 요약할 수 있습니다. 20~30대의 사회 초년생들은 제한된 월급을 모아 종잣돈을 만들어야 합니다. 그래야 부동산을 사든 주식투자를 하든 직접 사업을 하든 진정한 수익률 게임에 들어설 수 있습니다. 종잣돈을 모으는 방법은 간단합니다. 들어오는 수익을 늘리고 나가는 비용을 줄이는 것입니다. 당연히 내 수익을 늘릴 수 있다면 수익을 늘리는 게 최선입니다. 비용 통제는 제한적이지만 수익은 무제한 늘어날 수 있기 때문입니다. 하지만 사회 초년생이나 직장인들은 시장에서 조성된 정해진 임금을 받을 뿐이지 당장에 수익을 늘리는 것은 불가능합니다. 결국 종잣돈을 모으기 위해서는 철저한 비용 통제가 요구됩니다. 무조건 절약을 한다는 구태적인 마인드보다는 세 가지 전략을 통해 생활 습관을 바꾸면 자연스럽게 종잣돈이 모여 있을 것입니다.

첫 번째, 중독 메커니즘에서 벗어납니다. 우리 일상을 알게 모르게 중독적인 요소들로 가득 차 있습니다. 대표적인 것으로는 술, 담배, 커피가 있습니다. 담배는 중독성이 강하고 백해무익하므로 당장 끊는 것이 좋습니다. 매일 같은 멤버들과 습관적으로 모이는 술자리, 퇴근 후 습관처럼 마시는 맥주 등도 별 의미 없는 중독에 의한 소비입니다. 비싼 커피와 디저트 역시 습관적 소비 행태일 뿐입니다. 게임이나 스포츠토토와 같은 도박도 중독성이 강하게 작동합니다. 게임 세상에서 현질을 한다거나 습관적으로 로또를 사고, 스포츠 토토를 하는 것은 야금야금 자신의 돈을 사라지게 하는 것이라 볼 수 있습니다. 소확행이라는 이름으로 중독성 소비를 합리화하지 말고 냉정하게 자신의 습관을 재점검해야 할 것입니다.

두 번째, 기업의 마케팅전략을 역이용한 스마트한 소비를 합니다. 기업이 원가를 투입하고 이에 이익을 붙여 판매가를 책정합니다. 하지만 물건이 다 팔리지 않고 남은 경우에는 원가 이하로 판매하는 경우가 많습니다. 기업의 판매 전략을 꿰뚫어 보면 같은 소비를 해도 더욱 저렴하게 할 수 있는데 몇 가지 예를 통해 살펴보겠습니다.

1. 의류 제조업

막연하게 기업의 브랜드에 충성하는 것보다 의류의 소재와 원단을 중심으로 소비를 하는 것이 좋습니다. 디자인은 유행에 따라 늘 바뀌기 때문에 비슷비슷하고 결국 의류의 질은 소재와 원단에서 갈리게 됩니다. 또 옷은 당해 연도에 전부 팔지 않으면 안됩니다. 왜냐하면 새로운 옷이 출시되기 때문입니다. 이 때문에 여러 브랜드에서는 파격적인 할인 행사를 통해서 재고를 소진하고자 합니다. 이를 잘 활용하는 것이 좋습니다.

2. 금융(보험, 카드) 및 통신업

금융이나 통신업은 한번 시스템을 구축해놓으면 고객 한 명이 추가될 때마다 나가는 비용이 거의 없습니다. 그러면서 몇 개의 대기업들이 경쟁을 하는 분야입니다. 통상 이들 기업들은 담합을 하기도 하지만, 역으로 막대한 판매수수료를 지급하면서 고객 유치 전쟁을 벌이기도 합니다. 일부 영업 사원들은 자신의 판매수수료를 일부 고객에 돌려주는 현금 리베이트로 고객 유치를 합니다. 특히 모바일이나 인터넷 통신, 신용카드 업계는 가입 시마다 엄청난 현금 리베이트를 주는 것이 관행입니다. 또 보험은 실비보험 외에는 신중하게 가입하는 것이 좋습니다. 분명한 것은 몇 년 뒤 불필요한 보험료 지출이 아까워 손해 보면서 보험계약을 해지하는 사람들이 수도 없다는 사실이죠.

3. 교통 및 숙박

아끼겠다고 여행도 안 가는 것은 인생의 큰 재미를 놓치고 사는 행위입니다. 여행업은 날짜에 따라 가격이 천차만별입니다. 사람들이 몰리면 비싸지고, 사람들이 거의 없으면 엄청 저렴해집니다. 그럼에도 사람들은 무조건 성수기에 여행을 즐기곤 합니다. 사람이 미어터지고 모든 물가가 비싸지는 시기에 말이죠. 최대한 성수기를 피해 여행을 가는 것이 좋습니다. 사람이 몰리면 일단 피하고 보는 것은 오랜 인생의 지혜로 투자에서도 큰 도움이 되지만 절약에서도 도움이 됩니다.

4. 정부 정책

아쉽게도 정부의 복지정책은 잘 알려지지 않습니다. 열심히 알린다고 알리지만 역부족입니다. 우리 시야에 펼쳐진 모든 것은 돈을 내야만 하는 광고판입니다. TV, 영화관, 신문, 전광판, 버스, 벽면, 인터넷 등에 사람이 많은 곳에는 늘 광고가 실려있고 모두 기업들의 차지입니다. 당연히 정부는 마케팅이나 광고에 돈을 쓰는 것보다 더 많은 국민에게 혜택을 주고자 합니다. 그러니 복지정책의 적극적 홍보는 애초에 말이 되지 않죠. 정부 정책은 스스로 알아봐야 하며, 정책적 혜택이나 세제 혜택을 놓치지 않도록 합니다.

세 번째, 미니멀 라이프

미니멀리즘은 단순함에서 우러나오는 미의 추구를 의미합니다. 이러한 미니멀리즘을 라이프스타일에 접목시킨 것이 바로 미니멀 라이프이죠. 불필요한 일과 물건을 줄여 삶을 간소하게 만드는 삶의 방식입니다. 미니멀 라이프를 실현한다면 자연스레 돈은 모일 수밖에 없습니다. 불필요한 물건을 버리고, 불필요한 인간관계도 정리합니다. 사용한 물건은 중고 거래를 통해 팔고, 돈 쓸 일 자체를 줄이다 보니 자연스럽게 종잣돈이 모이게 됩니다.

젊은 시절 건강한 소비 습관을 정립시킨다면 평생에 걸쳐 선순환을 일으키게 됩니다. 종잣돈을 모으면 그때부터는 자본이 함께 나의 부를 만들어줍니다. 물론 앞서 말한 라이프 스타일이 정답은 아닙니다. 술 담배를 즐길 수도 있고, 명품과 브랜드를 소비할 수도 있습니다. 다만 그럴 경우 종잣돈을 모으는데 시간이 더 오래 걸릴 뿐입니다. 판매자의 소비유도 전략에 당하는 자가 되지 말고 판매자의 마케팅전략을 현명하게 이용하며 나 스스로 작은 기업이다 생각하면서 생활한다면 보다 빠른 종잣돈의 형성이 가능할 것입니다.

07 빈자들이 늘 빠지는함정

자본주의사회는 열심히 일하는 사람들에게 그만한 보상을 줍니다. 물론 타고난 재능이 있고 피나는 노력이 더해지면 성공은 빠르게 찾아옵니다. 하지만 타고난 재능이 없고 피나는 노력을 하지 않아도 묵묵히 자기 분야를 걷는다면 아무리 평범한 사람이라고 해도 어느 정도의 넉넉한 삶을 누리게 됩니다. 왜 그럴까요? **자기 분야에서 20~30년 동안 그 일을 해왔다는 것 자체가 그 분야에 최고의 전문가임을 증명하는 것이기 때문입니다.** 우리는 전문가를 고용할 때 그 사람의 경력을 가장 중요하게 봅니다. 사람들은 20~30대 똑똑한 젊은이보다는 한 분야에서 최소 10년 이상 일을 해온 전문가를 신뢰합니다. 결국 시간이 흐르면서 자신의 전문성은 한층 더 깊어지고 고객은 이런 전문가를 더욱 신뢰하게 됩니다. 그렇게 자신의 분야에서의 전문가가 되면 자연스럽게 수입은 늘어나게 됩니다. 물론 한 분야의 장인이 된다고 천문학적인 부자로 이어지진 않겠지만, 충분한 수입으로 넉넉한 생활을 할 수 있습니다. 하지만 **우리 주변에는 성실하게 자기 일을 해왔는데도 결국 부를 쌓지 못한 사람들만 가득해 보입니다.** 한때 잘 벌기도 했는데, 결과를 보면 원위치에 있는 경우가 대다수죠. 열심히 벌고 열심히 모았는데, 왜 가난해진 것일까요? 일반적으로 열심히 모은 돈을 한번에 날리는 경우는 두 가지 정도가 있는데 대표적인 예가 사기를 당하거나, 투자에 실패한 경우입니다. 거꾸로 생각해보면 이 두 가지만 피할 수 있다면 별 탈 없이 성실하고 열심히 살면 누구나 부자가 될 수 있음을 의미합니다.

첫 번째 피해야 할 대상인 사기부터 생각해봅시다. 사기 행각은 우리 주변에서 24시간 내내 벌어지고 있습니다. '사기'란 고의로 사실을 속여서 사람을 착오에 빠지게 하는 행위입니다. 사기 행위를 통해 금전적 이득을 취했다면 당연히 범죄에 해당합니다. 대표적 사기 행위는 보이스 피싱입니다. 범죄자는 당신의 자녀를 현재 유괴했다며 고의로 사실을 속인 뒤 당장 돈을 가져오라고 하죠. 그렇다면 돈을 빌려 가서 갚지 않는 행위는 사기일까요? 단순한 채무불이행은 사기가 아닙니다. 사기임을 입증하기 위해서는 빌려 간 당시부터 고의로 돈을 갚지 않을 생각을 했어야 합니다. 물론 생각만으로는 안되고 그럴 만한 사정을 증명해야 됩니다. 예를 들어 A 씨가 자신에게 건물이 있다면서 나중에 빚을 못 갚으면 건물을 넘기겠다고 돈을 빌렸으나 갚지 않았습니다. 그런데 A 씨에게는 건물이 없었던 것입니다. 이는 돈을 빌릴 당시에 엄연한 사실을 속인 행위이므로 사기죄에 해당합니다. 한편 B 씨는 지금 수중에 돈이 없지만 앞으로 열심히 일을 해서 갚겠다며 돈을 빌렸습니다. 하지만 일이 잘 안되고 돈을 갚지 못합니다. B 씨의 경우는 사기죄가 아닙니다. 돈 빌릴 당시에 사실을 속이지 않았기 때문이죠. 하지만 B 씨는 처음부터 돈을 떼먹을 생각을 했을지도 모릅니다. 만약 그랬다면 B 씨의 행위는 법률상 사기에 해당하는지 여부를 떠나 사기 행위와 다름없습니다. 우리가 조심해야 할 사기는 법률상 사기뿐 아니라 타인을 기만하는 모든 종류의 사기들입니다. 사기를 당하지 않는 방법은 간단합니다. 이유 불문하고 타인에게 내 재산을 넘기지 않는 것입니다. 타인이 나에게 돈을 달라고 한다면 내 돈을 들고 도망갈 것을 염두에 두어야 합니다. 돈 빌릴 때 마음과 갚을 때 마음이 다르기에 그렇습니다. 사정에 의해 내가 재산을 넘겼다면 반드시 볼모를 잡아둬야 합니다. 안 갚을 수 없는 안전장치가 선행되어야 합니다. 현재의 사실을 속이는 건 사기이지만 미래의 사실을 속이는 건 범죄가 아닙니다. 하지만 내 돈을 잃는다는 건 둘 다 같습니다. 미래를 속이고자 하는 사기 아닌 사기를 특히 조심해야 할 필요가 있습니다.

두 번째 피해야 할 대상은 투자 실패입니다. 모은 돈을 불리겠다며 목돈을 투자했으나 그 결과가 좋지 않은 경우가 많습니다. 금융시장 전문가들조차 꾸준한 수익을 내면서 살아남는 경우가 드문데, 일반인이 하는 투자가 성공적일 가능성은 매우 적다고 봅니다. 그럼에도 시장은 늘 오르고 내리기 때문에 그 안에서 큰 부를 만들어내는 평범한 사람들도 늘 탄생합니다. 하지만 이들이 경제전망과 흐름을 알고 투자해서 성공했냐고 묻는다면 아마도 대부분은 운이 좋았다고 대답할 것입니다. 단 한 번의 투자 실패가 나의 모든 것을 앗아 갈 수 있습니다. 과도한 부채를 활용한 투자를 하거나, 부자가 되고자 하는 조급한 마음으로 투자하거나, 주변의 시류에 이끌려 투자하는 행동은 지금껏 쌓아 올린 모든 것을 잃게 만들 수 있습니다. 특히 조심해야 할 것이 주변에 있는 자신과 비슷한 수준의 친구들입니다. 이들은 서로 지적 수준이 비슷하고 보고 듣는 것이 비슷하기 때문에 말이 통합니다. 이는 확신을 배가시켜줍니다. 서로에게 망하기 딱 좋은 부동산, 주식, 코인을 추천하죠. 부디 다양한 전문가들의 이야기를 듣고, 어떤 점이 리스크로 작용될 수 있는지를 생각해보고 늘 최악의 상황을 감안하여 투자해야 할 것입니다.

08 호구들을 모집하는 전형적인 레퍼토리

난 가난한 집에서 태어났고 공부도 못했어. 흔히 말하는 지잡대에 진학했고 중소기업에서 월 200만 원을 받으면서 다녔지. 그런데 이대로는 안 되겠는 거야. 나는 우연찮게 코인(또는 주식, 사업 등등)에 대해 알게 되었고 여기에 희망을 걸기로 했어. 그렇게 5년이 지났고 100억 원을 벌었어. 한강 뷰 아파트에 살고 포르셰를 끌고 다녀. 나도 했으니까 너도 할 수 있어. 나와 함께라면 너도 한강 뷰 아파트에 살 수 있어.

'가난 → 각성 → 노력 → 성공 → 너도 할 수 있어'의 인생 역전 스토리의 극적인 구성은 인간이 원하는 최고의 스토리이기에 듣기만 해도 힘이 나고 위로가 됩니다. 그래서 모든 재테크 도서는 이러한 형태의 스토리텔링을 사용하여 독자들의 주목을 삽니다. 책에 몰입되어 책을 사고 싶게 만들기 위해서는 필요한 기술이죠. 하지만 이들은 그저 돈을 벌기 위해 호객 행위를 하고 있는 것뿐입니다. 호객 행위가 나쁘다는 이야기를 하는 게 아닙니다. 그들이 진짜 부자도 아닌데 사기 치고 있다는 이야기를 하는 것도 아닙니다. 진짜 부자냐 부자인 척하느냐가 중요한 게 아닙니다. 그저 **인생 역전 스토리로 사람을 모은다는 것 자체가 그곳에 별 영양가 없을 가능성이 매우 높다**는 이야기를 하는 것입니다.

과거에는 진짜 사기꾼들이 매스컴을 타서 대중들을 현혹시켰습니다.

슈퍼카, 고급 아파트, 통장 잔고 등을 보여주면서 부자인 척하며 절박한 사람들의 돈을 빼앗았습니다. 이들은 책을 써서 사람을 모으고 대중매체에 출연하였습니다. 그렇게 유명세를 탄 다음에 유료 강연회를 열고, 자산관리 컨설팅을 해주며 투자 권유로 수수료를 벌었죠. 물론 나중에 사기가 탄로 나면서 실체가 드러났습니다. 하지만 최근에는 진짜 성공한 부자들이 위와 유사한 방식으로 사람들을 모아서 돈을 번다는 것입니다. 의심은 해소시켜주면 확신이 되기에, 가짜 사기꾼이 아니라 진짜 성공한 사업가이기에, 더 많은 추종자가 몰려듭니다. 사람들은 진짜 부자에게는 분명 배울 것이 있다고 여기며 추종하는데 여기에도 분명 위험이 존재합니다. 먼저 이들의 성공이 운에 의한 것인지 진짜 실력에 의한 것인지 증명되지 않습니다. 자산시장은 똑같은 매매 방법으로도 언제 진입했느냐에 따라 큰 부자가 되기도 하고 파산으로 이어지기도 합니다. 또 이들이 나쁜 마음을 먹고 추종자들을 이용한다면 투자의 피해자가 될 수 있습니다. 투자하기 좋은 시기가 아닌 것을 알면서도 추종자들에게 부동산 매수를 권유해서 수수료를 받거나, 자신이 가진 주식 종목을 일부러 노출시켜 주가를 인위적으로 부양하고 개미들에게 물량을 처분하는 일은 비일비재하게 나타납니다. 누군가는 시세조종이 적발되어 뉴스에 실리기도 하지만 대부분은 교묘한 작업으로 피해자도 자신이 무얼 당했는지 모르는 경우가 허다합니다.

또한 사람들을 모아서 돈 버는 방법을 알려준다는 분야들은 통상적으로 몇 종류밖에 없습니다. 대부분 진입장벽이 낮은 분야이지만 자신만의 특별한 아이디어가 있어야만 성공하는 분야들입니다. 스마트스토어,

쿠팡, 아마존 같은 쇼핑몰과 유튜브, 이모티콘 만들기 등은 누구나 쉽게 진입할 수 있지만 무엇을 팔아야 잘 팔릴지 아이디어를 내는 것이 무척 어렵습니다. 부동산, 주식, 코인 투자는 아무도 시세의 변동 사항을 예측할 수 없습니다. 프랜차이즈업체 회장님은 성공의 비밀을 알려준다지만 사실 은근슬쩍 자신의 프랜차이즈 브랜드를 홍보해 가맹점주를 모집하는 것이 진짜 목적이죠.

호객 행위를 열심히 하는 음식점의 음식도 맛있을 수 있습니다. 하지만 진짜 맛집들은 호객을 하지 않음에도 손님이 북적거립니다. 포르셰, 한강 뷰 아파트를 보여주고, 슈퍼개미라며 통장을 보여주고 성공한 사업가라며 나를 현혹하는 사람들로부터 멀어지시기 바랍니다. 돈을 벌게 해준다는 값비싼 비밀문서, 비밀 모임, 비밀 노하우는 없습니다. 그들은 나를 부자로 만들어준다고 말하지만, 실제로는 내가 그들을 부자로 만들어주고 있습니다. 이미 성공의 비법이나 관련 분야의 핵심 지식들은 가까운 도서관에 쌓여 있으며 모두 무료로 이용 가능합니다. 도서관에서 성공한 사람들의 책 수십 권을 읽어보면 모든 책들이 결국 비슷비슷한 말을 하고 있다는 것을 깨닫습니다. 거기까지가 타인으로부터 얻을 수 있는 노하우의 한계치입니다. 토르의 망치 묠니르는 토르 외에는 들 수 없는 것처럼 우리는 남의 노하우를 들어도 활용할 수 없으며, 결국 사람마다 자신에게 맞는 진짜 노하우를 찾아야 합니다. 그리고 이러한 노하우들은 어떤 분야에서든 열정을 다해 일하다 보면 자연스레 터득하게 되는 것이 아닐까 생각해봅니다.

09 워런 버핏이 부자가 된 두 가지 이유

이 시대 최고의 주식투자가 워런 버핏Warren Buffett은 가치투자가로 잘 알려져 있습니다. 그는 장기투자의 대가로 알려져 있죠. 그는 1965년부터 2014년까지의 연평균 21.6%의 수익을 거두었는데 이는 누적 수익으로 182만 6,163%에 달합니다. 연평균 20% 이상을 꾸준히 낸다면 전 세계에서 손에 꼽히는 천문학적인 부자가 될 수 있다는 것을 의미합니다.

워런 버핏의 투자 철학은 '잘 아는 기업에 투자하라', '저평가된 주식에 투자하라', '경제적 해자가 있는 기업에 투자하라', '장기투자를 하라', '절대 손해 보지 말아라' 등으로 흔히 압축합니다. 하지만 그의 명언을 줄줄 외는 것은 투자하는 데 아무런 도움을 주지 않습니다. 우리가 집중해야 하는 것은 그가 부를 축적하게 만든 두 가지 원리입니다.

첫 번째 원리. 그는 제대로 공부했습니다. 그의 아버지는 증권 중개인이었고, 그는 최상위권 명문대 출신이며, 경영학(학사)와 경제학(석사)을 공부했습니다. 그가 매일 햄버거만 먹고, 시골에서 평범한 주택을 짓고, 기부를 많이 한다고 해서 마치 투자 잘하는 마음씨 좋은 할아버지 정도로 생각하는데, 그는 전형적인 엘리트입니다. 그의 40년지기 친구인 찰리 멍거 역시 변호사 출신입니다. 즉, 경영, 경제, 법률에 대한 기본적인 베이스가 탄탄하게 구축되어 있는 인물이라는 것입니다. 물론 이런 전문 지식이 없어도 누구라도 투자를 할 수 있습니다. 또 전문 지식이 있다고 투자를 잘하는 것도 아닙니다. 하지만 피도 눈물도 없고 세계 최고의 브레인들이 싸우고 있는 투자 세계에서 남들은 다 가지고 있는 지식 없이 싸우겠다는 것은 총 없이 전쟁터에 나가겠다는 것으로 보일 뿐입니다.

두 번째 원리. 그는 투자를 오래했습니다. 11살에 투자를 시작해서 92세인 현재까지 투자를 쉬지 않고 있습니다. 매일 3시간씩 10년을 훈련하면 한 분야의 전문가가 된다는 1만 시간의 법칙에 따르면 그는 20대 초반에 이미 주식전문가가 된 것입니다. 주식투자를 한다는 것은 세상을 남들보다 한발 먼저 들여다보고, 거기에 돈을 건다는 것입니다. 어릴 적부터 투자를 시작했고, 전문적인 교육에 실전 경험이 배가되어 시간이 흐를수록 투자실력이 기하급수적으로 늘어났을 것입니다. 그의 계좌 역시 복리로 불어나며 천문학적 부를 형성하게 해주었습니다. 하루빨리 주식시장을 경험하고 그 안에서 성공과 실패를 경험하고, 성공을 위한 올바른 지식들을 쌓아나가야 투자에 성공할 수 있습니다. 대부분 대한민국 투자자들은 어떠한 계기로 부에 대한 열망에 사로잡혀 투자를 시작하고, 실패하게 되면 다시는 투자를 하지 않습니다. 10년의 훈련 기간을 거쳐 투자에 대한 전문가가 되기 전에 스스로 포기하는 것이죠.

워런 버핏은 대중들을 향해 'ETF 투자를 하라', '파생상품은 대량살상무기다'와 같은 말을 했기 때문에 우리에게 장기투자자, 가치투자자라는 인식이 강합니다. 하지만 그는 실전에서 ETF보다는 개별종목을 매수하며, 하락장에는 풋옵션 거래를 통해 막대한 수익을 내기도 합니다. 그가 조언한 방향은 그가 부자가 된 전략과 전혀 다릅니다. 그가 대중에게 한 조언은 그저 '공부 좀 더 하고 와라'는 말을 에둘러 표현한 것에 지나지 않는다고 보입니다. '제대로 공부하고 일찍 시작해서 시장을 떠나지 않는 것.' 바로 이 두 가지 원리가 그가 엄청난 부를 축적하게 한 진짜 이유 아닐까요?

전설적 투자자 제시 리버모어가 준 교훈 하나

20세기 초반 월가를 누비며 주식과 선물을 통해 갑부가 된 제시 리버모어Jesse Livermore. 그는 14살 때 주식시장의 시세판 보조원으로 출발하여 15살에는 단돈 5달러를 들고 전업투자자로 나서 큰 성공을 거둔 인물입니다. 그의 인생 이야기는 『어느 주식투자자의 회상Reminiscences of a Stock Operator』이라는 소설로도 익히 잘 알려져 있죠.

제시 리버모어는 가격이 오르면 더 사고, 가격이 내리면 더 팔아버리는 추세 매매의 원조로 특히 공격적인 투자를 하는 차트 투자자들에게 사랑을 받는 인물입니다. 그는 '달리는 말에 올라타라'는 옛 주식 격언을 토대로 큰 성공을 거둡니다. 주가가 오르는 데는 이유가 있는 법이고, 주가는 한번 올라가기 시작하면 추세를 따라 탄력적으로 올라가는 특성을 이해한 투자 방식이었죠. 또 그는 피라미딩 기법을 통해 항상 자금을 분할해서 투자했습니다. 피라미딩 기법이란 주식이 오를 때마다 여러 번 추가로 매수하는 방법으로 올라가는 추세의 주식에 불타기를 하는 전략입니다. 늘 자신의 평균 단가가 주가보다 아래로 하도록 하여 늘 주식계좌가 플러스를 유지하도록 하였으며 목표가에 도달하면 청산하여 수익을 실현하는 매매 전략을 구사했습니다.

그는 엄청난 성공을 거둔 투자자였습니다. 뉴욕에서 요트를 타고 출근하며 여행을 다녔고, 화려하고 부유한 인생을 살기도 했습니다. 하지만 반대로 그는 네 번의 파산을 겪었고, 두 차례의 결혼에 실패했으며 우울증을 달고 살기도 했죠. 거기에 마지막 다섯 번째 상품선물에서 입은 손실로 복구 불능 수준의 엄청난 손실을 겪으면서 권총 자살로 63살에 생을 마감합니다. 그의 이야기가 아직까지 많이 사랑을 받는 것은 그가 성공만 한 게 아니라 처절한 패배를 함께 경험한 인물이기 때문일 것입니다. 그가 시장에서 겪은 심리를 묘사한 구절들은 수많은 주식투자자들의 공감을 사기에 충분했습니다. 그는 무지, 희망, 탐욕, 공포의 감정을 이겨내야만 시장에서 성공할 수 있다고 강조했습니다. 그가 겪은 실패 역시 자신의 감정을 다스리지 못해서였다고 말하죠.

제시 리버모어를 통해 배울 수 있는 건 단 한 가지입니다. 바로 부채로 흥한 자는 부채로 망한다는 사실입니다. 피라미딩 전략이니 추세 추종 전략이니 하는 것들은 핵심이 아닙니다. 그는 다섯 번이나 파산했습니다. 파산은 빚으로 투자할 때만 발생합니다. 빚 없이 투자하면 손실이 발생할 수는 있어도 파산하지는 않습니다. 물론 빚으로 투자했으니 빠르게 큰돈도 벌었겠죠. 15세부터 뛰어난 통찰력으로 시장을 읽을 줄 알았고 자신만의 매매 공식을 만들어낸 그는 분명 뛰어난 재능을 가진 자였습니다. 또 인생 전부를 전업투자자로 살았으니 경험이 누적되어 그의 실력은 분명 뛰어났을 것입니다. 만약 그가 빚 없이 투자했다면 말년이 어땠을까요? 워런 버핏의 부의 99%가 65세 이후 만들어졌다고 합니다. 63세에 자살로 마감한 제시 리버모어의 삶을 보면 우리가 어떤 길을 가야 하는지 명확히 알 수 있습니다.

11 피터 린치에 대한 대중의 오해

피터 린치Peter Lynch는 아마도 한국인이 가장 사랑하는 월가의 전설적인 투자가일 것입니다. 그는 1977년 2,000만 달러 규모의 마젤란 펀드를 맡아 펀드매니저로 정식 데뷔를 하여 1990년 은퇴할 때까지 13년 만에 펀드 규모를 660배인 132억 달러로 부풀렸습니다. 펀드의 누적 운용 수익률은 무려 2,703%, 27배이며 연평균 수익률로 환산하면 29.2%의 경이적인 수익률을 달성했습니다. 그는 은퇴 후 주식투자에 대한 이야기를 담은 세 권의 책을 출간했으며, 주식투자의 필독서가 될 정도의 사랑을 받은 도서로 자리매김했습니다. 그는 시장에 얽매이지 말고 비범한 10루타 종목 발굴에 모든 노력을 다하라고 이야기합니다. 기업 분석을 철저히 하여 아무도 관심 없는 대박 날 주식을 찾아 장기간 보유하는 것이 그의 전략이었습니다. 그의 위험관리 전략 역시 간단했습니다. 좋은 종목을 발굴하고 오를 때까지 장기보유하는 것이었습니다. 다시 말해 손절할 주식은 아예 사질 않는다는 의미였죠.

'계란을 한 바구니에 담지 마라'는 상식적인 격언에 비추어 보아 분산투자는 합리적인 투자 방식입니다. 예일대 경제학과 교수 제임스 토빈은 분산투자의 합리성을 증명한 포트폴리오 이론으로 노벨경제학상을 수상했죠. 피터 린치는 통상적인 위험관리 전략이라 볼 수 있는 분산투자에 대해서는 동의하지 않았습니다. 아무리 분산투자를 한다고 해도 시장이 폭락할 때는 어김없이 모든 종목이 다같이 떨어진다고 말했죠. 자신은 펀드를 운영하다 보니 여러 규제 때문에 많은 주식을 가지고 있었지만 여러분들은 몇 종목만 보유하고 그중 두세 종목만 대박이 나면 충분한 수익을 낼 수 있다고 말하죠. 그러면서 제대로 된 분석을 통해 대박 날 종목을 발견했다면 그 종목 하나만 보유하는 것이 현명한 전략이지 형식적으로 위험관리한다며 이 종목 저 종목을 매수하는 것은 현명하지 못하다고 평가했습니다. 하지만 그의 펀드는 늘 1,400개가량의 종목을 보유했습니다. 개인들에게 집중투자를 권유하면서 자신은 1,000개가 넘는 주식으로 분산투자를 했죠. 사람들은 이를 두고 굴리는 펀드 규모가 크고, 펀드회사이니 어쩔 수 없는 것이라 단정 짓고 맙니다.

피터 린치는 왜 개인들에게 분산투자를 하지 말라고 조언했을까요? 아마 대부분의 개인투자자들이 분산투자를 한답시고 개별 기업에 대한 분석 없이 마구잡이로 주식을 담는 것을 보았기 때문으로 생각됩니다. 그는 일단 주식들을 골라 담는 것보다 하나의 주식이라도 제대로 분석하고 오랜 기간을 버텨 큰 수익을 창출하는 것이 중요하다고 보았습니다. 그러니 여러 개 담으려고 하지 말고 하나라도 제대로 된 주식을 갖고 있으라고 말한 것이었죠. 소수의 종목만 들고 있어도, 장기투자하면 대박 날 수 있다는 믿음은 대중들이 원하는 스토리 그 자체였습니다. 특히 피터 린치는 자신이 잘 아는 것에 대한 투자를 강조했는데, 주변을 잘 관찰해 투자 아이디어를 찾아내는 것도 좋은 투자 방식이라고 이야기했죠. 그의 어록들은 주식투자에 대한 장벽을 낮추고, 대박의 꿈을 보여주었기에 수많은 주식 관련 업자들로부터 재생산되었고 사람들을 주식시장으로 끌어들였습니다. 대박 종목을 찍어준다면서 수수료를 받는 행위도 결국 집중투자할 때나 유효한 방식입니다. 그렇게 아직 투자 규모가 작다면 집중투자를 해야 한다는 비논리적인 투자 관행이 상식처럼 여겨지고 있습니다.

하지만 대박 종목을 1개 가진 것과 대박 종목 100개를 가진 것과 비교했을 때 논리적으로 수익률 차이는 없습니다. 종목이 많아지면 관리가 어렵다고요? 장기투자를 하기로 했는데 어떤 관리가 필요할까요? 전혀 논리적이지 않은 생각입니다. 그럼에도 아직 굴리는 자금 규모가 적으면 종목을 적게 가져야만 대박을 낼 수 있다는 식의 생각이 팽배합니다.

시장에 1,000개의 종목이 있고 그중 10%인 100개 종목이 전도유망한 대박주라고 해봅시다. 평범한 투자자가 분산투자 목적으로 100종목씩 들고 있다면 이들 중 대박주는 평균적으로 10개 정도 들어 있을 것입니다. 결국 계좌 수익률은 실력에 회귀하여 평범한 수익률이 될 것입니다. 그러니 많은 종목을 보유할수록 수익률은 평균에 회귀하게 되므로 주식 시장에서 절대 성공할 수 없습니다. 하지만 피터 린치처럼 실력 있는 자가 엄선한 100종목을 들고 있다면 수익률은 실력에 비례해서 높은 수익률이 나타나겠죠. 아마 100종목 중 80개 종목이 대박주일지 모릅니다. 그렇다면 평범한 실력의 투자자가 대박이 나기 위해서는 어떤 전략을 취해야 할까요? 바로 1종목만 집중 매수하는 전략입니다. 이렇게 되면 대다수는 성공하지 못하지만 운 좋은 누군가는 대박나는 사람이 생기게 될 것입니다. 결국 주식업자들은 자신들의 수수료 장사에 도움이 될 만

한 부자 한 명의 탄생이 필요합니다. 그들의 부자가 되었다는 스토리는 수수료 장사에 필수적입니다. 그러니 종목 수를 줄여 대박을 꿈꾸게 합니다. 하지만 실전에서의 그 결과는 특정 종목에 사랑에 빠지고, 대다수는 겨우 모은 종잣돈을 잃어 회복 불능에 빠지게 됩니다.

피터 린치가 주식시장을 통달하게 된 진짜 이유가 무엇일까요? 아마 1,400개의 주식을 채워놓고 그 주식들이 변화해나가는 과정을 10년 넘게 지속했기 때문입니다. 그는 마젤란 펀드를 통해 1만 5,000개 이상의 주식을 샀습니다. 1년에 1,000개 넘는 종목을 매수한 것입니다. 그런 경험으로 그가 은퇴할 때 쓴 책들은 주식투자하는 사람이라면 누구나 공감할 만한 불멸의 베스트셀러까지 만들어낸 것이죠. 결국 우리가 따라야 하는 길은 그가 1개의 기업이라도 제대로 발굴해서 투자하라는 의미로 조언한 '분산투자는 의미없다'라는 말이 아니라, 수많은 종목들을 제대로 된 분석을 통해 발굴하고 장기적 관점으로 보유하면서 지켜봤던 그의 행동인 것입니다.

에필로그

맬컴 글래드웰Malcolm Gladwell의 『아웃라이어Outliers』를 보면 1만 시간의
법칙이란 말이 나옵니다. 한 가지 일에 성과를 거두기 위해서는 1만 시간
동안의 학습과 경험을 통한 훈련이 이루어져야 한다는 것이죠. 1만 시간
은 하루 4시간씩 일주일에 5일을 훈련하는 것을 10년간 반복해야 하는
시간과 동일합니다. 그래서 10년의 법칙이라고도 불립니다. 1만 시간 또
는 10년이라는 세월은 재능을 떠나 한 인간이 다른 인간보다 뛰어난 경
쟁력을 갖추게 하는 시간이라 생각됩니다. 10년의 세월은 길면 길고 짧
으면 짧은 시간이기 때문에 이 시간만으로 한 분야의 엄청난 대가가 된
다는 것을 의미하지 않습니다. 다만 한 분야의 전문성을 인정받게 되어
누군가로부터 금전적 보상을 받으며 일을 할 수 있게 되는 수준임은 분
명합니다.

긴 세월 갈고 닦은 나의 전문성을 타인에게 판매하여 돈을 벌고, 전문
성을 가진 자들에게 돈을 주면서 그 재능을 이용하도록 설계된 곳이 바
로 자본주의사회입니다. 사람들은 1~2년의 짧은 경력자의 서비스보다
는 충분한 경력자의 서비스를 이용하고 싶어 합니다. 그래서 대부분의
사회초년생들은 누군가에게 고용되어 있고, 10년 이상의 경력자의 관리
감독을 받으며 고객에게 서비스를 제공합니다. 30대 초반의 자수성가한
젊은 사업가 대부분은 그들이 특별하고 비범했기 때문이라기보단 20대
초반부터 일에 전념해 10년의 법칙이 자연스럽게 완성된 경우가 대부분
입니다.

하지만 대부분의 사람들이 10대 때는 고등학교 3년 정도만 대충 공부하는 척하다가 어중간한 대학교에 진학하고, 대학교에서는 이래저래 놀다가 취업 준비하면서 또 세월을 날리고, 눈높이에 맞춰 그동안 배워온 것과 상관없는 분야에 취업하게 되는데 이때 나이가 20대 후반입니다. 이쯤 되면 남들 모르게 한 분야를 10년간 준비한 고수들이 슬슬 성과를 내는 시기가 됩니다. 이때부터 상대적 박탈감은 극에 달하며, 마음만 조급해 이리저리 직종만 바꾸다 보면 어느새 또 마흔이 훌쩍 넘어갑니다. 이쯤 되면 돈의 소중함을 절실히 느끼게 되면서 머릿속에는 온통 무엇을 해야 돈이 될까에 대한 고민만 하게 됩니다. 안타깝게도 돈 되는 무언가는 존재하지 않으며 그저 고수들만 각자의 분야에서 조용히 돈을 벌고 있을 뿐입니다. 하지만 돈 욕심이 그득해진 상태에서 우리 대부분은 빠른 지름길을 찾으려다 사기를 당하거나 투자에 실패하고 맙니다. 평생을 남 뒤꽁무니만 바라보며 마음만 조급해하다 결국 이룬 것 하나 없는 우울한 지경에 이릅니다.

이는 자본주의의 꽃인 투자를 바라봐도 같습니다. 워런 버핏은 11살 때 투자를 시작해서 이미 대학생 무렵 투자의 고수가 되었습니다. 피터 린치는 스무 살 무렵 투자회사 피델리티에서 인턴을 시작했고, 10년 뒤 30대 초반에 전설적인 마젤란 펀드를 맡게 되었죠. 워런 버핏이 그동안 어떤 투자를 하며 부를 불렸는지는 전 세계에 알려져 있고, 피터 린치는 책을 통해 본인의 통찰을 모두 공개했는데도 그들처럼 수익을 내는 사람은 극히 일부에 불과합니다. 왜 그럴까요? 아마도 빠르게 부자가 되겠다는 욕심을 가지고 시장에 뛰어들었지만 10년 이내에 자의든 타의든 모두 퇴출되어버렸기 때문일 것입니다. 애초에 목표 자체가 투자시장의 고수가 되는 것이 아니라 '돈'을 버는 것만이 목표였기 때문이라 생각됩니다. 투자의 구루들은 대부분 시장을 이기는 것이 목표였지 당장에 돈을 버는 것이 목표가 아니었습니다. 시장을 이기기 위한 내공이 쌓이기 위해서는 10년의 숙성 기간이 필요한 것입니다. 투자의 고수들은 시장을 철저히 연구해 투자에 대한 자신만의 관점을 가지고 있는데, 이러한 시각은 오랜 시간 시장에 머무르며 연구하고 연습했기에 만들어진 것입니다.

늘 자본주의 시장에 대해 관심을 갖고 늘 꾸준히 공부하면서 적은 돈이더라도 직접 투자해보는 과정을 반복하면 10년 뒤에는 누구라도 자본주의의 고수가 되어 있을 것입니다. 어느 영화에서의 명대사 '이 세상은 고수에겐 놀이터, 하수에겐 지옥이다'가 떠오릅니다. 고수와 꾼이 되는 것만이 사업이든 투자이든 자본주의를 놀이터 삼아 살 수 있게 하는 비결일 것입니다. 거꾸로 고수와 꾼들을 따라다니는 것은 철저히 그들에게 이용당하는 것이겠죠. 이 책을 읽은 모든 독자분들께서 꾼들에게 놀아나는 것이 아닌 스스로 꾼이 되어 자본주의사회를 놀이터처럼 즐길 수 있게 되길 진정으로 응원하겠습니다. 그리고 이 책이 그 길을 걷기 위한 큰 그림을 읽는 데 조금이나마 도움이 되었길 바랍니다.

참고도서

1. 찰스 P. 킨들버거Charles P. Kindleberger, 『경제 강대국 흥망사 1500-1990』(주경철 역, 2004), 원제: World Economic Primacy:1500 to 1990

2. 이주희, 『강자의 조건』(MID 엠아이디, 2014)

3. 미야자키 마사카쓰みやざき まさかつ, 『흐름이 보이는 세계사 경제 공부: 세계사에서 포착한 경제의 전환점 51』(황선종 역, 어크로스, 2018), 원제: 世界〈經濟〉全史

4. 이찬근, 『금융경제학 사용설명서: 금융의 탄생에서 현재의 세계 금융 지형까지』(부키, 2011)

5. 안재욱, 『흐름으로 읽는 자본주의의 역사: 사건은 알지만 연결은 못하는 반쪽짜리 역사 공부에서 벗어나는 법』(프리이코노미북스, 2015)

6. 미야자키 마사카쓰みやざき まさかつ, 『돈의 흐름으로 보는 세계사: 역사는 화폐가 지배한다』(송은애 역, 한국경제신문사, 2019), 원제: 世界史の眞相は通貨で讀み解ける

7. 김석우, 『국제정치경제의 이해: 역사, 이념 그리고 이슈』(한울아카데미, 2020)

8. 정미선, 『전쟁으로 읽는 세계사: 세계의 역사를 뒤바꿔놓은 스물세 번의 전쟁 이야기』(은행나무, 2009)

9. 앨런 브링클리Alan Brinkley, 『있는 그대로의 미국사 1: 다양한 시작-식민지 시기부터 남북전쟁 전까지』(황혜성 조지형 이영효 손세호 김연진 김덕호 역, 휴머니스트, 2011), 원제: The Unfinished Nation

10. 앨런 브링클리Alan Brinkley, 『있는 그대로의 미국사 2: 하나의 미국-남북전쟁에서 제1차 세계대전 전까지』(황혜성 조지형 이영효 손세호 김연진 김덕호 역, 휴머니스트, 2011), 원제: The Unfinished Nation

11. 제리 멀러Jerry Muller, 『자본주의의 매혹: 돈과 시장의 경제사상사』(서찬주 김청환 역, 휴먼앤북스, 2015), 원제: The Mind and The Market

12. 우라가미 구니오浦上邦雄, 『주식시장 흐름 읽는 법: 종목선택과 매매 타이밍』(박승원 역, 한국경제신문, 2021), 원제: 相場サイクルの見分け方: 銘柄選択と売買タイミング

13. 하워드 막스Howard Marks, 『하워드 막스 투자와 마켓 사이클의 법칙: 주식시장의 흐름을 꿰뚫어보는 단 하나의 투자 바이블』(이주영 역, 홍춘욱 감수, 비즈니스북스, 2018), 원제: Mastering the Market Cycle

14. 홍익희, 『대공황의 역사 반복되다』(홍익인간, 2012)

15. 켄 피셔Ken Fisher, 『켄 피셔 역발상 주식투자』(이건 역, 한국경제신문, 2017), 원제: Beat the Crowd: How You Can Out-Invest the Herd by Thinking Differently

16. 에드윈 르페브르Edwin Lefèvre, 『어느 주식투자자의 회상: 월스트리트의 주식투자 바이블』(박성환 역, 이레미디어, 2010), 원제: Reminiscences of a Stock Operator

17. 피터 린치Peter Lynch, 존 로스차일드John Rothchild, 『전설로 떠나는 월가의 영웅: 주식투자에서 상식으로 성공하는 법』(이건 역, 홍진채 감수, 국일증권경제연구소, 2021), 원제: One Up on Wall Street

18. 피터 린치Peter Lynch, 존 로스차일드John Rothchild, 『피터린치의 이기는 투자: 월가의 영웅, 피터 린치의 개인 투자자를 위한 주식·펀드 투자법』(권성희 역, 이상건 감수, 흐름출판, 2021), 원제: Beating the Street

19. 민경인, 『신차트의 맥: 개인 투자자들을 위한 가치분석과 차트분석의 모든 것!』(혜지원, 2022)

20. 댄 애리얼리Dan Ariely, 『상식 밖의 경제학: 이제 상식에 기초한 경제학은 버려라!』(장석훈 역, 청림출판, 2018), 원제: Predictably Irrational

21. 조지 애커로프George Akerlof, 로버트 쉴러Rovert J. Shiller, 『야성적 충동: 인간의 비이성적 심리가 경제에 미치는 영향』(김태훈 역, 장보형 감수. 랜덤하우스코리아, 2009), 원제: Animal Spirits

22. Ray Dalio, 『Principles For Navigating BIG DEBT CRISES』(Simon & Schuster, 2022)

23. 레이 달리오Ray Dalio, 『변화하는 세계질서』(송이루 조용빈 역, 한빛비즈, 2022), 원제: The Changing World Order

24. 정해윤, 『성공학의 역사』(살림, 2004)

25. 이원석, 『거대한 사기극:자기계발서 권하는 사회의 허와 실』(북바이북, 2013)

26. 바버라 에런라이크Barbara Ehrenreich, 『긍정의 배신: 긍정적 사고는 어떻게 우리의 발등을 찍는가』(전미영 역, 부키, 2011), 원제: Bright-sided

27. 강준만, 『미국은 세계를 어떻게 훔쳤는가: 주제가 있는 미국사』(인물과사상사, 2013)

28. 벤저민 프랭클린Benjamin Franklin, 『벤저민 프랭클린 자서전』(강주헌 역, 현대지성, 2022), 원제: The Autobiography of Benjamin Franklin

29. 랠프 월도 에머슨Ralph Waldo Emerson, 『자기신뢰』(전미영 역, 창해, 2015) 원제: Self-Reliance

30. 새뮤얼 스마일즈Samuel Smiles, 『새뮤얼 스마일스의 자조론』(김유신 역, 21세기북스, 2021), 원제: Self-Help

31. 톰 버틀러 보던Tom Butler Bowdon, 『내 인생의 탐나는 자기계발 50: 고전에서 행복학까지 인간의 삶을 변화시킨 자아실현의 명저』(이정은 전원미 역, 흐름출판, 2019), 원제: 50 Self-Help Classics

32. 맥스웰 몰츠Maxwell Maltz, 『맥스웰 몰츠 성공의 법칙: 부와 성공을 부르는 마음의 법칙 사이코사이버네틱스』(신동숙 역, 비즈니스북스, 2019), 원제: The New Psycho-Cybernetics

33. 스티븐 커비Stephen Covey, 『성공하는 사람들의 7가지 습관』(김경섭 역, 김영사, 2017), 원제: The Seven Habits of Highly Effective People

34. 앤서니 로빈스Anthony Robbins(토니 로빈스Tony Robbins), 『네 안의 잠든 거인을 깨워라: 무한 경쟁 시대의 최고 지침서』(조진형 역, 씨앗을뿌리는사람, 2008), 원제: Awaken the Giant Within

35. 데일 카네기Dale Carnegie, 『데일 카네기 인간관계론』(임상훈 역, 현대지성, 2019), 원제: How to Win Friends & Influence People

36. 나폴리언 힐Napoleon Hill, 『생각하라 그러면 부자가 되리라: 어떻게 부자가 될 수 있을까』(유광선 최강석 편역, 와일드북, 2021), 원제: Think and Grow Rich

37. 노먼 빈센트 필Norman Vincent Peale, 『적극적 사고방식: 생각이 바뀌면 운명이 바뀐다』(이정빈 역, 지성문화사, 2021), 원제: The Power of Positive Thinking

38. 론다 번Rhonda Byrne, 『시크릿: 수 세기 동안 단 1%만이 알았던 부와 성공의 비밀』(김우열 역, 살림Biz, 2007), 원제: The Secret

39. 월리스 워틀스Wallace D. Wattles, 『부자가 되는 과학적 방법』(지갑수 역, 이담북스, 2019), 원제: The Science of Getting Rich

40. 맬컴 글래드웰Malcolm Gladwell, 『아웃라이어: 성공의 기회를 발견한 사람들』(노정태 역, 최인철 감수, 김영사, 2019), 원제: Outliers

41. 에밀 쿠에Émile Coué, 『자기암시: 자기암시는 어떻게 우리의 몸과 마음을 치유할 수 있을까』(김동기 김분 역, 하늘아래, 2020), 원제: Self Mastery Through Conscious Autosuggestion

42. 나폴리언 힐Napoleon Hill, 『나폴리언 힐 성공의 법칙』(김정수 역, 중앙경제평론사, 2022), 원제: Law of Success

43. 로버트 기요사키Robert T Kiyosaki, 『부자 아빠 가난한 아빠』(안진환 역, 민음인, 2018), 원제: Rich Dad Poor Dad